U0960288

战争里的五代宋元史

肖玘◎著

新世界出版社
NEW WORLD PRESS

图书在版编目（CIP）数据

战争里的五代宋元史 / 肖玘著 . -- 北京 : 新世界出版社 , 2025. 6. -- ISBN 978-7-5104-8097-3

Ⅰ. E294

中国国家版本馆 CIP 数据核字第 20254XH988 号

战争里的五代宋元史

作　　者：肖　玘
责任编辑：范禄荣
责任校对：宣　慧　张杰楠
责任印制：王宝根
出版发行：新世界出版社
网　　址：http://www.nwp.com.cn
社　　址：北京西城区百万庄大街 24 号（100037）
发 行 部：（010）6899 5968（电话）　（010）6899 0635（电话）
总 编 室：（010）6899 5424（电话）　（010）6832 6679（传真）
版 权 部：+8610 6899 6306（电话）　nwpcd@sina.com（电邮）
印　　刷：天津中印联印务有限公司
经　　销：新华书店
开　　本：710mm × 1000mm　1/16　尺寸：170mm × 240mm
字　　数：207 千字　　印张：15
版　　次：2025 年 6 月第 1 版　2025 年 6 月第 1 次印刷
书　　号：ISBN 978-7-5104-8097-3
定　　价：59.00 元

版权所有，侵权必究
凡购本社图书，如有缺页、倒页、脱页等印装错误，可随时退换。
客服电话：（010）6899 8638

编者的话

本书为战争历史著作，叙述时间段为唐末到元末，以时间为序进行安排，囊括了“雍熙北伐”“隆兴北伐”“符离之败”“端平入洛”“合州之战（亦称钓鱼城之战）”“长子西征”“鄱阳湖之战”等诸多闻名中外的战事，描绘了朱温、李克用、赵匡胤、李元昊、完颜阿骨打、岳飞、铁木真、忽必烈、陈友谅、朱元璋等这一时间段的诸多知名统帅。作为一部简史，本书力求行文通俗、简约、易懂，读起来轻松、明快、通畅，在剔除无关紧要的史实的细枝末节的同时，对关键人物、关键事件等解构再建构，是一本不可多得的军事简史类著作，填补了描写五代宋元这一时段战争历史的专著的空白，对读者厘清这一时期的战争脉络，探究这一时期重要战争人物的关联等具有一定的价值和意义。

本书力图以最简洁凝练的语言，最明晰精练的故事架构，把这一时期的经典战斗战役、战争形势变化等呈现在读者眼前。在编辑手法上，本书尽量尊崇正史中的用字用词，并结合现代人们的表达习惯进行编校。如纪年与纪月，为便于读者理解，本书采用公历年份加正史中的农历月份的表达方法（年份采用阿拉伯数字，月份采用汉字，如“公元 1137 年十二月”）；又如为更清晰地理顺故事脉络，明确战争发生的时空场景，对于古地名，本书均在其首次出现处括注今地名。

战争，永远具有巨大的破坏性。愿本书能唤醒人们对战争的反思、对和平的向往，为弘扬世界和平与发展贡献一份力量。

编者

2025 年 4 月

自　序

亚里士多德说过，人类的历史，本质就是一部战争史。威尔·杜兰特在《历史的教训》中统计，人类历史在有记载的3400多年中，只有268年没有发生过战争。从某种意义上讲，人类的发展总是与战争密不可分，而人类的欲望就是战争推进器的燃料，无穷无尽。

五代宋元时期是中国历史上一个大动荡、大变革的历史阶段，这一时期社会矛盾复杂、战乱频仍，历史发展与战争形势高度关联，围绕这一时期或其中某些阶段的研究、专著亦不在少数，但往往存在或大而空泛或短而聚焦等问题，缺乏清晰梳理和具象参照，时常令读者产生混淆、深感困扰。

将五代宋元时期战争脉络简要梳理的念头，最早源自阅读王桐龄先生所著《宋辽金元史》时，这本书是我最喜爱的历史作品之一。王先生是享誉海内外的史学大家，其作品简约通俗、内涵深邃、兼容并包，在此作中颇得体现。然则《宋辽金元史》是断代史，内容涵盖政治、经济、社会、人文等诸多方面，且出于学研之要，历史难免被分解切割、重复论述，脉络不够连贯，加之通篇以文言行文，更增加了一般读者学习和理解的难度。

就阅读偏好看，本人对战争史部分兴趣更浓，但参照市面所发行的诸多作品，能够将五代宋元时期主要战争脉络厘清的专著还比较缺乏，即便是《中国战争史》这样的完备巨著，其中仍不免有繁杂冗长、流水浅尝之感，自己遂逐渐产生研习整理的念头，有意将这一时期的战争梗概以编年形式剥离出来，以更为简明直观的文字呈现出来。

本作篇幅不长，寥寥二十余万字，主要是对大量史料进行搜集、整理、摘要和转述，以期达到简明扼要之效果。而这恰恰也是最大之困难，毕竟要在众多史料中进行取舍，该保留和舍弃什么，详写和略写哪些，又当遵循何种原则标准？都需要审慎思考。尤其面对不同战争参与方、不同统计方式得来的数据，其中许多是天差地别、迥然相异的，这就更需要综合多方因素进行决断了。

历史是冰冷无情的，有时纸面上的寥寥数语，却关乎无数人的壮怀激烈、千万人的生离死别，历史自不可能将每个人都记录下来，甚至九成九的人连姓名都没有资格留下。然而历史上存在过的每个人，都曾是生动、具体而又炽热的，将每条线延展开来，都是一段漫长而珍贵的记忆。

所谓历史，归根到底都是人的历史，它正是由无数条人生脉络连接和并列而成。站在历史的维度上，我们无法替历史人物决定，哪些人的人生是更为重要的，我们只能替自己取舍，其中哪条更具佐证和记录价值。

战争亦是如此，在硝烟弥漫的漫长历史岁月里，同一时刻，中华大地上可能有数十场战役在进行，我们不可能将其中的每一场都忠实记录下来。事实上，许多战争印记已随着时光的流逝、参与者的湮灭而散失于蔓草荒烟，如同“西线无战事”一般，没能在历史上留下只言片语。我也仅能凭借浩如烟海但仍旧有限的资料，在无数战争史料中采撷那些更重要、更典型、对历史发展产生更微妙影响的事件。不是被我省略掉的那些战役或小人物不值一提，他们之中的每一个都值得被记录，只是历史太大而我个人的能力实在太小。

雨果在《笑面人》中阐释道，历史既是过去传到将来的回声，也是将来对于过去的反映。历史永是伟大而可敬的，而我们都是沧海中不足道的一粟，愿我们都能在历史和战争中吸取经验教训，从而倍加珍惜我们所拥有的和平。希望本作对中国历史尤其是中国战争史初学者、爱好者能够有所裨益。

肖玘

2024 年 8 月于河南洛阳

目　录

大厦将倾

唐失权柄与藩镇诸侯之篡立（安史之乱后——公元907年）

皇权日益衰微　军阀政治发端

唐朝末年，皇权式微，大厦将倾，外有边患频仍、藩镇割据，内有宦官秉政、朋党之争，政治极度黑暗，各级官吏军阀加剧了对百姓的搜刮盘剥，导致民不聊生，农民起义此起彼伏。等到曹州冤句（今山东菏泽西南）的盐贩黄巢发动起义，“冲天香阵透长安，满城尽带黄金甲”，更是给了奄奄一息的唐王朝致命一击，这个曾经缔造了贞观之治、开元盛世的伟大王朝，终于走向了末路穷途。

中央王朝衰落后留下的权力真空被迅速填补，进而引燃神州大地的遍地烽火。大唐分崩离析后形成的割据势力多达数十个，其中占据着中原而以正统王朝自居的，就先后有后梁、后唐、后晋、后汉与后周五个政权，并在短短五十三年内走马观花似的更换了八个姓氏、十三个皇帝。

当然，这些所谓的“正统王朝”，其创建者的身份也十分复杂。后梁太祖朱温早先是跟随黄巢起事的部将，后唐创始人李存勖、后晋创始人石敬瑭、后汉创始人刘知远都是西突厥别部沙陀族人，后周创始人郭威则是后汉“黄袍夺位”的叛将。这段国家分裂严重，朝代变篡频繁，朝廷持续命短的时期，在历史上被统称为五代时期。

五代时形成势力的、富有名望的君主，大都是原先在唐末藩镇中发迹得势的。而之所以会出现这样的局面，则要追溯到唐朝的藩镇政策。唐朝设立藩镇制度的初衷，是为了保卫边疆，抵御少数民族武装侵袭骚扰。在与吐蕃、契丹和奚等少数民族的长期对抗过程中，朝廷发现地方军政权力过度分散，导致了信息滞后、给养不继、各自为战等情况，不利于地方官员集中力量对抗敌人，便尝试将边境地区的部分权力集中到边镇节度使手中，这一做法收到了较好的效果。其后边镇节度使数量不断增加，到唐玄宗天宝年间（公元742年—756年）已达十个。

伴随着边疆地区藩镇的设立，唐朝的府兵制也趋于瓦解，逐步被募兵制取代。边镇各节度使由于权力不断膨胀，得以囤积起数量庞大的精兵强将，加之边境长期的艰苦环境和激烈战争磨砺，边镇军大都能征善战。而朝廷则由于承平日久，军事实力和部队战斗力弱化严重，大唐逐渐形成了头重脚轻的畸形局面。等到手握三镇重兵的安禄山发动叛乱时，朝廷竟不能抵挡，以至于造成“两京陷落、天子西迁”的惨痛后果。

而为了抵御安史叛军，大唐又不得不将军镇制度向内地延伸，直至后来拓展到了全国。后续平定安史之乱的过程中，羸弱的朝廷又不得不大量借助藩镇甚至少数民族的力量，朝廷权威进一步被削弱，藩镇势力持续坐大。等到唐代宗广德年间（公元763年—764年），安史之乱基本平定，但此时朝廷已经无力消灭尾大不掉的河朔（泛指黄河以北）藩镇和安史降兵，只得采取招抚策略，将这些不受统御的官兵们仍安置在了河朔诸镇。

此时的藩镇问题早已不只局限在河朔地区，且这些藩镇拥有高度自治的地位，在治内拥有民政、税收、军事等一切权力，以至于朝廷的诏令不能够在其境内推行。各藩镇节度使虽然名义上仍由朝廷任免，却也无非流于形式。

比如随安禄山反叛，“为前驱、陷河洛”的田承嗣被大唐招抚为魏博（今河北大名）节度使。在任期间，他查核户口、加重赋敛、砺兵缮甲，数年间便扩军十万，又选择矫健有力的军士，组建了私军“牙兵”。牙兵待遇优厚，父子承袭，牙将们还通过联姻逐步结为利益共同体，变得越来越嚣张跋扈而难以驾驭。到了后期，牙将们甚至架空了节度使的统帅职权。但凡对主将稍有不满，他们动辄诛灭主将全家全族，另立新帅。

唐僖宗文德元年（公元 888 年），魏博牙兵发动叛乱，囚禁了当时的魏博节度使乐彦祯，将乐彦祯的儿子驱逐，并聚在一起呼问有谁想当节度使。牙兵将领罗弘信应声，便被牙兵们推举为了留后。留后的全称为节度留后或观察留后，代行节度使之职。到了后唐庄宗同光四年（公元 926 年），魏博镇再生变乱，牙兵军士皇甫晖劫持了指挥使杨仁晸（zhěng），逼他做牙帅，杨仁晸死活不答应，皇甫晖便杀了他，又推举一个小校为帅，小校同样不肯，皇甫晖又继续将他诛杀。而后，皇甫晖提着两颗脑袋找到了效节军指挥使赵在礼，威胁说你要不答应的话，这就是后果，于是赵在礼只能畏惧顺从。

早先这种风气只出现在魏博等河北边镇，后来逐渐蔓延到了其他藩镇。时间一久，大唐的向心力和统治力便出现断崖式下降，王朝几近分崩离析。到了唐朝末年，国家的政令已经完全掌握在地方藩镇手中，朝廷的统治已经名存实亡。

又过了一些年月，部分不安现状的藩镇党徒便也做起了皇帝梦，许多边镇陆续出现了拥立天子的事件。而那些被迫上位的傀儡节度使，也是如坐针毡。出于对项上人头的担忧，他们只得拼命讨好和安抚下属，就像娇惯自己的孩子一样，即便有违法乱纪的事情也不敢过问。当然，无利不起早，那些有着拥戴之功的藩镇校尉们都能得到封赏、加官晋爵，兵士们也能得到优厚赏赐，这加剧了藩镇官兵们僭越的狂热。

局面逐渐失控，皇帝无法控制和约束藩镇，藩镇将帅也无法制约部下。那些实力稍强的藩镇，其节度使便会被下属拥立为一方之主；那些得势的将校们，又会被部下推举为藩镇节度使。大唐的政治局面由此变得混乱不堪，以至于君王和节度使的废立，都要看军人集团的脸色。

唐末藩镇失控　五代群雄割据

公元755年年底安史之乱爆发后，为抵御叛军在各地的凌厉攻势，朝廷将藩镇制度拓展到了内地，并最终推向全国。一时间，在今陕西、山西、河南、安徽、山东、江苏和湖北等地区内出现了大量由节度使、防御使和团练使等统领的、规模不等的大小军镇。这些军镇在平定叛乱和镇压农民起义的过程中权力不断强化，势力日益增长，最终构成了唐朝末年的藩镇主体。

开始的时候，并非所有藩镇都有独立倾向，大多数藩镇头领都接受朝廷任命，服从朝廷指挥，并且向朝廷纳税供赋，实际真正割据的，只有河朔三镇及周边的零星藩镇。安史之乱平定后，朝廷无力处置坐大的地方实力派和大量安史降兵，便以赏功为名，授予这些势力头目以节度使称号。

其中河朔之地，先后有安史降将李怀先被封为卢龙（今北京）节度使，李宝臣为成德（今河北正定）节度使，田承嗣为魏博节度使，薛嵩为相卫（今河南安阳、卫辉一带）节度使，共有四镇。后来相卫为魏博所吞并，又成三镇。这三镇虽然名义上归于朝廷统辖，实际则完全独立，节度权柄大都是父子相承或大将代立，朝廷根本就无法干涉。

除此以外，一些倚仗自身军事实力而短期割据的藩镇也不时出现。淄青（今山东青州）节度使李正己割据山东并世袭三代，山南东道（今湖北襄阳）节度使梁崇义割据湖北西北部达十九年，淮西（今河南汝南）节度使李希烈曾据镇称王，与成德、魏博、淄青、山南东道及河朔三镇遥相呼应，对抗朝廷。

唐德宗执政时期（公元779—805年），曾调集与淮西相邻的诸道兵马讨伐李希烈，但受调的各路藩镇兵马都力图保存实力，畏缩不前。在此期间，又相继发生了泾原（今甘肃平凉）兵京师叛乱、朔方（今宁夏吴忠）节度使李怀光叛乱，德宗几度被迫从京城出逃，朝廷的统御力和号召力被大大削弱，不得已再次对藩镇采取妥协政策，以缓和矛盾、积蓄力量。

到唐宪宗即位（公元805年），经过十多年军事和财富的积累，朝廷已经有了同割据藩镇相抗衡的力量，于是先后派兵平定了西川（今四川成都）节度使刘辟、夏绥（今陕西靖边）节度使杨惠琳和镇海（今江苏镇江）节度使李锜的割据叛乱，并着手收复河朔。

恰逢成德节度使王士真死去，其子王承宗在士兵簇拥下自立为留后。宪宗没有照例批准，而是派出军队讨伐王承宗，不料唐军被成德军击败，宪宗只得允许王承宗继任成德节度使。三年后，魏博节度使田季安死去，魏博军大将田兴有心向唐，与朝廷联络表示归顺，将田季安的幼子田怀谏送入长安，还请求朝廷派出官吏执掌魏博，长期割据的河朔三镇出现了突破的缺口。

不久后，淮西节度使的继任者大将吴少阳死去，其子吴元济也自行继任，宪宗再次降诏不允，并调拨邻近的各州军队围攻淮西。朝廷的锋芒让一些长期独立的藩镇感到恐慌。所谓唇亡齿寒，为阻止朝廷对割据藩镇的瓦解削弱，淄青和成德两藩镇暗中支持淮西，随即酿成了割据藩镇同朝廷的一场决战。

由于进攻过程中部分地方兵马的迟疑和蛇鼠两端，这场战争打了整整四年，直到唐邓节度使李愬（sù）雪夜入蔡州（今河南汝南），朝廷一方才取得胜利。次年，宪宗又发兵攻打淄青，淄青将领刘悟杀了节度使李师道并投降官军。在强大震慑下，成德节度使王承宗、卢龙节度使刘总相继入朝请辞，朝廷另外委派官员接收河朔，河朔三镇重归朝廷统辖。

可好景不长，等到唐宪宗被宦官毒杀，继任的唐穆宗便推行起削减兵员的政策，加之朝廷委派在河朔的各级官员将三镇吏民视作“降虏”，加倍压迫盘剥，最终导致卢龙兵变的发生。叛乱者囚杀了朝廷任命的官吏，击败了前来讨伐的官军。紧接着，成德、魏博也陆续响应，据镇复叛，河朔三镇又回到脱离朝廷的割据局面。

此时的朝廷已是自顾不暇，更别说整顿力量收复河朔了，藩镇割据的顽疾又卷土重来。等到唐僖宗即位，大唐朝廷已处在崩溃边缘，社会矛盾激化到不可调和的地步，旋即爆发了声势浩大、席卷全国的王仙芝、黄巢起义。朝廷征调各地藩镇兵马镇压起义，但貌合神离的各地藩镇们却并不积极，许多节镇反而借机大肆扩张自己的势力，一时间大大小小的割据者如雨后春笋般遍地生长起来。

到公元881年的时候，黄巢大军攻破长安，大唐朝廷几近崩溃瓦解，至此中原大乱、礼崩乐坏，藩镇头目割据地方，相互征讨攻伐。这些人虽然名义上以节度使相称，但已经和独立王国没有区别了。其中沙陀人李克用占据了河东地区（今山西西南部），称晋王。黄巢降将朱全忠占据河南地区（今河南、山东黄河故道以南地区），称梁王。唐末旧勋李茂贞占据凤翔地区（今陕西中西部），称岐王。西川节度使王建占据东西两川（今四川大部地区）和山南西道（今陕西汉中东部），称蜀王。淮南节度使杨行密占据淮南、江西地区（今江西、安徽及江苏大半），称吴王。镇海、镇东节度使钱镠（liú）占据两浙地区（今浙江及江苏小半），先后称越王、吴王、吴越王。卢龙节度使刘仁恭、其子刘守光占据幽州地区（今北京、河北部分地区），称燕王。威武军节度使王潮、其弟王审知占据福建地区，王审知被后梁封为闽王。武安军节度使马殷占据湖南地区，后被后唐封为楚王。清海军节度使刘隐、其弟刘龑（yǎn）占据岭南地区（今两广与越南北部），两人先后称南海王、汉帝。除此之外还有割据一州一城者，诸如此类，不可胜数。

晋、梁占据中原地区，两者实力相当，长期对抗相持。后梁在对抗中逐渐占据上风，河北各镇多向梁称臣，梁王朱温便篡夺了大唐帝号，自称皇帝，建都汴州（今河南开封，亦称汴京、汴梁），以汴州为东都、洛阳（今属河南）为西都，朱温即后梁太祖。

朱温称帝后，各地藩镇畏惧后梁的强大，纷纷尊奉其为正统，只有晋、岐、吴、蜀等藩镇还在沿用大唐年号，并不承认朱温的正统地位。吴、蜀两藩发布檄文要兴复大唐正统，却没有得到其他藩镇响应。于是蜀王王建便也起了自立心思，他向晋王李克用修书，请求各自称帝一方，李克用回复此生都不敢失节。于是王建自立为帝，建国号为蜀，王建即前蜀高祖。

朱温发迹之事　后梁代唐始末

安史之乱后，大唐又在藩镇割据和农民起义的冲击下，支撑、飘摇了一百多年。等到黄巢起义爆发，曾经庞大的王朝几乎只剩下一块遮羞的门板，而最终踹倒这块门板的人，便是后梁的建立者、宋州砀山（今属安徽）人朱温。

朱温父祖都是砀山当地颇有名望的学者，但由于父亲早死，家道中落，便跟随母亲王氏佣食于萧县（今属安徽）刘崇家。朱温长大后，常以豪杰自居，不愿从事生产，在乡里人中口碑并不好。到唐僖宗执政时期，山东地区连年饥荒，饿殍遍地，盗贼蜂起，落榜秀才黄巢便乘此机会，在曹州（今山东菏泽）、濮州（今山东鄄城）地区拉起饥民队伍，发动起义。在此期间，朱温与其兄朱存投入黄巢军中，跟随黄巢南征北战。在转战岭南时，朱存战死，朱温因功受到擢升。

公元880年十二月，黄巢起义军攻陷长安（今陕西西安），唐僖宗逃往成都，黄巢在长安称帝，建立“大齐”，朱温被任命为东南面行营都虞候，受命攻占邓州（今属河南），成功阻遏了荆襄（今湖北荆州、襄阳地区）一带唐军对中原的进攻。他率军返回长安的时候，黄巢亲自到灞上迎接。之后，朱温又奉命前往长安西面的兴平（今属陕西）抵御唐军，并在东渭桥、富平（今属陕西）两度打败鄜（fū）延（今陕西延安）节度使李孝昌、夏州

（今陕西靖边）节度使李思恭的兵马，迫使两支队伍退回藩镇。

次年，黄巢又任命朱温为同州（今陕西大荔）防御使，令朱温便宜行事。朱温领兵南下，很快攻克同州，刺史米诚逃去河中（今山西永济），寻求河中节度使王重荣的帮助。王重荣与其他藩镇联络，挑选精锐士卒三万人回攻同州。朱温被击败，急忙向黄巢请求支援，上表十次，都被黄巢的左军使孟楷给压了下来，隐瞒不报。

孤立无援的朱温在亲信劝告下，杀了黄巢派驻的监军，率兵投降了王重荣。唐天下行营兵马都监杨复光想要斩杀朱温，但王重荣认为朱温骁勇善战，可为己用，将他力保了下来，并将相关情况上报给朝廷。远在蜀地的僖宗接到奏章后高兴地说，这是上天赐给我的上将，于是诏封朱温为左金吾卫大将军、河中行营副招讨使，并赐名“全忠”。

公元 883 年，朱温受封为汴州刺史、宣武军节度使，统率旧部和河中兵马参与唐军对长安的收复战。在各路唐军的进剿下，黄巢被迫放弃长安，引兵向东攻取蔡州、围困陈州（今河南淮阳）。僖宗诏命朱温率部支援陈州，但黄巢此时兵威尚在，包括朱温在内的多路援军都未能突破，后在河东节度使李克用率五万沙陀和汉族联军支援下，战局才得到扭转。

朱温率军先后经历了四十多次大小战斗，最终击退了黄巢大军，解了陈州之围。之后又与李克用联手，在中牟（今属河南）北面的王满渡趁黄巢军渡河之时，半渡而击，再次大败黄巢，斩杀一万多人，收降了黄巢麾下霍存、葛从周、张归厚等部，实力大增。

战后朱温和李克用还兵汴州，朱温大摆宴席犒劳李克用，但李克用借着酒劲发脾气惹恼了朱温，当夜朱温命人纵火焚毁了李克用的住地，李克用趁着黑夜和雷雨只身逃脱，部下百余人均被朱温杀害。李克用向僖宗申诉此事，请求严惩朱温。但大唐对朱温较为倚重，僖宗便从中调和。虽然暂时平息了矛盾，但朱温和李克用双方的恩怨就此结下。

公元 884 年，黄巢兵败后向东奔逃，最终死于泰山狼虎谷（今山东济南莱芜区西南），部将秦宗权接替了其位置，继续纵兵四出，侵犯周边藩镇。秦宗权所部急攻朱温，情势危急，在天平军节度使朱瑄的帮助下，朱温方才稳住阵脚。秦宗权又派兵抢占亳州、颍州（均今属安徽），朱温率军救助，斩杀数千人，并将其击退。

不久，僖宗从蜀郡返回长安，但宦官田令孜挑事，导致河中王重荣、太原李克用进逼长安，又被迫离开长安，西迁凤翔（今属陕西）。秦宗权由此更加张狂，接连攻陷汝州（今属河南）、洛阳、怀州（今河南沁阳）、孟州（今属河南）、唐州（今河南唐河）、邓州、许州（今河南许昌）、郑州（今属河南）等数千里土地，中原地区仅有宋州（今河南睢阳）、亳州、滑州（今河南滑县）、颍州等还在苦苦支撑。朱温与其数次交战，互有胜负。不久滑州发生牙将叛乱，朱温受命前往弹压。

朱温派遣骁将朱珍赴东面招募兵士，十天之内征召了上万名士卒，实力大增。当时秦宗权部将张晊（zhì）、秦贤等率兵数十万屯驻汴州北郊，连寨二十里，气势旺盛。朱温料定其势大，必定傲慢轻敌，便决定先发制人，主动向秦贤部发动进攻，连克四座营垒，歼数万人。之后他又趁着大雾，挑选精锐士卒，袭击了防守汴河的卢瑭，大破其部，卢瑭投水而死。不久，朱温从汴京城的酸枣门出兵，大败秦宗权，追杀二十里；后又与兖州（今属山东）、郓州（今山东郓城）、滑州等地来援的兵马会合，在汴水河畔摆开阵势与秦宗权大战。激战持续了一整天，唐军斩杀两万多人，俘获的辎重和士兵不计其数。

秦宗权趁夜逃走。在兵力占优的情况下屡次被朱温打败，他大为恼怒，以至败退到郑州时下令屠城泄愤。接着，秦宗权分兵据守各州，期望能够逐次抵抗，但手下士卒因为畏惧朱温，在大军到来前就纷纷弃城逃亡。眼见形势不利，秦宗权部下申丛打断秦宗权双腿，准备向朱温投降，未想自己却被另一部将郭璠（fán）截杀。后来，秦宗权被郭璠押解给了朱温，又被朱温献俘长安，最终在一棵独柳下被唐昭宗下令斩首。昭宗封朱温为检校太尉兼中书令，进封东平王。

平定秦宗权后，与朱温联手作战的郓州朱瑄及其弟、兖州朱瑾羡慕朱温手下将士的勇敢善战，便偷偷在边界用重金诱召他们。此举大大惹恼了朱温，于是朱温领军征伐郓州，却被朱瑄军击败，自己驾马南逃才得以脱身。

两年后，朱温再次率军攻击郓州，终于击败朱瑄，杀死一万多人，并修筑“京观”（聚尸封土而成的高冢）以记战功。次年，朱温又派兵围困兖州，朱瑄派兵支援解围，却两度被朱温军击败，损失惨重。又过了一年，朱温率大军攻伐郓州，朱瑄及妻儿被擒获并执杀于汴桥。朱温乘胜进兵兖州，朱瑾部将康怀英献城投降，朱瑾逃奔淮南。

公元900年，朝廷再生变故，昭宗被宦官幽禁废除，继而又被宰相崔胤等复立。以韩全诲为首的宦官集团同崔胤为首的官僚集团斗争激烈，官僚集团以朱温为外援，宦官集团则以凤翔李茂贞等势力为靠山。崔胤先矫诏给朱温，让他带兵赶赴京师，朱温乘机攻占同州、华州（今属陕西渭南），兵临长安城下。韩全诲等挟持昭宗到了凤翔投靠李茂贞，朱温追击而来，但并未做好攻击凤翔的准备。一年多后，朱温整顿兵马，再围凤翔，多次击败李茂贞及前来救援的其他藩镇军，李茂贞迫于无奈，只得交出昭宗并与朱温议和，从此昭宗便落到朱温手中，成为其操控的傀儡。

朱温决定将昭宗裹挟到洛阳以便更好控制起来。为防止朝廷大臣反对，他先矫诏诛杀了崔胤等人，而后奏请迁都洛阳。朱温下令长安百姓也须按籍迁移，并拆毁长安宫室、房屋，将木料顺流而下，在洛阳营建宫室。离开长安时，昭宗身边还有负责生活起居及保卫安全的卫队两百多人。对这些人，朱温并不放心，便在途中命人将他们灌醉后全部坑杀，用面貌、身高相仿的人代替。等昭宗到达洛阳时，其近侍卫队已经散失殆尽，身边之人都是朱温所派。

朱温胁迫昭宗迁都洛阳后，河东李克用、凤翔李茂贞、西川王建、襄阳赵匡凝等地方豪强结为联盟，以兴复唐室为名讨伐朱温。朱温担心昭宗会有所响应，决定杀掉昭宗，便派遣亲信朱友恭等以奏事为名夜闯内宫，杀死昭宗河东夫人裴贞一，又闯进何皇后的椒房殿，找到了昭宗。昭宗身着单衣绕殿柱而逃，被追上杀死，保护昭宗的昭仪李渐荣也一并被杀。

昭宗死后，朱温立其嫡次子李柷为帝，即唐哀帝，并命人杀死了昭宗另外九个儿子。后来，朱温意识到只要大唐还在，就会不断有忠于李唐的人出现，唯有将忠于大唐朝廷的势力彻底铲除，建立新朝，才能消灭许多人心中的念想。之后，朱温接受谋士李振建议，在滑州白马驿一举屠杀了以裴枢为首的三十多名朝臣，并将这些人的尸体投入黄河，以使这些世族“清流”变“浊流”。“白马驿之祸”后，大唐王朝最后一丝统治根基也宣告瓦解。

公元 907 年四月，在时任宰相张文蔚及百官“劝进”下，朱温接受了唐哀帝的禅位，正式即皇帝位，建国号大梁，废唐哀帝为济阴王，迁其往曹州济阴（今山东定陶）囚禁，次年二月将其杀害。至此，延续了二十一帝，享国二百八十九年的大唐王朝落下帷幕。后梁的建立，正式开启了五代十国的“潘多拉魔盒”。

沙陀助剿黄巢　晋王之势建立

公元 856 年，李克用生于新城（今山西应县），其父为沙陀首领、阴山都督朱邪赤心。朱邪赤心因替大唐征讨率桂林戍卒起义的庞勋有功，被赐李姓，赐名国昌，故李克用一族以李为姓。李克用年少时候就非常英勇，曾在十三岁时一箭射中天上飞翔的两只野鸭，故军中称其“李鸦儿”。十五岁时，李克用跟从父亲李国昌征讨桂林戍卒起义军首领庞勋。他冲锋陷阵都在众将之前，这为他在军中赢得了很高声望。平定庞勋后，其父李国昌受封为振武军（今内蒙古和林格尔西北）节度使，李克用则被封为云中（今山西大同）牙将。

在平定农民起义过程中，沙陀部族屡立战功，势力逐渐强大，引起了唐懿宗的猜疑，懿宗下令调任李国昌为云中刺史、大同军防御使。李国昌拒绝接受任命，同时李克用杀死时任的大同军防御使，占据了云中。

朝廷派太仆卿卢简方会同幽州（今北京）、并州（今山西太原）兵马讨伐沙陀，结果卢简方非但没有完成任务，反而丢失了代州（今山西代县）以北的地区。等到僖宗即位，他派遣对沙陀有恩的原太原节度使李业之子李钧宣慰沙陀诸部，朝廷与沙陀的关系有所缓和，朝廷封李克用为大同军防御使。

过了些时候，趁着李国昌率军出击党项的时机，吐谷浑首领赫连铎突袭并攻破了振武军。李克用得知消息，赶忙从云州（今山西大同、朔州一带）出发迎接其父回境。返回云州的时候，云州却紧闭关卡不让李国昌父子进入。形势急迫之下，李国昌和李克用率军攻破了蔚州（今河北蔚县）、朔州（今属山西）。

唐僖宗命令赫连铎和李钧再次讨伐沙陀。沙陀击败唐军数次进攻，势头更加强劲，向南侵入忻州（今属山西）、代州、岚州（今山西岚县）、石州（今山西吕梁）等地，其前锋直达太谷（今属山西）。但好景不长，在唐招讨使李琢及幽州李可举、云州赫连铎等多路兵马的联合围剿下，沙陀军兵锋受挫。在这紧要关头，李克用叔父李友金又携蔚、朔两州投降唐军。最终，沙陀大败，李国昌、李克用父子逃往鞑靼。

等到黄巢起义军攻陷长安，代北（今山西北部及河北西北部）起军使陈景思率领沙陀、吐谷浑和汉族联军上万人前往京师征讨。刚走到绛州（今山西新绛），军纪松弛的沙陀军便发生哗变，大肆劫掠一番之后打道回府。陈景思觉得沙陀军难以组织利用，只有李克用能够节制住他们，便请求唐僖宗从鞑靼召回李克用并重新任用。李克用接受诏命，回到代州，发动各族军队上万人出石岭关，参与唐军对起义军的围剿。路过太原的时候，李克用要求朝廷发给军饷，但河东节度使郑从谠（dǎng）只拿出一千缗（mín，一千文钱为一缗）的钱币和一千石的粮食打发他。这惹恼了李克用，他索性纵兵大掠后回师代州。

次年，在朝廷安抚下，李克用跟随陈景思共率步骑兵一万七千人再度出发，进抵河中乾坑（在今陕西大荔西），黄巢得知李克用到来的消息，慌忙撤退。李克用率领沙陀军对黄巢军展开追击和猛攻，在石堤谷和梁田坡（一作良田坡）先后击败黄巢麾下多路人马，以至于横尸三十里。

在长安附近与各地勤王军会合后，李克用又在渭桥与起义军激战。起义军不支，退入长安。李克用乘胜攻破光泰门，在城中再度大败黄巢，黄巢带领残兵南逃蓝田（今属陕西）。李克用成为收复长安的头号功臣，被僖宗加官晋爵，封为检校司空、同中书门下平章事、河东节度使。

黄巢军南逃后，收拾人马攻下蔡州，进而围困了陈州。李克用奉命率兵五万救援陈州，在太康、西华、中牟、封丘（均今属河南）连番击败黄巢军，黄巢疾驰一天一夜才摆脱了李克用的追击。因击破黄巢之功，李克用被僖宗加封为陇西郡王。

河中节度使王重荣与宦官田令孜有过节，田令孜便建议朝廷改派王重荣去兖州，另外任命定州（今属河北）的王处存为河中节度使。王重荣不愿接受调令，便伪造诏书给李克用，说朱温暗中蒙蔽皇帝，诱骗僖宗下诏命令他和王处存一起诛杀李克用。由于李克用先前已与朱温结下仇怨，盛怒之下，他八次上书僖宗，请求讨伐朱温，但不知情的僖宗并没有应允，这加剧了李克用对朝廷的不满。

为惩罚不奉诏命的王重荣，僖宗派邠州（今陕西彬州）的颁宁节度使朱玫和凤翔节度使李昌符前去讨伐，谁料李克用却帮助王重荣击败唐军，并引兵攻打长安，纵火劫掠，迫使僖宗逃到了兴元（今陕西汉中）。李克用退回河中后，朱玫也趁势造反，派兵追赶僖宗，但僖宗逃脱，只抓住了襄王李煴（yūn）。朱玫便屯兵凤翔，逼迫襄王称帝。

僖宗认为只有李克用才能打败朱玫，但李克用并不奉诏，僖宗又命令谏议大夫刘崇望携诏书拜访，并言明这是与李克用向来交好的宦官杨复恭的意愿。李克用表面答应下来，却还是按兵不动。之后，李克用派兵打败洺（míng）州（今河北永年）刺史孟迁，夺去了邢州（今河北邢台）、洺州、磁州（今河北磁县），又派兵攻打云州的赫连铎，却被赶来救援的幽州李匡威击败。

幽州李匡威、云州赫连铎、汴州朱温都上书朝廷，要求趁着李克用新败去讨伐他，但即位不久的昭宗却认为李克用打败黄巢功劳很大，不宜贸然讨伐。然而在朱温的暗中施压下，昭宗迫于无奈，还是下达了讨伐李克用的命令。李克用先是抓了唐朝任命的昭义军节度使孙揆（kuí），夺得了潞州（今山西长治），继而又在阴地（今陕西商洛）三战三捷，打败了朝廷派来讨伐的张浚和韩建。李克用纵兵在晋州（今山西临汾）、绛州等地大肆劫掠，并上书申诉，昭宗只好向李克用认错，下诏好言安抚。

唐昭宗重新任命李克用为河东节度使、陇西郡王、检校太师兼中书令。

不久，李克用攻下了云州，继而又进攻成德，夺取了怀州、孟州，并以邢州为根据地，攻打镇州（今河北正定）。成德节度使王镕受困于镇州，向卢龙节度使李匡威求助，这才迫使李克用退回邢州。之后王镕与李克用多次交战，互有胜负。为牵制李克用，李匡威出兵云州，被暗中返回云州的李克用击败。但李克用倚重的养子李存孝却在邢州叛变，并请求王镕协助。此时王镕正被李克用率军猛攻，因为惧怕城破，王镕向李克用求和，并帮助李克用攻打李存孝，李存孝很快被擒杀。李克用整顿军备后，又出兵攻下了幽州。

河中节度使王崇盈死后，在继任者问题上，李克用与凤翔李茂贞等矛盾尖锐，这令昭宗左右为难。在反复权衡后，昭宗采纳了李克用的意见，这却令李茂贞等人深感愤恨。于是，凤翔李茂贞、邠宁王行瑜、华州韩建共同向长安发兵，企图以武力向朝廷示威，李克用听说后也派兵前来，双方对峙后各自收兵退回藩镇。不久李克用攻下绛州，又率兵进驻河中。王行瑜之弟、同州节度使王行约跑到长安，大肆散播李克用将率十万沙陀军杀进长安的消息，想趁机将昭宗迁到邠州，而李茂贞的义子阎圭则想将昭宗劫持到凤翔。一时间，长安城中人心惶惶，昭宗也逃出长安避难。

但李克用在河中停留了一个多月也没有向长安进发，昭宗相信他没有异心，便派遣心腹前去联络，告知长安现在的危局。李克用奉诏进军渭桥，迎接昭宗回京，之后派兵进攻邠州，打败了王行瑜。李克用上书请求继续讨伐李茂贞，但昭宗并没有同意，反而希望他与李茂贞和解。昭宗慰劳了沙陀军，并为了褒奖李克用，特地授予他“忠正平难功臣”，册封其为晋王。

鹬蚌相争

政权更迭与五代混乱之格局（公元907年—公元959年）

唐末两势争雄　梁晋两势争雄

平定王行瑜、迎昭宗还都长安后，李克用多次表示要讨伐凤翔的李茂贞，但昭宗一直没有赞成，李克用对昭宗的使者抱怨昭宗对自己的不信任。李克用的军队在渭河以北遭遇六十多天连续降雨。在此期间，有人建议李克用进驻长安，但谋臣盖寓劝说不该让昭宗感到恐慌，李克用收兵而还。

公元 896 年，唐昭宗准备再次任命张浚为宰相，这进一步激起了李克用的不满，他觉得这是朱温的阴谋，便威胁说朝廷一旦任命张浚为宰相，那他即刻就会带兵进入长安，昭宗只得打消了这个念头。与此同时，朱温派兵攻打兖、郓两州，李克用派养子李存信借道魏州（今河北大名）去救援，结果途经魏州时由于掠夺扰民，李存信被魏博节度使罗弘信设伏击败。接着，李克用亲自带兵攻打魏州。交战中，李克用的长子李落落被杀。愤怒之下，李克用连续攻破魏州、成安、临漳（均今属河北）等十多座城池，魏博军大败，直到朱温的援兵到来才解除了危机。

次年，朱温攻陷了兖、郓两州。李克用在境内加紧征兵，可幽州节度使刘仁恭态度傲慢，拒绝配合，谩骂着将李克用的书信扔在地上，同时囚禁了送信的使者。李克用率兵五万前去讨伐，却被刘仁恭打得大败，不过刘仁恭自知李克用实力强大，自己无力长期抗衡，便派遣使者向李克用谢罪，这才平息了战端。

公元898年，凤翔李茂贞和华州韩建给李克用写信请求修好，希望共同辅助皇帝，同时还派出工匠帮助修缮长安宫室。朱温派大将葛从周进攻邢州、洺州和磁州，十天之内三城相继陷落。李克用派部将周德威率军反击，却被击败。不久，新任的潞州守将李罕之也献城投降了朱温。双方军队围绕着泽州（今属山西）、潞州和洺州等地展开反复争夺，朱温军队逐渐占据优势，又相继攻下了镇州、定州（今属河北）。

公元901年，朱温被朝廷加封为梁王。他率军先后攻下了晋州、绛州和河中等地，李克用的势力被大大削弱。李克用派遣使者向朱温求和，却遭到拒绝，于是集结重兵对朱温展开大举进攻，接连攻破承天军（今山西平定）、辽州（今山西左权）、汾州（今山西汾阳）等地。然而这个时候，朱温军中突发疫病，不得已退兵还师。

李克用乘机展开反击，夺回了汾州；又继续率军进攻，打算收复晋州和绛州，但在蒲县（今属山西）被朱温击败，继而接连丢失了汾州、磁州和隰州（今山西隰县），太原也被朱温的军队围困，这让李克用大为恐慌，并做好了北逃打算。结果在这个关头，朱温军中再发瘟疫，在李克用手下大将周德威等的反击下，他只好匆匆退兵。

两年后，梁王朱温挟持唐昭宗迁都洛阳，并改年号为天祐。李克用认为天子是受人胁迫，仍尊奉昭宗之前的天复年号。次年，李克用与契丹首领耶律阿保机在云中会盟，结为兄弟。不久，梁军攻打燕王刘仁恭，李克用记恨刘仁恭的反复无常，不愿出兵相助，但在其次子李存勖的劝说下，最终还是派兵攻破潞州，帮燕军解了围。李克用也正是通过此事，看到了李存勖的远见和智慧。

公元907年，朱温篡唐，为表示对大唐的忠心，已经重病的李克用仍沿用旧唐年号。第二年，李克用病死，李存勖承袭晋王位，继续进行与朱家的世仇之争。李克用刚病逝的时候，朱温还不能确信，于是在杀害已经被废为济阴王的唐哀帝后，亲自前往泽州，指挥围攻潞州城的后梁军退兵。在确认李克用的死讯后，朱温才放下心来继续发兵进攻潞州。然而潞州的抵抗极为激烈，后梁军久攻不下，损失惨重。为挽回颓势，朱温派遣心腹刘知俊率领精兵发起进攻，却在小胜后被新即位的李存勖偷袭大败。后梁军在围城一年多、付出数万人的损失后，最终败退。

公元 911 年，原成德节度使、被朱温册封赵王的王镕选择归附李存勖。朱温得知消息后，赶忙派遣军队前去征讨，又被赶来增援的李存勖打得大败。不久，囚禁父亲刘仁恭而篡位、被朱温册封燕王的刘守光称帝，李存勖闻讯前去讨伐，刘守光不能抵挡。公元 912 年，为声援刘守光，朱温集结大军，号称五十万众，从洛阳出发攻略河北。然而在蓨（tiáo）县（今河北景县），后梁军为李存勖的数百骑所袭扰，被烧掉大量辎重粮草，军心受到极大挫败。又因此时李存勖进度极快，刘守光已经被击败，朱温只好退兵。此时朱温年老体衰、患病在身，加之舟车劳顿、心情郁结，病情迅速恶化，等返回洛阳后，已经病入膏肓。

朱温自知几个儿子都不堪重用，便打算绕开他们，传位给较有能力的养子朱友文，谁知消息却被次子朱友珪得知。为避免大权旁落，自己日后受到清算，朱友珪索性一不做二不休，率领亲兵趁夜发动政变。最终，朱温在寝殿被朱友珪的亲信冯廷谔（è）一刀毙命。

朱友珪弑父篡位后，企图通过大量犒赏收买军心，但众多跟随朱温多年的部将并不买账，加之即位后的朱友珪荒淫无度，惹得民怨四起，最终其弟、东京马步军都指挥使朱友贞等人于公元 913 年发动政变，混乱中朱友珪命冯廷谔将自己和妻子张皇后一并杀死。

同在这一年，李存勖的军队攻克了幽州，将被囚的刘仁恭和其子刘守光一齐捉拿斩杀，燕国就此灭亡，整个河北北部地区都被李存勖收入囊中。公元 915 年，梁国天雄军节度使（即魏博节度使）杨师厚病逝于镇州，刚刚继任梁国皇帝的朱友贞为削弱藩镇权力，便想要拆解天雄军，这引起了许多军士的不满。军校张彦等人带领部众挟持了新任节度使归降李存勖，李存勖顺势占据了魏州、澶州（今河南濮阳）等地，与后梁军夹着黄河而对峙，史称“夹河对峙”。李存勖佯装退兵，用伏兵之计在元城（今河北大名东）大败后梁军，接着乘胜追击，攻取了梁国黄河以北除黎阳（今河南浚县）外的全部领土，后梁军彻底落入下风。

公元917年，寿州刺史卢文进背叛李存勖，引契丹兵南下，幽州守将周德威据守孤城抵抗契丹。李存勖得知消息后，派出其兄、李克用养子李嗣源等率兵救援幽州，援军在城外大败契丹军，俘虏斩杀上万人，解了幽州之围。消除后方危机后，李存勖继续发兵南下，接连攻破后梁军数座营垒，攻陷杨刘城（今山东东阿北）。正在洛阳组织祭天大典的朱友贞闻讯大惊，慌忙赶回汴州组织反击，但未能击败李存勖。

半年后，李存勖集结重兵，意图一举攻破梁国的统治中心汴州，谁知在胡柳坡（今山东鄄城西北）遭到后梁军顽强抵抗并大败，被重兵围困，后在部将阎宝等人建议下，以骑兵突击才扭转败局。虽然李存勖最终夺得濮阳，但惨重的损失也让他无力再攻汴州。此后两军又在德胜城（今河南清丰西南）附近沿河对峙，展开了旷日持久的拉锯战争，最多时每日大小百余战，互有胜负。

后唐攻灭后梁　庄宗兵变身死

公元916年，契丹族首领耶律阿保机在龙化州（今内蒙古通辽科尔沁区莫力庙福巨遗址）称天皇帝，建国号契丹。契丹族是中国古代北方地区的一个游牧民族，早先活动在潢河（今西拉木伦河）一带，历史上与中原王朝及周边少数民族政权多有纠葛。唐朝初年，契丹八个部落组成部落联盟，接受大唐统御。

唐朝衰落后，契丹族不断向外扩张、掳掠人口，势力大增。至耶律阿保机称帝后数年，契丹用兵频仍，降服河西回鹘（亦称甘州回鹘），攻灭渤海国，南侵晋地，占领代北（今山西北部及河北西北部）及平州地区（今河北北部及辽宁西南部），中国北方边境大部为契丹占据。

李存勖一方与后梁军夹河血战十二年，虽取得不少胜利，但始终没能彻底击败对手。在此期间，李存勖后方相继发生成德张文礼、昭义李继韬的叛乱，猛将周德威、史建瑭等相继战死，加之北方契丹不时南下骚扰，一时间李存勖的处境极为窘迫。

公元921年三月，河中、昭义、横海、成德等十一个藩镇共同派使者劝进，请李存勖建国称帝，被其推辞。八月，李存勖派遣部将阎宝征讨成德镇，围困镇州，杀死赵王王镕自立的叛将张文礼惊惧而死，其子张处瑾接掌军事，继续据城顽抗。义武军节度使王处直勾结耶律阿保机，引契丹兵南下，意图借助契丹的力量背叛李存勖，却被养子王都扣押起来。王都归附李存勖，继任节度使，但没过多久便被契丹大军围困在定州。

次年，李存勖亲率五千铁骑北上，先后在新城（今河北高碑店）、望都（今属河北）大败契丹军，解了定州之围，并乘胜追击到幽州境内。但与定州之胜形成对比的是，李存勖在镇州城下却接连失利、损兵折将，阎宝因攻城受挫羞愤而死，继任主帅的李嗣昭、李存进也相继战死。后梁军趁此机会发动反攻，连续攻克卫州（今河南卫辉）、新乡（今属河南）等地，并夺取河北重镇相州（今河南安阳）。是年九月，镇州终因围城日久、粮尽力绝而被攻破，张处瑾及一干部属被俘送魏州处死，张文礼也被劈棺戮尸，成德镇重新被纳入李存勖麾下。

公元 923 年四月，李存勖接受诸镇劝进，在魏州称帝。为表明正统性，他继续沿用“唐”为国号，并在太原建立宗庙，供奉包括唐高祖、唐太宗在内的七个牌位，史家称之为后唐。

后唐建立之初，面临的形势十分严峻，契丹不断侵扰幽州，兵锋直逼河北，潞州守将李继韬叛附后梁，梁将董璋急攻泽州，意图吞并昭义（今山西长治、河南安阳一带），直接威胁到后唐西都太原的安全。

为扭转被动局面，李存勖决定趁后梁军东面防守空虚之机，出兵切断后梁军右翼，进而图谋汴州，于是命李嗣源率领五千步骑，连夜冒雨渡过黄河，顺利袭取郓州。后梁军派出骁将王彦章领兵抗击，阻止后唐军西进。王彦章采取牵制郓州、主动出击的方式，成功围堵后唐军于杨刘附近。李存勖亲自领兵支援杨刘，双方攻伐良久，后唐军军粮不足，有隐然撤退的迹象。

但受梁廷权臣赵岩、张汉杰等人谗言影响，王彦章被撤掉主帅职位。朱友贞部署四路反击：命段凝攻澶州、董璋攻太原、霍彦威攻镇州、王彦章攻郓州，计划于十月向后唐军发起总攻，但这在客观上造成了后梁军兵力的分散、汴州防务的空虚。

朱友贞还命人掘开滑州南面的黄河大堤，以阻止后唐军进攻汴州，但这也导致梁军主力被阻隔在了黄河以北。九月，梁将康延孝投降，并将后梁军虚实悉数告知李存勖，建议后唐军趁此机会袭取汴州。与此同时，李嗣源也在郓州附近大败王彦章，仅俘获的后梁军将校就达三百余人，迫使后梁军退保中都（今山东汶上）。

李存勖采纳了康延孝的建议，率军自杨刘渡河到达郓州，并以李嗣源为先锋攻破中都，俘杀了王彦章，而后命李嗣源继续快马加鞭向汴州出击。汴州被后唐军围困，梁帝朱友贞无计可施、聚众而哭，他怕自己的兄弟趁机阴谋作乱，于是将他们全部杀掉，又担心身边的亲信会背叛自己，最终在忧惧之中自杀而死。梁将王瓒开城投降，李嗣源由大梁门进入汴州城，诛杀后梁宰相敬翔等一干人等，后梁灭亡。

后梁亡后，河南诸镇陆续投降后唐军。不久，李存勖迁都洛阳，先前向后梁称臣的藩镇纷纷奉后唐为正朔，楚王马殷、吴王杨溥、吴越王钱镠、汉主刘龑等也相继遣使入贡。荆南节度使高季兴入朝来拜，被封为南平王；岐王李茂贞奉地来降，被封为秦王。于是，河南、关中（今陕西中部）地区都被后唐收服。

但此时，据有两川之地的前蜀却不肯向后梁臣服，其国主自立为帝，意图凭借地利与后唐分庭抗礼。当时正逢前蜀后主王衍在位，其人昏庸荒纵、奢侈淫靡、大兴土木，将政事委托给宦臣奸佞，纵容太后太妃卖官鬻爵，致使朝政败坏、贪腐成风。王衍还热衷巡游，沿途强制州县供应食宿劳力，百姓苦不堪言。李存勖有意讨伐前蜀，他先是派遣客省使李严出使前蜀，趁机刺探蜀中虚实；而后又派遣使者李彦稠入川，表示要与蜀国修好，以此麻痹王衍。

公元 925 年九月，在一切准备妥当之后，李存勖以长子魏王李继岌为都统，名将郭崇韬为招讨使统领六万大军出兵伐蜀。后唐军兵锋锐利，连克威武城（今陕西凤县东北）、凤州（今陕西凤县）、兴州（今陕西略阳）。当时王衍仍在国内巡游作乐，到了利州（今四川广元）的时候才知道后唐军来犯。他匆忙组织了三万人马前去迎战，却被后唐军击溃于三泉（今陕西宁强西北）。

后唐军入大散关（今陕西宝鸡西南），前蜀各地守军纷纷向后唐军投降，王衍仓皇逃回成都。没过多久，前蜀中书令王宗弼发动政变，囚禁了王衍，并以王衍名义邀请李严到成都商谈投降事宜。李严赶到成都，悉心安抚前蜀官吏、百姓。不久，李继岌带领大军进抵成都，王衍率文武百官出城拜降，前蜀灭亡。

前蜀覆灭后，两川归于后唐，郭崇韬上表请求任命董璋、孟知祥分别担任东、西川节度使，镇守两川。宦官李从袭、向延嗣等人嫉妒郭崇韬功劳大、威望高，便私下攻击他，说他专权，还勾结皇后刘氏暗中下旨，命魏王李继岌将郭崇韬杀害于成都。许多后唐将领得知消息，都开始滋生不满。

李存勖从小就精通音律，擅长舞文弄墨，喜好和优伶结交，但因大敌当前，他尚且能够克己奉公。而等到后梁平定，李存勖的骄纵和奢靡就日渐凸显出来。他开始沉溺酒气、耽于声色，任凭倡优伶人出入宫廷、侮辱士绅，众大臣深感气愤，却又敢怒不敢言。与此同时，那些善于溜须拍马、逢迎讨好之人却大行其道。皇后刘氏出身卑贱，对敛财极为热衷，各地供奉的珍宝财货，都要准备两份，一份给皇帝，一份给中宫。同时，皇太后诰谕、皇后教谕和皇帝诏令并行于藩镇地方。

在此背景下，一些正直的官员将领因担心被宦官、优伶谗言污蔑，内心陷入惶恐不安，蕃汉内外马步军副总管李嗣源请求卸任并交出兵权，但被驳回。李存勖既猜忌一些功勋将领，又不能很好体恤士卒，荒废政事，沉溺享乐。加之手下租庸使孔谦等弄臣对民财恣意压榨盘剥，终于导致行伍、百姓对李存勖离心离德。

公元 926 年二月，魏博戍卒在贝州（今河北清河）哗变，推裨将赵在礼为首领，攻入魏州。继而邢州、沧州（今属河北）也相继发生兵变，招抚使元行钦带兵镇压，却接连失利。李存勖命令李嗣源率领侍卫亲军北上平叛，结果李嗣源到达魏州城下时，亲军哗变，他自己也被劫持入城，亲军与叛军合势，声威大振。李嗣源迫于形势，又苦于无法自证清白，索性带领叛军南下。

李存勖原打算坐镇汴州指挥平叛，但李嗣源已经抢先一步占领汴州，并且得到大批后唐将领的支持和拥戴，所以决定御驾亲征。不过李存勖很快获悉局势已经不可挽回，于是行至万州镇（今河南中牟西北）时下令班师。尽管途中他一再安抚士卒，许以深厚赏赐，但将士们已经不信任他们的皇帝了，还没走到洛阳，手下兵马已经逃散过半。

李存勖将希望寄托在李继岌身上，前期征蜀大军已经由四川返回，但途中因后军康延孝发动叛乱，路上耽搁了一些时间。四月，李存勖打算去汜水关（今河南荥阳西北）与李继岌会合。不过还未来得及会合，李存勖却殒命于洛阳。他命扈从候于宫门外，自己在内殿进食，结果从马直指挥使郭从谦突然发动叛乱，率军攻入兴教门。李存勖亲率宿卫应战，被流矢射中，死于绛霄殿，时年四十一岁。近侍伶人将乐器盖在他身上，纵火焚尸。李继岌大军行至渭南（今属陕西），因部属溃乱，不得已自缢而死，余部在副招讨使任圜带领下归附李嗣源。

后晋取代后唐　幽云之地始失

公元926年四月，李嗣源率军进入洛阳，在李存勖灵前称帝，是为后唐明宗。李嗣源本为晋王李克用养子，即位时已经六十多岁。他执掌政权后，不猜忌他人，不好大喜功，没有不良嗜好，也不追求物质享受，赏罚分明。其志在与民休息，共享太平；文化上命国子监校正九经[1]，推崇儒家学术；政治上积极笼络不同派别人员，扩大统治基础、争取藩镇支持；经济上轻徭薄赋，推进农业生产，稳定粮食价格。

李嗣源在位八年，中原经济文化一度复苏。但随着年龄增大和精力下降，李嗣源的猜忌和刻薄心理逐渐滋长起来，他开始随意诛杀大臣，使得臣僚逐渐疏远，父子相互猜忌。

公元933年，李嗣源病重，其次子、秦王李从荣因平日性格残忍、嗜好杀伐，与朝中大臣均不和睦，预感李嗣源病逝后自己前途无望，便打算密谋称帝。李从荣率领牙兵千人列阵洛阳天津桥，带兵入宫。枢密使朱弘昭等暗中告密，李嗣源下令平乱。朱弘昭率五百骑兵从左掖门出，皇城使安从益率三百骑兵由右掖门出。

因准备仓促，李从荣所带多是步兵，在骑兵冲击下阵脚大乱，节节败退，遂逃回到王府之中。安从益追击而至，从床下搜出李从荣并将其正法。

1　九经指《尚书》《诗经》《周易》《周礼》《仪礼》《礼记》《左传》《公羊传》和《穀梁传》。

枢密使冯赟（yūn）率五百甲士攻入秦王府，将包括李从荣两个儿子在内的王府所有人员全部诛杀。

李嗣源听说李从荣的死讯后，悲伤得几乎从病榻上坠落下来，哽咽得几度要昏死过去。没过多久，他就在伤心忧惧中死去了。其五子、宋王李从厚被召回洛阳，在李嗣源灵柩前继承皇帝位，即后唐闵帝。

当时孟知祥驻守西川，时间一久，便产生了割据蜀地的想法。早在公元920年，他就和东川（今四川三台）节度使董璋联合抗拒朝廷的征调。公元930年后唐派遣招讨使石敬瑭征讨两川，但没能取胜，罢兵而还。之后同样存有割据之心的董璋领兵袭击西川，却被孟知祥击败，董璋也为属下所杀。孟知祥顺势吞并东川，而后上表向朝廷求封蜀王，得到允许。一年后，趁着李从厚新立，孟知祥割据蜀地，登基称帝，即后蜀高祖。

李从厚是李嗣源的第三子，性情优柔寡断，即位后，主要由朱弘昭、冯赟辅佐参政。当时，凤翔节度使、潞王李从珂与河东节度使石敬瑭都是功勋卓著的旧将，占据一方，很得人心。朱、冯二人担心他们经营地方太久，将会失去控制，便诏命李从珂移任河东，石敬瑭移任成德。李从珂自知离开大本营必然失势，于是拒绝接受诏命，并向周边发布檄文，扬言要清君侧。

公元934年，李从珂从凤翔起兵反叛，长驱直入洛阳，沿途诸将纷纷投诚相迎，朱弘昭投井而死，冯赟被人所杀。宰相冯道率领百官列队迎接李从珂，并上表劝进，于是李从珂登基称帝，即后唐末帝。李从厚从洛阳逃亡，途中遇到了被李从珂招来商议军国大事的石敬瑭。李从厚的属将愤恨石敬瑭没有力保李从厚，双方发生冲突。短兵相接后，石敬瑭杀死李从厚随从一百多人，并将李从厚软禁在卫州，而后向李从珂邀功，李从珂派人将李从厚杀死。

李从珂本姓王，为李嗣源养子，与石敬瑭向来不睦。石敬瑭来到洛阳后，凤翔的亲卫旧僚都劝说李从珂将他扣留下来。石敬瑭因害怕李从珂对自己起疑心，在参加完李嗣源的葬礼后也不敢提出离开，每天都忧心忡忡，加上自己本身就有旧疾，最后竟然瘦成了皮包骨，这反而使得李从珂放松了对他的戒备。李嗣源的女儿魏国公主嫁与石敬瑭为妻，太后和魏国公主多次向李从珂求情。多方考量之下，李从珂最终决定将石敬瑭放还河东太原，石敬瑭得以全身而退。

回自己的大本营后，石敬瑭更加低调小心。当时契丹军势正盛，屡屡侵犯北部边境，石敬瑭受命担任马步兵总管职务，率军驻守在忻州，以防备契丹。李从珂对石敬瑭并不放心，于是派遣张敬达担任石敬瑭的副手，驻守代州来分散他的兵权。石敬瑭深知李从珂用意，多次上书表示自己体弱多病，请求解除职务，另去其他地方任职。李从珂批准了他的奏疏，任命他为天平军节度使，前往郓州赴任。石敬瑭原本只是想试探李从珂的态度，此番骑虎难下，激愤之余，遂下定决心反叛。

公元 936 年五月，收到调命后，石敬瑭先是称病不走，而后上表以李从珂并非李嗣源亲子为由，要求李从珂让位给许王李从益。李从珂大为震怒，下令罢免石敬瑭所有官职，并诏命张敬达为四面兵马都部署，率军攻打太原。振武军巡边指挥使安重荣等领兵支援石敬瑭，外围进攻作战打得很激烈。石敬瑭亲自登城抵挡飞箭流矢，守军的守城意志很高，但还是架不住粮秣军资日渐减少。

石敬瑭眼看解围无望，决定向契丹求援，于是他让掌书记桑维翰上表许诺，割让幽云十六州给契丹，每年进贡大量财物，同时向契丹以儿国自称。部将刘知远认为条件太过屈辱，加以劝诫，但石敬瑭没有采纳他的意见，仍将书表送达契丹主耶律德光。耶律德光正愁找不到出兵借口，接表后喜出望外，立刻带领五万骑兵由雁门关南下，在汾曲（今山西阳曲西）大败后唐军队，杀死一万多人，太原之围得解。

公元 936 年十一月，耶律德光册封石敬瑭为晋国皇帝，亲自解下衣冠为石敬瑭披上，史称石敬瑭建立的晋国为后晋，石敬瑭即后晋高祖。随后石敬瑭按照约定，将幽州、蓟州（今属天津）、瀛州（今河北河间）等十六州土地割让给契丹，并称比他小十岁的耶律德光为父皇帝，每年再进帛三十万匹。至此，契丹轻易占据长城一带的险要地区，兵锋可以长驱黄河流域，中间再也没有了可供抵抗的屏障。

李从珂闻听消息，急忙下令命卢龙节度使赵德钧为行营都统，督率诸军抗拒契丹。赵德钧无意与契丹为敌，反而想要效仿和取代石敬瑭，便以重金贿赂耶律德光，意图借助契丹力量称帝并谋取中原。耶律德光一度动摇，但在桑维翰的苦苦哀求下，最终拒绝了赵德钧之请。后唐招讨副使杨光远杀掉张敬达，投降契丹。契丹军与后晋军合兵南下，于镇州团柏谷（今山西祁县东南）迫降赵德钧，赵德钧父子被捆绑押走，其所部精锐——银鞍契丹直全部被契丹诛杀。

契丹兵进军到潞州班师，石敬瑭则继续率军向洛阳进发。此时，后唐军力还很强大，但李从珂志气消沉，昼夜饮酒悲歌，不问战事。各镇将领见状，感到十分失望，纷纷投降后晋军。是年闰十一月，后晋军兵临城下、急攻洛阳，李从珂见大势已去，便带着传国玉玺与家眷登上玄武楼自焚而死，后唐宣告灭亡，传国玉玺从此也不知所踪。

后晋契丹交恶　晋亡后汉勃兴

石敬瑭攻灭后唐，因看到洛阳数遭兵燹、城镇残破、市井凋敝，便决定迁都汴州，次年升汴州为东京开封府。石敬瑭采纳桑维翰的建议，态度卑谦地侍奉契丹；开诚布公地抚慰藩镇；练兵修械，增强武备；劝课农桑，厚实仓廪；发展商业，丰富财货，整个中原大地得到喘息和恢复。尽管如此，各地藩镇依然心存不满，他们尤其羞耻于向契丹称臣，大同节度判官吴峦关闭城门，不接受契丹号令，应州马军都指挥使郭崇威干脆辞官，投向南方。

公元 937 年，天雄军节度使范廷光在魏州举起反旗，石敬瑭命令东都巡检张从宾前去讨伐，结果张从宾也与范廷光合兵同叛。没过多久，渭州（今甘肃平凉）也发生了兵变。在镇压叛乱过程中，石敬瑭的两个儿子相继被杀，这对他造成了沉重的精神打击。石敬瑭又命宣武军节度使杨光远率军讨伐范廷光，孰料途中再次发生变乱，军士们打算推举杨光远为天子，但被其严词拒绝、施以镇抚。杨光远继续率军北上，攻取魏州，被石敬瑭加封为魏博行府节度使。

大权在握以后，杨光远隐有飘忽之意，时而干预朝政，时而抗旨不遵，石敬瑭一直没有追究他。其后，杨光远不经请示，擅自杀死范廷光，石敬瑭却因为畏惧杨光远，不敢依法惩治，各藩镇的轻薄之心更是滋长。

公元 941 年，石敬瑭北上巡视邺都（今河北临漳），京城防卫空虚。成德节度使安重荣扣押契丹使者，上表斥责石敬瑭以儿子身份侍奉契丹，导致中原困厄，要求出兵讨伐契丹，并联合山南东道节度使安从进一同起兵发动叛乱。这一年蝗灾、旱灾严重，百姓生活困苦不堪，但后晋还要给契丹输送大量珍宝贡赋，安重荣以抗击契丹为旗号，很快聚集起数万饥民向邺都进发，扬言要面见石敬瑭。

队伍行至宗城（今河北威县），与前来镇压的杜重威部遭遇。双方正在搏杀的紧要关头，与安重荣素有嫌隙的赵彦之突然倒戈投降后晋军，安重荣措手不及、大败而逃，属下士卒纷纷溃散，大部分被杀死。安重荣带领十多名骑兵逃到镇州，动员全城军民登城据守。

杜重威大军包围镇州，镇州军民死战不降，给后晋军造成了重大杀伤。但安重荣再次遭遇手下将领叛变，叛将从城西水碾门引后晋军入城，守城军民两万余人皆被屠戮。安重荣率数百吐谷浑骑兵退至牙城继续抵抗，最终兵败被俘。石敬瑭下令将安重荣斩首，并将其首级装在盒子里送给了契丹。

此起彼伏的反叛，使得本就仰人鼻息、内心愤懑的石敬瑭更加忧愤难当。他对手下将领越发不信任，病情也开始恶化，不到一年就死去了，给继任的养子石重贵留下了一副难以收拾的烂摊子。

公元 942 年六月，石重贵刚一继位，便有大臣提议向契丹称臣告哀，但侍卫马步都指挥使景延广不同意，劝他仅称孙不称臣。石重贵采纳景延广的意见，不顾晋国和契丹之间的实力差距，言辞强硬地向契丹申明不再臣事契丹的主张，并在之后一段时间里，多次囚禁契丹商贾并派遣间谍北上活动，挑衅契丹，这令耶律德光大为震怒。

公元 944 年正月，耶律德光派遣赵延寿、赵延昭率前锋五万到达任丘（今属河北），耶律安端入雁门围困忻州、代州，进逼黄河沿线。面对契丹大军压境的态势，后晋派遣使者向契丹称臣求和，但遭到拒绝。二月，契丹军攻陷博州（今山东聊城），平卢军节度使杨光远背叛后晋，指引契丹军从马家口渡河，后晋派李守贞等率兵万余阻击。李守贞趁敌军尚未完全渡河之机发起突袭，给契丹造成极大杀伤。

三月，后晋军主力集结于澶渊（今河南濮阳），前军高行周部驻守在戚城（今河南濮阳境内）。契丹两面夹击戚城，击破高行周部，并乘势攻打后晋军防守薄弱的侧翼，后晋军大败。五月，契丹又攻破德州（今属山东），俘获刺史尹居璠在内的将吏二十余人。

耶律德光率主力北返，在经古北口（今北京密云境内）时，听闻后晋军占领契丹边城泰州（今河北保定东北），立刻抛弃辎重，南下追击后晋军，在阳城（今河北保定西）附近的白团卫与后撤的后晋军遭遇。后晋军在缺水、缺粮、逆风等诸多不利情况下，步骑齐出，借助风沙掩护出奇制胜，一举击溃契丹大军。耶律德光先是乘坐奚车逃奔十余里，后又弃车改乘骆驼，仓皇退回幽州。

对契丹的连续胜利，助长了石重贵的信心与傲慢。公元946年十月，石重贵任命杜重威为招讨使，主动出兵讨伐契丹。后晋军先是与契丹在瀛洲（今河北河间）发生激战，受挫后引兵退却。十一月，耶律德光举大军南下追击，在滹沱河又重创后晋军，后晋军奉国都指挥使王清战死。十二月初十，晋军主帅杜重威自觉不是契丹对手，畏惧之下，竟然率领全军二十万人马投降契丹，导致后晋防线彻底崩溃。

十二月十六深夜，耶律德光派遣降将张彦泽长驱直入汴京。次日晨，石重贵投降，之后桑维翰被杀死，后晋灭亡。

次年正月，耶律德光率军入汴京，后晋文武百官身着素服出郊相迎。耶律德光将石重贵贬封为负义侯，流放到了黄龙府（今吉林农安），后晋所属诸镇大都投降契丹。三月，耶律德光在崇元殿依中原礼制举行典礼，即皇帝位，建国号为“辽”，耶律德光即辽太宗。

耶律德光占据中原，接受四方朝贡，自满之心日渐滋长。他整日饮酒作乐、纵情声色，还以“打草谷”之名，放纵手下契丹兵四出劫掠，汴京周边几十里，财富牲畜被洗劫一空。他又派遣使者前往各地勒索钱财物资，稍有不顺从者便严加诛戮。一时之间，中原大地民不聊生、怨声鼎沸，各地官吏、百姓都盼望着把契丹人驱逐出去。

耶律德光即位时，后晋重臣、河东节度使刘知远派遣牙将王峻向契丹奉表投降，受到耶律德光隆重接待。他将刘知远唤作儿子，并赐给王峻一根木拐。在契丹礼法中，木拐的含义就和汉使所持的假节一样，只有非常尊贵的大臣才能得到。王峻拿着木拐，契丹人看见他都纷纷退到路边避让。王峻看到契丹统治下一路民生凋敝的情形，回到河东后对刘知远说契丹行径残暴、政治混乱，一定无法长久统治中原，建议刘知远建国自立。

公元 947 年二月，河东行军司马张彦威等人上表，请求拥立刘知远登基。刘知远三度推辞，最终发告应允，在太原称帝，建立政权。为增强号召力，笼络人心，他仍旧采用石敬瑭的年号。接着刘知远便下令禁止为契丹搜刮钱财，慰劳保卫地方和抗击契丹的民众，搜查和捕杀耶律德光派驻到各地的契丹人。这一系列举措，极大鼓舞了汉地军民的信心，诸镇和后晋旧将接连起兵响应，广大百姓也群起反抗。

不久，磁州叛军首领梁晖攻下相州，杀死契丹守军数百人后率部归顺刘知远；武节都指挥使史弘肇攻取代州，杀死刺史王晖；晋州将领药可俦（chóu）、陕州（今河南三门峡一带）留后赵晖、潞州留后王守恩也相继杀死契丹任命的官员，举城归附刘知远；澶州起义军首领王琼率部攻入州城，与契丹兵血战；东方（中原东部）起义军接连攻破宋州、亳州、密州（今山东诸城）等地；延州（今陕西延安）地区发生兵变，节度使周密被驱逐；丹州指挥使高彦询率州归附刘知远……一时之间，神州大地遍地烽火。

面对局势的恶化，耶律德光无力应付，于是只在汴京待了三个月，便带着后晋的数千名降官，数百名宫女、宦官，以及掠夺来的财物珍宝还兵北上，同时任命部将萧翰为宣武军节度使，留守汴京。在返回过程中，耶律德光心存郁结、又气又恼，身体状况急剧恶化，行至栾城（今属河北）的时候病死。萧翰听说了耶律德光的死讯，打算拥立永康王耶律阮为帝，于是率军撤离汴京。

四月，耶律阮在镇阳（今河北栾城北）被随军的将士臣僚拥立为帝，但淳钦皇后述律平想要拥立耶律德光之弟耶律李胡，双方人马在横渡隔潢河列阵对峙，大战一触即发。后经辽国重臣耶律屋质从中斡旋，双方罢兵和解。九月，耶律阮行柴册礼登基称帝，即辽世宗。柴册礼是指皇位继承人接受玉册，然后积薪为坛、烧柴祭天的一种即位礼仪。

刘知远抓住时机，采纳了亲信郭威的建议，命令史弘肇为先锋，举兵南下。后汉军一路势如破竹，很快攻下了洛阳和汴京，后晋旧臣藩属纷纷前来归附。刘知远正式改国号为汉，史学界称之为后汉，刘知远即后汉高祖。

平定三镇叛乱　后汉后周更迭

刘知远稳定中原局势后，遥封曾经投降契丹、招致后晋灭亡的杜重威为太尉、归德军节度使，不久又命令他移防镇守归德，和原来的归德军节度使高行周对调。杜重威担心离开自己的大本营魏州会遭到朝廷清算，拒绝接受诏命，并向驻守镇州的辽将麻答求援。麻答命令番将杨衮率兵支援，结果镇州将士趁着辽军防守空虚的机会，驱逐麻答，投降了后汉。

刘知远诏令高行周和镇宁军节度使慕容彦超讨伐杜重威，后汉军兵临魏州城下，对城池展开猛攻。杜重威和协助守城的燕军将领张琏因愤恨刘知远枉杀燕兵，守城意志极为顽强，后汉军久攻不下，死伤惨重。刘知远害怕再有其他变故，于是亲临前线督战，但魏州依然坚如磐石。刘知远见强攻无果，于是多次派遣使者劝降杜重威，承诺如果投降的话可以保全其性命。

这时魏州城内粮草已经告罄，很多将士脱城逃亡。无奈之下，杜重威只得出城投降。刘知远履行承诺，放过了杜重威，却将包括张琏在内的数十名将校诛杀，而后又派遣三司使王章和枢密副使郭威将杜重威所属的将吏尽数屠戮。

公元 948 年正月，刘知远因长子刘承训的溘然病逝而悲痛难抑，自己也一病不起。弥留之际，他召来史弘肇、王章、苏逢吉、郭威等人，将儿子刘承祐托付给他们辅佐，并授意托孤大臣杀死杜重威。刘知远驾崩，苏逢吉等人秘不发丧，而是遵其遗嘱，将杜重威父子收押处斩，陈尸于闹市。先前深受契丹之苦的汴京百姓纷纷冲上前辱骂踢打，现场的军吏都不能阻止，导致尸首狼藉不堪。

是年二月，刘承祐在刘知远灵柩前继位，即后汉隐帝。没过多久，占据长安的赵思绾、占据凤翔的王景崇、占据河中的李守贞等地方势力相继发动叛乱，刘承祐诏令郭威为西面军前招慰安抚使，督率诸军前去镇压。郭威采纳镇国节度使扈彦珂的建议，兵分三路，重点进攻河中的李守贞，挖长壕、筑连城，将河中严密包围起来，李守贞数次突围均告失败，派出求援、侦察的斥候也全部被抓获。

凤翔方向，后蜀派来的援军被后汉朝廷新任命的凤翔节度使赵晖击退，王景崇两次出兵也均被击败，只好退守城中不再出战。后蜀继续派兵增援，与后汉军激战于宝鸡（今属陕西），战事不利，退守凤州，后因军粮不继而退回蜀地。

公元 949 年四月，河中粮食用尽，城中一半人口被饿死。二个月后，郭威指挥后汉军发起总攻，攻克外城，李守贞退入子城，带着妻儿自焚而死。长安城也因为断粮无力抵抗，赵思绾于同月出城向后汉军投降。在请示郭威后，郑州防御使郭从义捕杀赵思绾及其父兄、属下三百多人。十二月，赵晖率军猛攻凤翔，王景崇举旗自焚而死，其部下公孙辇等开城投降。至此，后汉将三地叛乱顺利平定。

刘承祐逐渐年长，但朝政大权依然被几名顾命大臣牢牢把持，且他们之间关系不睦，尤其是杨邠、史弘肇、苏逢吉三人，经常相互攻讦，导致内政混乱。杨邠、史弘肇还多次在议政时不让刘承祐开口发表意见，置皇家颜面于不顾，刘承祐对此越发不满。

公元 950 年十一月，杨邠、史弘肇和王章奉命入朝时，在宫殿外的走廊下，被刘承祐事先安排的几十名武士杀死。刘承祐亲临万岁殿，向众大臣宣读三人谋反罪状，而后派遣兵马，四处抓捕三人的亲族同党，就连他们的仆人和随从也都被擒杀。侍卫步军都指挥使王殷因平日与史弘肇交往密切，刘承祐便让人带着密诏，命令澶州节度使李洪义捕杀了王殷。

刘承祐对领兵在外、大权在握的郭威更是放心不下，于是密令邺都行营马军都指挥使郭崇威、步军都指挥使曹威暗中杀掉郭威和监军王峻；又担心阴谋泄露，于是连忙召集天平、平卢、郑州等地防御使，率领所部来防卫京城。

郭崇威到达邺都后，不忍杀害郭威，反而和众将校一起劝郭威起兵，入朝清君侧，攘除奸佞，安定天下。于是郭威任命郭崇威为先锋，率骑兵先行，自己则带领主力跟进南下。郭威军所到之处，后汉将吏纷纷投降。

刘承祐收到消息，知道事情已经败露，于是连忙派遣开封尹侯益与慕容彦超、吴虔裕等率领禁军北上阻截。两军在刘子陂（今河南封丘境内）遭遇，双方均列阵相持、按兵不动。次日，慕容彦超仗着自己骁勇，带领轻骑兵冲击郭威军营垒，结果遭到失败。郭威发起反击，在七里店（今河南开封北郊）再度击败后汉军，侯益投降，吴虔裕等溃逃，后汉军防线立时瓦解。

刘承祐原本在城外观战，眼见后汉军溃败，便想逃回城去，不料却被守军拒之门外，只好带了苏逢吉等宰臣从官数十人往西北奔逃。茶酒使郭允明逼迫刘承祐来到一处民舍，亲手杀死刘承祐，而后自杀身亡。群臣遂议立刘知远养子（实乃其侄）、徐州节度使刘赟为帝。

郭威率军进入汴京，严格约束下属，禁止军队烧杀抢掠，同时尊奉后汉太后临朝称制。次月，辽军南下袭扰，攻击掠夺了内丘、饶阳（均今属河北），太后派遣郭威统领大军北上对抗契丹。大军走到澶州的时候，数千将士呐喊叫嚷，撕裂黄旗披在郭威身上，尊奉郭威为天子，“万岁”之声震天动地。大军簇拥着郭威返回汴京，后汉文武百官出城相迎，劝进郭威称帝。郭威进入京城，以太后诰旨名义，废刘赟为湘阴公并将此时刚从徐州赶至宋州的刘赟囚禁起来，任命自己为监国。

公元951年正月，郭威正式登基称帝，建国号为周，史称后周，郭威即后周太祖。不久，刘赟被毒杀，后汉正式灭亡。郭威立国之后，努力革除唐末以来的各项积弊。他一改以往军人政权残酷暴虐的形象，崇尚节俭、仁爱百姓、轻徭薄赋、禁止珍玩、尊奉儒教、重用贤臣，使得后周迅速展现出了国富民强、欣欣向荣的大好形势。

刘知远之弟刘崇在其称帝并南下后，留守太原。刘崇和郭威之前便有过节，听说郭威执掌政权的消息后，为图自保，暗中征募勇士、修缮武器、截留赋税，朝廷的诏命大多不再尊奉。刘承祐被杀身亡后，刘崇准备起兵南下，听说自己的亲生儿子刘赟要继承皇位，便停止了行动。等到刘赟被废，刘崇上表请求迎接刘赟来太原，郭威没有同意。

刘赟被毒杀后，刘崇在太原称帝，仍以汉为国号，史称北汉，刘崇即北汉世祖，彼时占据有并州、汾州、忻州、代州等山西中部地区。即位不久，刘崇便命次子刘承钧率军攻打后周治下的晋州，连续攻打六十多天，损兵折将却无功而返。北汉地小民穷，没有力量和强大的后周抗衡，于是刘崇只得将希望寄托在辽国身上。

公元 951 年六月，刘崇派遣使者前往辽国，以子侄身份请求辽国出兵相助，耶律阮册封刘崇为大汉神武皇帝，并打算派兵协助他攻打后周，但受召的各部将领却因连年征战、民力损耗过大，不愿意南下作战。九月，耶律阮强制要求他们按期集结，自己也带领本部人马到达归化州（今河北张家口），晚上扎营于火神淀（今河北宣化西），等待各路兵马赶来会合。

当晚，不愿服从耶律阮的部分契丹贵族发动叛乱，泰宁王耶律察割在行宫中将耶律阮杀死。宗室重臣、时任辽军精锐右皮室军统帅的耶律屋质逃出行宫，随即号召各地兵马讨伐耶律察割，顺利平定了叛乱，同时拥立耶律德光长子耶律璟继位称帝，耶律璟即辽穆宗。

是年，刘崇又调集兵马攻打府州（今陕西府谷），结果府州防御使折德扆不仅成功击退了北汉军的进攻，还顺势攻取了北汉治下的岢（kě）岚军（今山西岢岚）。至此，刘崇只得对后周采取守势。当时北汉既要维持庞大的常备军，又要向辽国进贡，赋税负担很重，大量百姓向后周逃亡，使得北汉本就贫弱的国力雪上加霜。

后周大败北汉　南唐丢失江淮

公元954年正月，郭威病重，他召来养子、晋王柴荣交代完后事，于当晚病死于汴京宫中的滋德殿。朝臣封锁了郭威驾崩的消息，待各项准备安排妥当，柴荣便按照遗诏，在郭威灵柩前继承后周皇帝位，即后周世宗。

北汉刘崇听闻郭威死讯，便打算趁着柴荣掌权未稳的机会发起南征。他一面抓紧集结兵力，一面派遣使者向辽国借兵。辽国派出大将杨衮率军六万前来支援，与刘崇部将张元徽会合进攻潞州。

收到战报后，柴荣力排众议，决定御驾亲征。三月，后周军与北汉军遭遇，双方对峙于高平（今属山西）。大战开始前，后周右军将领樊爱能与何徽畏敌怯战，带领所部溃逃，上千人投降北汉，一时间形势万分危急。在此情形下，柴荣冒着箭矢亲自来到前线督战，宿卫将军张永德、赵匡胤各自带领两千人冲击北汉军。两人身先士卒、左冲右突，后周军士气大振，个个奋不顾身、以一当十，杀得北汉军大败。

观望的辽军见后周军势极盛，不敢上前救援，稍后撤军而走。傍晚时候，河阳节度使刘词率援军赶来，与柴荣合力，再次大破北汉军，一路穷追猛打。刘崇丢弃了大量辎重，带着残兵败将连夜北逃至晋阳（今山西太原）。战后，柴荣收押樊爱能、何徽及其军使以上七十多人，指责他们临阵脱逃、妄图背叛，将他们全部诛杀，并对作战有功的李重进、张永德、赵匡胤等人施以厚赏。于是，后周的骄兵惰将们终于领教了柴荣的厉害，对他有所敬畏。

五月，柴荣乘胜追击，派遣大军进攻北汉，一直攻至太原城下。但因粮饷不继，加上连日阴雨、士卒劳顿，后周军没能攻克太原城。而在忻口（今山西忻州北）阻击辽军的部队又作战不利，大将史彦超力战而死，后周军士气陷入低迷，柴荣只好下诏班师。

此战也给北汉造成了巨大损失，北汉元气大伤，再也无力南下，而刘崇也忧愤成疾，一病不起。十一月，刘崇病重，安排其子刘承钧监国，没过多久自己便病死了。刘承钧在受辽国册封之后继任为帝，即北汉睿宗。他没有变更年号，而是改名为刘钧。刘钧继位后，勤政爱民、礼遇士绅、力避战端，北汉稍微恢复了一些安定。

建国初期，后周兵制大都沿用旧制，朝廷禁军宿卫因长期被娇宠姑息，战斗力低下、不听指挥的现象较为普遍，并且军中老弱很多，每次遇见强敌恶战，常常不是想要逃跑就是想着投降。高平之战让柴荣对这些弊病有了更加清醒的认识，于是他借着检阅军队的时机，在各军中择优抽调人马，组建新式禁军，又命令赵匡胤在禁军中选拔人才，组成殿前亲兵。新组建的部队，由柴荣所信赖的各将帅担任统领。后周军队的战斗力因此得到极大提升，军容军貌焕然一新。

柴荣忧心于内忧外患，心怀统一天下的宏大愿望。他认为契丹实力过于强大，便采纳了臣僚王朴的建议，制定了“先南后北”的方略，决定先向南方用兵，通过实战检验和提高部队战斗力。

公元 955 年二月，秦州（今甘肃天水）各族百姓遣使请愿，请求后周派兵收复故地。柴荣派遣镇安节度使向训、凤翔节度使王景率军西征后蜀，意图夺回被后蜀军占据的秦州、凤州、成州（今甘肃成县）、阶州（今甘肃陇南）。

六月，后周军被阻扼在凤州城下，久攻不克，而这时供给西征军的粮饷也支援困难，朝中开始出现罢兵的呼声。柴荣派遣赵匡胤去往秦州前线视察，赵匡胤返回后，力陈秦州很快能被攻下，这坚定了柴荣的信心。同年闰九月，后周军果然大败后蜀军，秦州、成州、阶州相继投降。十一月，凤州也被攻下。于是，汉中北部地区都被后周所占据。后蜀不甘心失败，派遣使者去往南唐和北汉，约定共同出兵进攻后周，于是柴荣又征调大军，决定对南唐用兵。

南唐是由李昪（biàn）在江南地区建立的王朝。李昪原为孤儿，被唐朝淮南节度使杨行密收养，后送给部将徐温收养，并取名徐知诰。杨兴密割据江淮一带，受封吴王，建立南吴政权。杨行密死后，其子杨渥继任，权臣张颢、徐温发动兵变，架空杨渥。不久张颢杀死杨渥，随即自己也被徐温所杀。至此，南吴军政大权都被徐温所把持。徐温死后，徐知诰接掌权柄，进封齐王，几年后接受南吴傀儡皇帝杨溥禅位，不久恢复李姓，建立南唐，李昪即南唐烈祖。公元 943 年李昪死后，其子李璟继位，即南唐元宗。

公元 955 年十一月，柴荣准备亲征南唐。他先派遣宰相李谷统率定武军节度使韩令坤等十二位将军出征淮南，同时下诏要求吴越王钱俶（chù）出兵常州（今属江苏）以牵制南唐兵力。后周军渡过淮河，在来远、山口镇、上窑（均在今安徽淮南境内）等地接连取得胜利，而后修筑堑壕，开始围攻寿州（今安徽寿县）。李璟派大将刘彦贞领兵三万来援。李谷担心后周没有水军支援，一旦淮河浮桥被截断，大军恐怕会陷入绝境，于是率军焚毁辎重，退保正阳关（今安徽寿县西南）。

柴荣得知消息，连忙派使者前去阻止，但为时已晚。因撤退时秩序混乱，后周大军相互攻击掠夺，数百名从淮北征集的差役也被落在了寿州。柴荣极为愤怒，并于次年派遣禁军大将李重进接替李谷，主持征南事务。李重进与韩令坤、铁骑右厢都指挥使赵弘殷合兵进击，在正阳外围大败南唐军，斩首两万多人，南唐军主帅刘彦贞也被杀死。柴荣来到前线，听说扬州（今属江苏）地区的守备空虚，便命令韩令坤、赵弘殷等率兵袭取。

公元 956 年二月，韩令坤命部将白延遇带着数百名精锐骑兵在黎明时分突入扬州城中，扬州军民都没有察觉。而后韩令坤带主力赶到，俘虏了南唐东都副留守冯延鲁。韩令坤约束部署，安抚百姓，使得扬州城内各项秩序维持良好。柴荣命他担任扬州地区的长官。攻下扬州没多久，南唐的泰州（今属江苏）守将也向后周投降。

韩令坤攻取扬州的同时，柴荣率领着后周军主力继续进攻淮南。他命令赵匡胤攻取滁州。赵匡胤先在涡口（今安徽怀远东北）击败南唐军万余人，斩杀南唐兵马都监何延锡，而后又在清流关（今安徽滁州西）大败号称十五万人马的南唐奉化军节度使皇甫晖和常州团练使姚凤所部，将两人生擒。

四月，吴越王钱俶应后周要求，出兵袭扰南唐后方，攻打常州、润州（今江苏镇江）。在包围毗陵（今江苏常州）时，吴越军遭到南唐反击，失败撤退，南唐将领陆孟俊乘势收复了泰州，继而率军进逼扬州。韩令坤担心自己不能抵挡，便弃扬州城而逃。柴荣听说后大为愤怒，命令赵匡胤、张永德率领禁军赶往六合（今属江苏南京）支援。

赵匡胤严令驻守扬州地区的后周兵不得撤退，有敢过六合的一律砍掉双脚，韩令坤不得不率部返回扬州，并在扬州东郊打败了陆孟俊部，将其生擒，接着又在楚州击败南唐军马贵部，擒获南唐的涟州刺史秦进崇。不久，赵匡胤在六合东面打败南唐齐王李景达，斩杀了一万多人，极大巩固了前期取得的战果。

之后雨季来临，柴荣留下李重进继续围攻寿州，自己则班师回京。五月，柴荣征集工匠，在汴京西侧的汴河上修造了数百艘战舰，同时命令投降的南唐士卒教导北军水战技巧。

公元 957 年三月，柴荣因南唐援军抵达寿州外围，前线战事不利，于是再度发起南征，在紫金山寨（今安徽寿县东北）大破南唐增援部队，消灭四万多人，缴获了上百艘战舰和众多军资粮秣。三月十九，弹尽粮绝、突围无望的寿州守军向后周军投降。

十一月，柴荣修整军备后，率领大军发动对南唐的第三次征伐。后周军进攻濠州（今安徽凤阳），在涡口大败南唐军，并乘胜横扫南唐修筑于淮河沿岸的城池营寨，一路势如破竹、所向披靡。次月，南唐泗州（今安徽泗县）守将举城投降，柴荣亲率大军东下，夺得南唐军舰三百多艘，而后水陆并进，接连迫降濠州、涟水（今属江苏）、亳州等地。

公元958年正月，柴荣率军攻克楚州，二月再次攻下扬州、泰州，三月进军临江（今江苏海门），南唐军大败。李璟派遣使者向柴荣求和，奉表尽献长江以北土地，去除帝号而改称“江南国主”，奉后周为正统，每年给以岁贡。于是，长江以北、淮南地区都被后周控制。

柴荣接连在与后蜀、南唐的战争中取得胜利，感到后周军已经具备了同契丹抗衡的实力。

公元959年四月，柴荣亲自率军北上征讨辽国，辽国宁州（今河北青县）刺史王洪、益津关（今河北霸州境内）守将终廷晖、瓦桥关（今河北雄县西南）守将姚内斌、莫州（今河北任丘北）刺史刘楚信相继投降归附。五月，瀛州刺史高彦晖投降，义武节度使孙行友攻克易州（今河北易县），先锋指挥使张藏英在瓦桥关北打败辽军骑兵数百人，攻下了固安（今属河北）。

出师仅四十多天，未发生大规模交战，后周便将辽国的益津关、瓦桥关、淤口关（今河北霸州东）、宁州、莫州、瀛州等三关三州，共十七个县收入囊中。柴荣信心大增，决定一鼓作气夺取幽州，但这时他突然身患恶疾，只好班师。

攘外安内

北宋建立与统一兼并之烽火（公元959年—公元1004年）

陈桥黄袍加身　代周宋平湖蜀

公元959年六月，柴荣回到汴京。先前在北征途中，柴荣曾意外得到一只皮口袋，里头有一块三尺多长的木牌，上面写有“点检作天子”字样，他心有疑虑。恰好当时张永德担任着殿前都点检一职，柴荣回京后，便命令赵匡胤接替张永德担任殿前都点检。六月十九日，柴荣病逝，年仅七岁的梁王柴宗训继承皇位，即后周恭帝，赵匡胤改任归德军节度使。

公元960年正月初一，契丹和北汉合兵南下的消息在汴京疯传，宰相范质等一班朝臣心存忧惧，连忙差遣赵匡胤统领诸军北上抵御。正月初二，赵匡胤率领大军离开都城，傍晚行进到开封东北四十里的陈桥驿。到了晚上，赵匡胤的一些亲信在军营中散布议论，称新皇幼弱，即便北上拼死作战，他也难懂恩恤，不如先拥戴赵匡胤登基，然后再北上抗敌。广大将士的情绪很快被鼓动起来。

次日，赵匡胤之弟赵匡义和亲信赵普见时机成熟，便授意部属将事先准备好的龙袍披在赵匡胤身上，率领众将士在帐下跪拜，请求拥立他为皇帝，呼喊“万岁”之声在几里外都听得见。赵匡胤表现出一副受迫姿态，辩称诸将贪图富贵才拥立他，愿意听从他的命令，他可以接受，否则他就不能做众人的天子。拥立者一齐表示唯命是听。

赵匡胤当即和众将约法三章：回京之后不得惊犯太后和小皇帝，不得欺凌大臣公卿，不得掠夺朝市府库，听从命令的有赏，违反的要被杀头。众将士都表示服从，于是赵匡胤带领兵变队伍回师汴京。

负责守卫都城的殿前都指挥使石守信、殿前都虞候王审琦，得知兵变成功的消息后，当即打开城门迎接赵匡胤。侍卫副都指挥使韩通收到告警，准备组织部下进行抵抗，可还没来得及召集军队，就被军校王彦升杀死。这时范质等人才明白过来，赵匡胤北上是假，借此发动政变才是真，但为时已晚。翰林学士陶谷拿出一份事先准备好的禅让诏书，宣布柴宗训禅让皇位。

公元960年正月初四，赵匡胤在开封崇元殿正式即皇帝位，改国号为宋，之后下诏改封柴宗训为郑王。至此，后周灭亡，宋国建立，赵匡胤即宋太祖。

赵匡胤称帝之后，原属后周的藩镇们纷纷表示臣服，只有昭义军节度使李筠不肯服从。李筠长期受到郭威、柴荣的信任重用，一心想要讨伐赵匡胤来报答后周的恩遇。北汉皇帝刘钧得知消息后，秘密派人联络李筠，相约共同出兵攻击宋国。

四月，李筠逮捕宋国派驻昭义军的监军、亳州防御使周光逊，派人将其押送到北汉并请求援助，而后派遣军队袭击并占领泽州，杀掉刺史张福。刘钧派遣内园使李弼携带诏书、金银和良马赐给李筠，李筠也派出使者刘继冲到晋阳，再次恳请北汉军南下协助。刘钧通知辽国，想要寻求契丹人的支持，但辽军并没有做好出兵打算。

于是刘钧决定征发全国军队，南下攻击宋军。左仆射赵华劝说刘钧不要出兵，但其没有接受。北汉军到达太平驿（今山西襄垣境内），李筠亲自迎接，刘钧封李筠为西平王，但李筠见北汉仪仗和卫队数量少且质量差，有些后悔与北汉结盟。更糟的是，他又告诉旁人自己深受后周恩惠，不忍背叛后周。北汉与后周有世仇，这话传到刘钧耳朵里，他也很不痛快。刘钧派遣宣徽使卢赞去当李筠的监军，此举有很明显的对李筠不信任而对其监视的意味，导致李筠很不高兴，对卢赞不理不问。卢赞生气离开，刘钧试图调解两人的矛盾，但没有成功。

李筠留下长子李守节守卫上党（今山西东南部地区），自己率军南征，但赵匡胤已经抢先一步，派遣大将石守信和慕容延钊两路出兵夹击而来。先是慕容延钊在高平与李筠的部队遭遇，斩杀了三千多人；接着赵匡胤又亲自率军与石守信会师，在泽州城南大败李筠的三万主力，李筠被迫退守泽州。赵匡胤督促宋军猛攻，泽州城破，李筠跳进火中焚身而死。宋军乘胜继续攻打潞州，李守节无力抵抗，举城投降。

九月，淮南节度使李重进在扬州举兵反宋。十月，赵匡胤亲征，带领石守信、王审琦、李处耘等前去平叛。十一月，宋军到达扬州城下，当日便破城而入。李重进自叹有愧于后周太祖之恩，举家自焚而死。

在平定了李筠、李重进的叛乱后，国内暂时安定下来。赵匡胤大规模封赏将领，这让赵普有些担心，他多次劝谏赵匡胤，要防止武将权力过大，赵匡胤没有将此事放在心上。有一天，赵普又向赵匡胤提出此事，赵匡胤称其所封赏的都是亲信，绝不会背叛他，赵普说他也不相信这些人会背叛，但万一某天他们被部将拥立，恐怕就身不由己了。赵匡胤既是这样得位，自然明白其中的道理。

因此，公元 961 年，赵匡胤下令罢免了慕容延钊、韩令坤统领禁军的权力，派他们到藩镇去当节度使，并且取消了殿前都点检的官职。这年秋天，赵匡胤宴请包括石守信在内的一帮高级将领，酒过三巡，赵匡胤假装忧心，向石守信等人诉说了他的担忧和疑虑，吓得一帮将领连连叩头，表示顺从听命，交出兵权。次日上朝，石守信等人纷纷推说生病，请求辞去军职，赵匡胤一一准奏，赏赐大量财物，派他们去地方上任职。

之后赵匡胤如法炮制，将包括凤翔节度使王彦超、安远军节度使武行德在内的一些掌握实权的节度使也解除了兵权，将他们留在京城任职。此外，赵匡胤将地方上的精兵抽调到朝廷作为禁军，由自己直接掌握，又把禁军轮流派到外地戍守，使部队经常换防、将领经常调换，各地行政长官也由朝廷委派，有效地消除了唐末以来地方将领权力过大的割据风险。

做完这一切后，赵匡胤决定继续贯彻“先南后北、先易后难”的战略方针，通过战争实现国家统一的目标。他首先将目标投向了荆南和湖南。

公元 962 年十月，盘踞于湖南一带的武平军节度使周行逢病死，其十一岁的儿子周保权接任，衡州刺史张文表趁机发动兵变，占领潭州（今湖南长沙），进逼朗州（今湖南常德）。周保权为讨伐张文表，向宋国遣使求援。赵匡胤决定采取假道伐虢的计策，借道荆州（今属湖北），出师湖南，以达到一箭双雕的目的。

公元963年正月，赵匡胤命山南东道节度使慕容延钊率十州兵马，以援助湖南的名义借道荆南。二月，慕容延钊以数千精锐骑兵攻占江陵（今属湖北），迫使荆南节度使高继冲投降。这时周保权已经成功消灭张文表，平定了内乱，见宋军没有要停止进军的迹象，连忙命令指挥使张从富领兵阻截。月底，宋军水陆并进突破三江口（今湖南岳阳北），占领岳州（今湖南岳阳），攻陷朗州，周保全被俘。至此，两湖之地都被宋军占据。

平定两湖后，赵匡胤开始谋划进攻后蜀。后蜀皇帝孟昶得知消息，打算依托川陕的险要地势，集结重兵进行防守，同时派遣使者前往北汉，约定共同攻击宋国。赵匡胤通过后蜀叛将赵彦韬得知了后蜀的兵力部署，于是毅然出兵。

公元964年十一月，赵匡胤下令兵分两路进攻后蜀：北路由忠武军节度使王全斌率领步骑三万出凤州，沿嘉陵江南下；东路由侍卫马军都指挥使刘廷让率领步骑两万出归州（今湖北秭归），顺着长江西进。两路分兵合击，约定期限会攻成都。

十二月，北路宋军占领利州，并于次年正月突破剑门关，大败后蜀军，俘获蜀山南节度使王昭远，随即又占领剑州（今四川剑阁东北）。东路宋军突破巴东咽喉夔州（今重庆奉节），接连攻克万州、开州（均今属重庆）、忠州（今重庆忠县）、遂州（今四川遂宁）等地。两路宋军进逼成都城下，孟昶无力抵挡，举城投降，后蜀灭亡。

北面征伐失利　宋吞南汉南唐

公元968年，北汉皇帝刘钧病逝，其养子刘继恩继位。没过多久，刘继恩就被权臣郭无为所杀。之后在郭无为扶持下，刘继恩同母弟刘继元继任皇位，即北汉英武皇帝。赵匡胤想要趁此时机攻灭北汉，于是发兵北伐，但晋阳城池坚固，宋军攻击屡屡受挫，加之辽国国主耶律璟派兵救援，宋军损兵折将，无功而返。

公元969年二月，耶律璟被近臣所杀，耶律阮次子耶律贤被群臣劝进登基，即辽景宗。得知辽国政权更迭，赵匡胤再次发兵北上，又被耶律贤派兵逼退，赵匡胤只好暂时打消北伐念头，将目光投向南方的南汉。

南汉的实际建立，最早可以追溯到唐朝清海节度使刘隐。唐末，刘隐之父刘谦曾担任封州刺史，拥兵过万，拥有战船百余艘。刘谦死后，刘隐继承父职，逐渐统一了岭南大部分地区，被提升为清海节度使，之后又被后梁晋封为南海王。在位期间，刘隐网罗贤才，留置幕府，营造新城，开疆拓土。

刘隐死后，其弟刘龑继承封号。他凭借父兄打下的基础，在番禺（今属广东）称帝，国号“大越”，次年又改国号为“汉”，史称南汉，刘龑即南汉高祖。南汉建立后，仿造唐制设立中央机构，以文官和宗室诸王出任节度使，削弱地方权力，对外交好邻国，鼓励发展贸易，国力日渐强盛起来。之后，南汉趁着南唐灭楚的时机，占据了宜州（今广西河池）、连州（今属广东）、严州（今广东大埔西北）等诸多州府，将整个岭南地区收入囊中。

南汉连续多任君主都骄奢淫逸、暴虐成性。南汉恭帝刘鋹（chǎng）继位的时候只有十六岁。他重用宦官龚澄枢、李托为内太师，军国大事都按照他们的指示开展。一时间南汉宦官地位无比尊崇，凡是有才能的大臣和僧道，必须先阉割，而后才能得到信任重用，也有很多人为了博取前程或逃脱死罪而自阉，南汉的太监数量一度接近两万。

宋军谋划攻蜀之时，南汉曾派兵侵犯潭州，被防御使潘美击退。潘美顺势反击，攻克了郴州（今属湖南），俘获了南汉内侍余延业。余延业陈述了刘鋹凶残暴虐的情状，使赵匡胤产生了讨伐南汉的念头。两湖、后蜀平定之后，南唐、吴越等国都派遣使者表示臣服，但南汉刘鋹却拒绝臣服宋国。

公元 969 年六月，赵匡胤任命右补阙王明担任荆湖转运使，为出征南汉做前期物资准备。次年九月，赵匡胤命令潘美率领十州兵力长驱南下，直趋贺州（今属广西）。潘美放出风声，要沿着贺水向东攻打南汉国都兴王府（今广东广州）。等到刘鋹派遣大将伍彦柔率水师经贺水增援的时候，宋军发动伏兵偷袭，取得大胜，杀死伍彦柔，顺势占领了贺州。十二月，宋军进抵韶州（今广东韶关），南汉都统李承渥领兵十万驻守莲花峰（今广东韶关东南），列象阵迎击。宋军借助强弓劲弩大破南汉象阵，占领韶州。

公元 971 年正月，宋军接连攻克英州（今广东英德）、雄州（今广东南雄），次月进军到马径（今广东广州西），与南汉招讨使郭崇岳率领的南汉主力遭遇。郭崇岳性格懦弱、有勇无谋，自觉无力抗衡宋军，每天只得向鬼神祈祷击退宋军。

宋军发起进攻，刘鋹打算向宋军投降，郭崇岳又阻止不肯。南汉大将植廷晓战死，郭崇岳率军退回营栅据守，潘美命令民夫手持火把，趁夜间大风纵火烧寨，南汉军大败，郭崇岳死于乱军之中。宋军继续进军，攻陷兴王府，刘鋹投降，南汉灭亡。

岭南平定后，赵匡胤便着手准备攻灭南唐，统一江南。

南唐自江北之地丢失以后，国力日渐衰颓。李璟畏惧北军如虎，一度把都城从金陵（今江苏南京）迁到了洪州（今江西南昌）。李璟病死后，其子李煜继位，即南唐后主。李煜自幼聪明伶俐，善于书法，擅长绘画，精通音律，诗词成就极高。他还特别推崇佛教，即位之后广建寺院、普度僧尼，靡费了大量钱财。

南汉灭亡之后，宋军屯兵于汉阳（今属湖北武汉）。李煜十分恐惧，去除“唐”号，改称国主，并派遣其弟、郑王李从善向宋国朝贡，奏请罢去诏书不直呼姓名的礼遇。赵匡胤同意了他的奏疏，却把李从善扣留下来。

同年，有商人向李煜告密，称宋军在荆南（今湖北荆州一带）建造了上千艘战船，请求派人去秘密焚毁，李煜担心惹祸上身，没有同意。在国家形势日趋紧张的情况下，李煜心中忧惧，每天都和臣下设宴畅饮、忧愁悲歌，沉迷于自我麻痹之中。

公元974年，李煜上表请求释放李从善返回南唐，被赵匡胤拒绝。而后赵匡胤先后派遣广南道兵马都监梁迥、左拾遗李穆出使南唐，以祭天为由，诏李煜入朝汴京。李煜以患病为由作为推辞，并抱怨说自己委曲求全，只想保全宗庙，事情到了这步只有一死了。

赵匡胤听说后，立刻下令颍州团练使曹翰从江陵出兵，又命令宣徽南院使曹彬等随后进军，水陆并进讨伐南唐。李煜也开始加筑城墙、囤积粮草，积极备战。同年闰十月，宋军攻下池州（今属安徽），李煜下令京师戒严，并停止使用宋国年号，以示彻底决裂。这时，吴越王派兵进犯常州、润州，李煜派使者携信质问，向钱俶言明唇亡齿寒的道理，但钱俶没有答复他，反而将李煜的书信转交给了赵匡胤。

宋军攻陷芜湖（今属安徽）和雄远军（今安徽当涂），沿采石矶（今安徽马鞍山境内）搭建浮桥，渡江南下。李煜招募丁壮，委任大将皇甫继勋统率十万人马抵御宋军。皇甫继勋昏聩无能、好大喜功，为了保全自己的富贵，并没有誓死效忠南唐的意愿。身为主帅，他常常把“投降宋军”挂在嘴边，每次听说南唐军战败，就喜形于色，部下有献计抗敌或申请出战的，也往往遭其打压。

生死决战在即，南唐军战力不足、屡战屡败，金陵形势日渐严峻。但为了掩饰败绩，皇甫继勋将各地的告急文书都给扣压下来，又经常以军务繁忙为借口，拒绝李煜召见。李煜身为君主，竟然对战局形势完全不掌握。

公元 975 年正月，宋军攻破溧水（今属江苏），随后与南唐军主力激战于秦淮河，南唐军大败，宋军进逼金陵城。五月，李煜亲自登城查看，发现城外宋军旌旗遍野、营垒林立，这才如梦初醒。于是他立刻召皇甫继勋入宫问话，历数他隐情不报、御敌不力等罪状，下令将其处死。皇甫继勋刚被推出宫门，就被愤怒的军士乱刀砍死了。

南唐神卫军都虞候朱令赟率十五万大军救援金陵，行至皖口（今安徽安庆境内）的时候与宋军遭遇。朱令赟下令放火焚烧宋军战船，不料突然刮起北风，大火反而烧及自身。外围宋军在西路王明军和东路吴越军的配合下，全歼南唐援军。宋军围困金陵，昼夜攻城，城内粮食告罄，死者不可胜数。李煜派遣使者，携带大批钱物向赵匡胤告饶，被其以“卧榻之侧，岂容他人鼾睡乎”为由拒绝。

公元 975 年十二月，金陵被宋军攻陷，守将呙（guō）彦、马承信、马承俊等都力战而死，李煜奉表投降，南唐灭亡，南方地区总体平定，仅余吴越国与平海军两处，即两浙、福建两地。次年正月，李煜被押送到汴京，被赵匡胤封为违命侯，两年后被毒死。

公元 976 年，赵匡胤抽调精兵强将，第三次出兵进攻北汉。宋军兵临太原城下，但因赵匡胤于开封寝殿之中突然暴毙，宋军罢兵而还。

宋军攻灭北汉　太宗兵败幽州

赵匡胤死后，其弟赵光义（原名赵匡义，为避赵匡胤的讳而改名赵匡义，称帝后又改名赵炅）继承大宋皇帝位，即宋太宗。登基之后，赵光义宣布国家的大政方针将继续沿用赵匡胤时旧制，着力稳定政局，图谋统一。不久，赵光义加封割据漳州、泉州（均今属福建）的平海军节度使陈洪进为检校太师。

陈洪进较为识时务，早在公元963年就自降为清源军节度副使，向宋称臣。次年宋太祖改清源军为平海军，授陈洪进为平海军节度使。公元977年四月，陈洪进北上开封朝觐谢恩。赵光义对他极为优待，赏赐了大量财物，却迟迟不放他回藩镇。一年之后，陈洪进上书请求归降宋国，并献上漳、泉二州的户口、土地簿册。而在两个月前，吴越王钱俶入朝觐见，同样被扣留下来。陈洪进的归附让钱俶非常惊慌，于是他也效仿陈洪进，献上吴越国户籍、土地，表示臣服。赵光义下诏改封钱俶为淮海国王，吴越国灭亡。

至此，两浙、福建都被宋国纳入治下，赵光义将目光投向了北汉。

公元979年正月，赵光义决心亲征北汉。他任命宣徽南院使潘美为北路招讨使，督率诸军攻打汾州、岚州等地，而后合兵围攻太原。宋国前后动员参战的兵力超过十万。三月，宋云州观察使郭进在石岭关（今山西阳曲东北）击败了南下救援北汉的辽军，接着又抓获北汉派出求援的使者，将其押回太原城下示众，大大挫败了守军士气。

宋军连续猛攻太原，昼夜不停，太原城处在崩溃边缘。四月，赵光义亲自赶到城下督战，宋军士气更加振奋。五月一日，城外的羊马城被攻陷，北汉马步军都指挥使郭万超投降。宋军继续猛攻太原城南，将士情绪激愤。四日，赵光义担心太原攻破后，愤怒的宋军会失控屠城，便下令暂停进攻，亲自起草劝降诏书。刘继元派遣使者奉表请降，赵光义大喜，派通事舍人薛文宝手持诏书入城安抚。

六日，刘继元带领北汉文武官员穿戴素服纱帽，向宋军投降，请求治罪。赵光义登上城北高台，宣布赦免他们，并予以慰劳，封刘继元为彭城郡公，北汉宣告灭亡。因为太原城高墙深、防御完备，易守难攻，长期都是北方抗拒中原政权的重要据点，于是赵光义下令拆毁太原旧城。

平定各地的割据政权后，赵光义开始图谋拓展边界，以恢复到大唐后期的疆域水平。当时他想要收服的，主要是被辽国占领的幽云地区、西北的定难军（今陕甘交界地区），以及南方的静海军（今越南北部）。

平定北汉之后，赵光义打算趁着连打胜仗的气势，北上收复幽云，但因为围攻太原时间太久，官兵都有些疲劳，多数将领都不赞成马上北伐。赵光义没有听从劝告，宋军在镇州稍作休整后，便继续开拔北上，从易州城西渡拒马河进入辽国境内，辽国易州刺史刘宇、涿州（今属河北）判官刘厚德先后献城投降。宋军推进迅速，很快到达幽州城下，当时防守幽州的是辽国南京（今北京西南一带）留守韩德让。

六月，宋军先锋东西班指挥使傅潜、孔守正到幽州北郊巡查，在沙河碰上辽国北院大王耶律奚底和统军使萧讨古的部队。宋军先头部队立刻上前与辽军接战，后军主力又陆续到达战场。辽军首战失利，损失惨重。辽南院大王耶律斜轸（zhěn）屯兵于得胜口（今北京昌平西北），眼见宋军士气强盛，不敢主动出击，于是打出青色旗帜假装收容溃兵，依托地利布下埋伏。

赵光义收到战报，产生轻敌之心，指挥宋军继续追击辽军。耶律斜轸抓住机会，突然发兵袭击宋军后方，宋军败退，与辽军对峙于清沙河。六月二十五，宋军摸清耶律斜轸兵力不足，于是只留下部分兵力监视辽军动向，主力继续围攻幽州城，在四个方向同时对城池发动猛攻。耶律斜轸部将渤海帅达兰罕率领部众投降宋军，被赵光义封为渤海都指挥使。同时，宋军加大了对守城辽军的招降力度，使得城内人心浮动。原在城外策应的权知南京马步军都指挥使耶律学古带兵入城增援，幽州军心才重新安定下来。

次日，赵光义来到城北，亲自督促宋军攻击清沙河辽军。耶律斜轸稍有退却，但依然凭借险要地势阻挡住了宋军。四天后，赵光义又来到幽州城下，加紧督促宋军攻城。宋军先锋三百人趁着夜色爬上城墙，但被辽军奋战击败，之后宋军挖掘的隧道也被辽军发现并堵塞。宋军围攻幽州的消息引发辽国震动，辽国顺州（今北京顺义）守将刘廷素、蓟州守将刘守恩相继率部投降宋军。辽景宗耶律贤紧急派遣南府宰相耶律沙、特里衮（掌管皇室宗族事务之职）耶律休哥统率精锐兵马增援幽州。

宋军围攻幽州损兵折将、久攻不下，士卒身心疲惫。公元979年七月初六，耶律沙大军赶到幽州外围，赵光义督率宋军各路兵马迎击。两军在高梁河地区激战，辽军支持不住而败退，但宋军因人疲马乏，未能有效追击以扩大战果。到了晚上，耶律休哥带兵赶到战场。他命辽军人人手持火把向宋军示威，宋军不能判断辽军多寡，还未交战，内心已经开始胆怯。

耶律休哥先是收容了耶律沙的部队，责令他们回去继续同宋军对峙，而后与耶律斜轸各自统率精锐骑兵，趁着夜色从左右两翼向宋军发动突袭，两军陷入恶战。耶律休哥身先士卒，身上负伤三处依然奋力拼杀。驻守幽州的耶律学古得知消息，也出城助战，守军四面击鼓、呼声震天。这时宋军发现已经陷入辽军包围，又抵挡不住辽军猛攻，纷纷退却，耶律休哥和耶律斜轸充分发挥骑兵优势，穷追猛打。宋军大败，战死者达万余人，余部争相南逃，溃不成军。

赵光义在乱军中大腿也中了两箭。近臣眼见形势危急，于慌乱中找了一辆驴车，请赵光义乘坐南逃。当时耶律休哥已经受伤昏死过去，不能自己骑马，左右近侍用轻车载着他，替他向部队下达追击命令，辽军一直追到涿州城下，夺得的兵器、符印、粮草、军资不计其数。

七月七日，赵光义到达涿州城外时，宋军的败兵还没退下来，于是他绕过涿州，继续南逃至金台驿（今河北保定东）才停下车驾。溃败的宋军找不着皇帝车驾，担心他死于战场或被辽军俘虏，于是便打算拥立赵匡胤之子、武功郡王赵德昭为帝。九日，赵光义派人向北打探消息，这才知道退散的各路宋军依然在据守涿州，并且有拥立赵德昭的迹象，于是急忙派殿前都虞候崔翰携带诏书通知各路宋军班师。

高梁河之战以宋军惨败而告终。之后一年里，辽军多次南下侵犯，在满城、雁门关、雄州（今河北雄县）等地接连与宋军作战，互有胜负。后来的瓦桥关之战中，辽军给易州、镇州、定州和南关（今河北雄县境内）的宋军造成了重大伤亡。愤恨之余，赵光义打算再次御驾亲征幽州，但在大臣李昉、扈蒙的劝阻下放弃，转而联络鞑靼、定安（渤海国遗民所建）、女真、高丽等政权或部落，共同围堵辽国。

继迁袭扰银夏　雍熙北伐铩羽

公元980年，邕州（今广西南宁）知州侯仁宝上书，请求趁交趾（今越南北部）丁朝陷入内乱的时机南下讨伐，恢复中原王朝对交趾地区的管辖。赵光义同意了侯仁宝的建议，并任命他为交州陆路水路转运使，任命兰州团练使孙全兴、宁州刺史刘澄等为兵马都部署，伺机进攻丁朝。次年，宋军进攻交趾，在白藤江之战中先胜后败，统一交趾的计划就此破产。

公元982年，世袭的定难军节度使、党项首领李继捧入朝觐见，献出他所统辖的银州（今陕西米脂）、夏州、绥州（今陕西绥德）、宥州（今内蒙古鄂托克旗东南），表示想要留在汴京居住。但李继捧的族弟李继迁不愿归附宋国，带领部分心腹逃到地斤泽（今内蒙古伊金霍洛旗西南），继续抵抗和骚扰宋军。

同年九月，辽景宗耶律贤在焦山（今山西大同北）去世，其长子、梁王耶律隆绪继承皇位，即辽圣宗。因耶律隆绪当时只有十二岁，故由其母、太后萧绰（小字燕燕）代为摄政，萧绰即大名鼎鼎的萧太后。赵光义从雄州知州贺令图等人处得到辽国主少国疑、内部不稳的消息，便决定再次北伐辽国以雪前耻。他无视文官们的反对，单独和亲信在枢密院商议作战计划，而不让当时的宰相机构——中书、门下参与。

次年五月，李继迁派兵骚扰河西银州、夏州等地，赵光义命都巡检使田钦祚和西上阁门副使袁继忠率军讨伐，于葭芦川（今陕西佳县西北）大败李继迁。李继迁不甘失败，多次组织人马反击，还串联西戎部落攻打宥州，但均被宋军击败。

公元 985 年二月，李继迁用诈降之计，设伏兵杀死了宋国夏州都巡检使曹光实，并换上宋军旗帜，袭击并占领了银州；次月又进兵会州（今甘肃靖远），纵火焚城而去。赵光义派遣秦州知州田仁朗与河西行营都部署李继隆讨伐李继迁，连续击败党项军，杀伤甚众。李继迁率军围攻抚宁城（今陕西榆林境内），赵光义派遣王侁（shēn）出击。宋军与党项军在浊轮川（今陕西神木附近）激战，李继迁再次遭到大败，部下死伤惨重，不得已放弃银州逃走。

李继迁感到自身实力弱小，打算依靠辽国力量和宋国抗衡。次年二月，李继迁派遣使者向辽国请降，被辽国册封为定难军节度使，双方联盟初步形成。

公元 986 年三月，宋军发动第二次北伐作战，史称“雍熙北伐”。赵光义吸取了高梁河之战孤军深入的教训，任命曹彬为统帅，兵分三路北上出击。赵光义计划以曹彬和米信的东路军为主力进攻涿州，牵制耶律休哥率领的辽军主力，西路的潘美和中路的田重进先攻略山后（今太行山北部地区），再进攻山前（太行山以东、燕山以南地区），最后三路大军会合，在幽州城下与辽军展开决战。

战争初期一切顺利，曹彬一路攻克了固安南城，田重进在飞狐北（今河北蔚县南）击败了阻击的辽军，潘美在西陉（今山西代县西北）击败辽军后，攻占了寰州（今山西朔州东北）。不久，曹彬攻下涿州，潘美连克朔州、应州（今山西应县）、云州（今属山西大同），米信率领的宋军也在新城（今山西怀仁）大败辽军。

辽国萧太后得知警讯，决定充分发挥辽军骑兵的机动优势，采取逐个击破的战术。她命令南京留守耶律休哥率部前往涿州与宋军主力交战，再派东京留守耶律抹只率军支援幽州，自己则带着耶律隆绪，率领数万精锐骑兵屯兵驼罗口（今河北涿州东北）作为机动。同时，萧太后还命令北院枢密使耶律斜轸率军前往山后，阻止宋军中、西两路兵马东进。

因第一次北伐的教训，赵光义在诸将出征前曾反复叮嘱他们要稳扎稳打、持重慢行。等到各路奏捷的文书纷纷送来，赵光义不仅没有感到惊喜，反而十分担忧，他害怕宋军进展过快、战线太长，会被辽军截断补给线。

事态发展果然如此。耶律休哥赶到涿州战场后，迅速派兵设伏截断了宋军粮道。曹彬十万大军在涿州待了十多天，军粮告罄，只好退往雄州寻求补给。赵光义得知消息非常生气，连忙派遣使者阻止曹彬，并让曹彬沿着白沟河与米信会合，继续牵制辽军主力，为西路和中路军争取时间。

东路军是此次北伐主力，强兵悍将云集。他们听说潘美、田重进所部接连取得胜利，羞耻自己没有取得什么军功，于是情绪激愤，纷纷要求回军同辽军决战。统帅曹彬无力约束，只得顺从诸将意愿，只带了五十天的粮草，继续北上进攻涿州。

辽军听闻宋军回军的消息，当即派遣耶律休哥轻兵简行，在途中不断攻击和骚扰宋军。宋军一边忙于行军，一边又要应付袭扰，整整用了四天才赶到涿州城下。当时正值天气酷热，宋军人困马乏，粮饷不继，攻下涿州却无法坚守，只好再次弃城而去。

曹彬派遣部分人马护送涿州百姓南下，自己则率领主力殿后，但因缺水少粮、士卒疲惫，宋军战斗力显著下降。耶律休哥率领骑兵精锐尾随、追杀宋军，一直追到岐沟关（今河北涿州西南），辽军发动总攻。宋军抵挡不住，惨遭败绩，曹彬带领溃军抢渡拒马河，慌乱之中人马相互践踏，被杀死、溺死者不计其数。宋军残部退到易水南岸又被辽军追上，士卒惊慌溃散，只有很少一部分退回到了高阳（今属河北）。

公元 986 年七月初，辽军调集主力前往西线，耶律斜轸带领十万大军发起反攻，辽军在飞狐关击败潘美所部，浑源（今属山西）、应城守将弃城而逃，耶律斜轸乘势攻下寰州。赵光义认为东路主力已经溃败，无法实现合围幽州的计划，只好命令中路军退保定州，西路军退保代州。

西路军的宋副都部署杨业奉命护送寰州、朔州、应州、云州的官吏、百姓南下归附，听闻耶律斜轸追击甚急，便提议宋军分兵应州，诱导辽军向东出击，再派出强弩手千人守石碣谷口（今山西朔州南）阻击辽军，以保护民众安全撤离。监军王侁不同意杨业的意见，强令他出雁门向朔州方向出战，主帅潘美也表示了默许。杨业与辽军接战，从早晨一直打到中午，战事不利，杨业向着陈家谷口（今山西宁武北）且战且退。

原本约定在谷口接应的王侁和潘美，听闻杨业战败后，违约带兵先撤。杨业战斗至傍晚，转到谷口，见无人接应，拊膺大哭，而后率领残兵死守谷口，辽兵蜂拥而至，宋军壮士数百人全部战死，杨业也负伤被俘，最终绝食三日而死。云州、朔州守将听说杨业战败，弃城而逃。至此，三路大军均告失败，宋军攻下的州县又全部丢失。仅中路军田重进全军而返，并带回部分北方百姓。

赵光义仍不甘心，继续策划新一轮的对辽攻势。

公元 986 年十二月，定州驻泊兵马都部署田重进率部进入辽国境内，攻下岐沟关，杀死辽国守军千余人，俘获大量牛马辎重。辽萧太后与耶律隆绪率领大军南下，宋都部署刘廷让在瀛州城北君子馆（今河北河间西北）迎战辽军。当时大寒地冻，风雪不停。两军接战，宋军的弓箭被冻得不能拉开，刘廷让所部数万人全部战死，贺令图、杨重进等将领被俘。辽军长驱直入，相继攻陷深州（今属河北）、祁州（今河北安国）、德州等数个州府，大肆掳掠，宋国元气大伤。

自此以后，赵光义自觉无力继续北伐，转而对辽国采取守势。

党项动荡不断　镇压川蜀起义

公元987年二月，党项李继迁趁着宋军新败的时机，率兵进攻夏州，于王庭镇（今陕西靖边境内）设伏，引诱宋国夏州知州安守忠率部出战，大败宋军，进而围困了夏州府城，但连攻两个月未能攻克。李继迁转而攻击驻守黑水河（今额济纳河）的宋国高阳关监军石保兴部，石保兴趁着党项军渡河到一半，发动伏兵攻击，党项军大败而走。

李继迁计划攻打银州，在无定河边组织各部落会盟。宥州党项部落首领乜布不满李继迁专横暴虐，暗中放箭射中了李继迁的鼻子，伤口很长时间没有愈合，进攻银州的计划也受到影响。

次年五月，赵光义采用宰相赵普“以夷制夷”的策略，起用李继捧，授予他夏州刺史、定难军节度使等职，令其回夏州招抚李继迁。李继捧回到夏州后，和李继迁暗中勾连。十二月，为了向宋廷邀功，他谎称李继迁已经同意归顺，于是赵光义诏封李继迁为银州刺史，却被李继迁拒绝。

公元989年正月，李继迁因同时得罪宋廷和族兄李继捧，便派遣使者去往辽国寻求支持。耶律隆绪认为李继迁并非真心归附，没有同意。三月，李继迁继续向辽国求援，辽国终于有所表示，将宗室女义成公主嫁给李继迁，并赐马三千匹。

这年，宋国威虏军（今河北徐水西）军粮告急，赵光义诏命定州路都部署李继隆率镇州、定州大军护送粮食支援。耶律休哥侦察到消息，率领数万骑兵打算截击李继隆，途中遇见宋国北面缘边都巡检使尹继伦带领的千余巡逻骑兵。耶律休哥见尹继伦兵马不多，不愿浪费时间，便继续进军至徐河（今河北徐水南），在距离李继隆大军数里外扎营。尹继伦却趁着夜色一直紧紧尾随辽军。

辽军吃完饭后，便出兵向李继隆挑战，李继隆也严阵以待。这时尹继伦突然带兵从辽军后方杀出，亲自阵斩一员辽军大将，辽军震恐。宋军乘势发起全线进攻，辽军大败。耶律休哥正在营中用餐，听见宋军杀来，吓得筷子都掉落在地上，慌忙跨马逃走。辽军失去主帅，更是慌作一团，纷纷溃散逃命。宋军越河追击，斩杀和俘获辽军甚众，辽军大败而归。

公元 990 年十月，李继迁以诈降之计，派遣部将破丑重遇贵入夏州，里应外合大败李继捧，并向辽国传奏捷报。辽国因徐河之战失利，为敦促李继迁继续牵制宋军，缓解辽军压力，遂册封李继迁为夏国国王。次年八月，李继迁又相继攻下了银州、绥州，屯兵在王庭镇（今陕西靖边境内），打算寻找机会再取夏州。不过随后的某一天，李继捧率军趁着夜色掩护偷袭李继迁，李继迁被杀得大败，只得放弃银州，再次退守地斤泽。

公元 992 年正月，李继迁引诱李继捧归附辽国，自己重新带兵占据银州。到了次年四月，李继迁派遣使者要求宋国归还宥州、夏州等地，被赵光义拒绝，于是决定继续以武力攻取。他派遣部将李大信率兵攻打庆州（今甘肃庆阳），因事发突然，宋军没有防备，好在宋国庆州知州刘文质私人出资犒赏军队，稳定了军心士气，李继迁没能得逞。两年后，李继迁再次派兵攻打灵州（今宁夏灵武），大肆掳掠一番而去；随后派兵到夏州攻打李继捧，李继捧败退而逃。之后，李继迁围攻夏州城，没能取胜，只好退兵。

公元 993 年，川蜀地区爆发了声势浩大的农民起义。宋国平定后蜀以后，对四川地区进行了严苛的掠夺和盘剥，后蜀府库积累的大量财富被运往中原，布帛、茶叶等贸易也被官府垄断。当时川蜀地区的社会生产本就落后，多数百姓无地可耕却要承担高昂赋税。年初，蜀地发生严重干旱，造成了大规模饥荒，当地官员不但没有抚恤百姓和赈灾，反而继续横征暴敛，被逼迫到绝境的农民愤而反抗。

是年二月，青城（今四川都江堰东南）人王小波发动起义，他打出“均贫富”的口号，周边农户纷纷归附。起义军很快攻克青城县，而后转战邛州（今四川邛崃）、蜀州（今四川崇州）所属各县，接着挥军彭山（今属四川），杀死了腐败专横的县令齐元振，这时起义军数量已经突破一万人。

十二月，起义军进抵蜀州江原县，与西川都巡检使张玘所率宋军发生激战。张玘抵挡不住，于是放冷箭射中王小波前额，王小波血流满面，仍亲率起义军猛攻，最终大败宋军，杀死张玘。起义军进占江原，但王小波却因伤势过重而死去。

王小波死后，其妻弟李顺被推举为首领，起义军接连攻克蜀州、崍州，又攻下双流、新津、温江、彭州（均今属四川）、郫县（今四川成都郫都）和汉州（今四川广汉）等地，对成都形成包围之势。

公元 994 年正月，起义军猛攻成都，大败宋军，守将郭载等逃走，起义军于中旬进占成都。而后起义军在成都建立大蜀政权，李顺称大蜀王。此时起义军规模已经发展到数十万,四面出击攻下了许多州县，占据了东到巫山（今属重庆）、北到剑门（今四川剑阁）、南到嘉州（今四川乐山）的广大地区。

赵光义连忙派遣心腹宦官王继恩担任西川招安使，率领大军从剑门关南下入川，又命令江南、岭外茶盐制置使雷有终、荆湖北路转运使裴庄等率兵从湖北进入夔门（今属重庆），改任益州知州张咏为成都知府，带兵协助进攻四川。

公元 994 年二月，李顺率领二十万大军围攻梓州（今四川三台），梓州知州张雍仅以三千守军据城坚守，起义军久攻不克、损失惨重，宋军援军迫近，李顺军撤回成都。四月，王继恩相继攻破剑州、绵州（今四川绵阳）、阆州（今四川阆中）、巴州（今属四川）等地，东路军也进入夔门，在涪江与起义军激战。不久，王继恩大军兵临成都城下，起义军据守成都，双方展开激战。五月初，成都被攻克，守军战死者有三万多人，李顺也被俘杀。宋军继续追击，又在夔州斩杀两万多人。

成都失陷后，起义军余部在将领张余领导下，沿长江而下，向川南、川东进军，连克嘉州、戎州（今四川宜宾）、泸州（今属四川）、渝州（今重庆江津、璧山一带）、涪州（今重庆涪陵）、忠州、万州和开州等地，发展到十万人，声势又起。不久宋廷调集重兵围剿张余，起义军作战失利，张余在嘉州被俘处决。其后李顺余部王鸬鹚（lú cí）又在邛蜀山区称邛南王，兴兵攻打邛州和蜀州，赵光义命西京作坊使石普率军前往镇压，王鸬鹚很快便兵败身死。

公元 996 年三月，宋洛苑使白守荣护送辎重前往灵州，李继迁于浦洛河（一说为今宁夏苦水河）设伏诱敌，大败宋军，夺得了粮食四十万石，而后又发兵围困了灵武（今属宁夏）城。赵光义得知消息后大为震怒，诏命十州都部署李继隆出环州（今甘肃环县），容州观察使丁罕出庆州，殿前都虞候范廷召出延州，殿前都指挥使王超出夏州，西京作坊使张守恩出麟州（今陕西神木），五路出兵讨伐李继迁。

李继隆因环州道路遥远，率军与丁罕会合，从清冈峡出师，十多天都捕捉不到党项军的踪迹，于是擅自退兵而去。张守恩遇到了党项军，但是不敢交战，也退走了。只有范廷召和王超两军来到了乌池和白池（在今宁夏盐地一带），与党项军相遇并对峙。宋军据险而守，两军交战数十场，互有胜负。最终，宋国的五路大军均无功而返。

赵光义因在高梁河之战中腿上中过两箭，其病症一直未能痊愈，每年都会发作，御医也毫无办法。赵光义到处寻医问药，就连江湖郎中和僧道土法都用过，还是没能医治好。

公元 997 年正月，赵光义病情加重无法上朝，只能在便殿处理政务。三月二十八，赵光义病危，并于次日驾崩于万岁殿。

北境困厄告急　宋夏澶渊议和

赵光义死后，太子赵恒继位，即宋真宗。赵恒即位之初便励精图治。他从轻处理了试图发动政变另立楚王赵元佐的部分大臣，着力改善宋国宗室内部关系，起用老将曹彬为枢密使，以威慑诸将。同时大力起用自己的藩邸旧臣，简政少变，整顿朝纲，本人也勤于政务，宋国政治展现出积极面貌。

赵恒登基后，曾经通过边境官吏向辽国表达了交好的愿望，但没有得到辽国回应。自雍熙北伐后，辽国便越发轻视宋军战斗力，不断侵扰宋国边境，同时酝酿对宋国发动一次大规模进攻。

公元 999 年七月，耶律隆绪正式下诏讨伐宋国。消息传来，赵恒立刻任命诸将检阅并动员二十万禁军，做好应战准备。

九月，辽军正式出兵，但在保州（今河北保定）附近的长城口，被宋军先锋田绍斌、石普部配合本地驻军杨嗣部所阻击，遭受挫败。辽军转攻保州西北的威虏军，保州缘边都巡检使杨延昭率军坚守城池，辽军久攻不下，只好撤围。辽军得知宋军边城戒备森严，便兵分两路，避开有重兵把守的城镇要塞，向宋国纵深挺进，切断了河北边境与宋廷的联络。

宋廷有一个多月收不到前线消息，上下都有些担心，于是藩邸旧臣王继英等纷纷劝说赵恒御驾亲征，以安定军心。十一月，赵恒正式下诏亲征。他任命宰相李沆为东京留守，老将张永德为京城内外都巡检使，并于次月率领大军从东京出发，经过十天行军，抵达大名府（今河北大名）。

当时宋军虽然取得了一些胜利，但总体形势仍不乐观。宋军前方主帅傅潜统领八万精锐驻守定州，但其抱定避敌锐气、等待时机的原则，始终避免同辽军主力正面较量，对各地的求援告急也置之不理。在众人的催促下，傅潜才不情愿地派出老将范廷召率领步骑一万人到高阳关迎击辽军。范廷召在瀛州西南遭遇辽军主力，知道自己兵力不足难以抵挡，便向高阳关都部署康保裔求援，并约定次日夹攻辽军。康保裔如约出兵，范廷召却没有按期出战，导致康保裔身陷重围，力战而死。

赵恒刚到大名府，便派遣保平军节度使石保吉等人领兵北上，同时命令傅潜向南出兵，和北上宋军形成合击之势。赵恒等了十天，也听不到捷报传来，反而前方对傅潜的负面奏报接连不断。赵恒终于生气，令并州都部署高琼接替傅潜的前方主帅职务，将傅潜召回问罪。

眼见宋军援兵逐渐集结，辽军打算避实就虚，主动引退。范廷召、蔚昭敏、秦翰见状，立刻率军追击辽军，在莫州城东三十里的地方击溃辽军，夺回了大批被掳掠的物资。捷报传来，赵恒感到颜面有所挽回，特地在行宫墙壁上题诗庆祝。

公元 1000 年正月，莫州之战后第七天，赵恒回师汴京。此次亲征从出发到结束，历时不足五十天。二月，赵恒北巡到德清军（今河南清丰西北）时，收到四川神卫军指挥使王均发动兵变的消息，随即抽调抗辽前线的石普、秦翰等率军镇压。王均在益州府（今四川成都）称帝，号大蜀国，而后占领汉州，但在进攻绵州和剑门时遭遇失败，益州也一度被蜀州知州杨怀忠夺回。王均重新占据益州后，打算向川南发展，结果再次被杨怀忠部所阻，只得退守益州。

九月初，困守益州的王均向南突围，在富顺监（今四川富顺）准备南渡沱江，企图逃往戎州地区。十月，杨怀忠带兵追至富顺监，王均没有做好应战准备，兵败被杀。至此，川蜀地区终于得以平定下来。

公元 1001 年四月，吐蕃六谷部首领潘罗支接受宋国册封，统治西凉，而后出兵帮助宋军攻打李继迁。李继迁向西进攻吐蕃，向北收服回鹘部落，接着又围攻灵州，没能攻下，便驻军在灵州附近屯田。

公元 1002 年，李继迁再次集结重兵进攻灵州，守军弹尽粮绝，灵州知州裴济写血书向宋廷告急求援，但还没等援军到来，州府就先被攻陷了，裴济也被杀死。李继迁非常喜欢灵州的山川形势，于是将灵州改名为西平府，并在此营造宫室、宗庙，暂定为都城。此后李继迁不断出击，逐步恢复了对绥州、宥州等地的控制。

一年后，李继迁率军攻打麟州不利，又回军攻打吐蕃，攻下凉州（今属甘肃），潘罗支假意投降，暗中却集合人马伏击李继迁。激战中，李继迁被流矢射中，逃回灵州，没过多久便去世了，其子李德明继承了他的事业。

公元 1004 年秋季，辽国萧太后和耶律隆绪亲率二十万大军南下。辽军推进迅速，很快进逼黄河岸边的澶州城，严重威胁到宋国都城的安全，警报一夜五次传到汴京。赵恒问计于群臣，宰相王钦若、知枢密院事陈尧叟等都主张迁都避敌，但遭到刚任职一个月的另一宰相寇準严厉驳斥。寇準力劝皇帝亲征，殿前指挥使高琼也支持寇準意见。于是赵恒同意御驾亲征，并让寇準随同指挥。

辽军主将、南京统军使萧挞凛自恃勇武，率领数十轻骑在澶州城外查看地形，被宋威虎军头目张瑰以床子弩（外观似床、安装有两张或三张弓的巨弩）精准命中头部，堕马而死，辽军士气大挫。萧太后得知萧挞凛之死也痛苦不已，为之辍朝五日。

十一月，赵恒带领大军北上，走到韦城（今河南滑县东南），听说辽兵势大，遂产生撤退念头，在寇準反复劝说下，才勉强同意继续进军，进入澶州南城。收到毙敌主将的捷报，寇準和高琼深感惊喜，坚持请求赵恒渡过黄河去往北城。过浮桥时，赵恒又犹豫不前，高琼便抓起棒槌敲打轿夫，赵恒只得下令继续前进。

赵恒进入澶州北城，远近各路宋军看见皇帝御驾后，欢呼雀跃。在寇準一再请求下，赵恒又登上北城楼鼓舞士气。寇準命人打起黄龙旗，撑起黄伞，宋军更加振奋，高呼“万岁”，呼声传达数十里。此时集中在澶州附近的宋军已经达到几十万人，形势对宋军十分有利。

由于深入宋国境内且未能攻下澶州，存在腹背受敌的风险，于是辽军派遣使者表示愿意和谈。寇準和边将杨延昭等都希望趁着辽军攻势受挫、人困马乏的机会，严守关隘，断其后路，集结重兵加以歼灭。但赵恒对辽军依然有所忌惮，随行的大臣们也都希望早日结束战争回到京城，纷纷表示赞成议和，寇準无奈之下，只得应允。

赵恒派鄜延路（今陕西宜君、黄龙、宜川以北，吴堡、大理河、白于山以南地区）走马承受公事曹利用去往辽军营地谈判，告诉他只要不割地，即便每年支付一百万贯白银也可以接受。寇準则私下对曹利用说，一旦超过三十万贯，回来便会将他处决。曹利用抵达辽营，利用战事上的优势迫使辽军放弃了领土要求，并将岁币降到了每年十万两白银和二十万匹绢，此外双方还达成了开放互市的条款。谈判达成后，辽军北撤，宋军也没有追击阻截，曹利用回朝后受到赵恒厚赏。

因澶州亦称澶渊郡，故此次宋辽所订和约史称澶渊之盟。澶渊之盟结束了宋辽两国之间长达二十五年的战争状态。缔约后辽国因内部统治不稳，加之觉得难以征服宋国，决定不再举兵南下，宋国也放下收复燕云地区的念头，两国之间在接下来一百多年里保持着南北对峙的状态，维持了总体和平。

大漠孤烟

西夏立国与西北战局之变迁（公元1006年—公元1099年）

元昊登基称帝　夏军重创延州

公元 1004 年，李德明继任夏王后，深感与宋国的连年战争已经使党项陷入困境，人畜损失严重，便产生与宋罢兵交好的念头，多次派遣使者到宋廷朝贡，请求和谈。

公元 1004 年七月，宋国正式册封李德明为定难军节度使，封西平王，并刻录他的誓表，传告诸番首领。宋国要求李德明将儿子送到宋国作为质子，李德明以没有这样的先例为由，献上骆驼、马匹表示谢恩。当月，宋国还派出使者，赏赐给李德明袭衣、金带、金鞍，以及大量银、绢、钱、茶等。此后，双方维持了较长时间的和平局面。

公元 1008 年十月，赵恒率千乘万骑，自汴京浩浩荡荡出发东封泰山。封禅泰山是封建帝王极高规格的仪式活动，以宣示皇权受命于天，答谢上天护佑，以及向上天报告太平和帝王的显赫功绩。之前封禅泰山的有秦始皇嬴政、汉武帝刘彻、汉光武帝刘秀、唐高宗李治、唐玄宗李隆基。自此次赵恒封禅泰山后，后世君主便停止了封禅活动。

自与辽、党项关系缓和后，宋国进入了一个相对稳定的发展期，治理机制不断完善，经济文化日益繁荣，国力变得强盛起来。但到执政后期，赵恒开始变得热衷祥瑞，好大喜功起来，加重了宋国的财政负担。

公元 1022 年，赵恒于东京延庆殿驾崩，太子赵祯继位，即宋仁宗。宋仁宗为人宽和、知人善任，在位四十二年间，宋国得以继续维持经济和文化上的繁荣状态。

公元 1028 年五月，党项李德明派其子李元昊攻打甘州（今甘肃张掖），甘州回鹘可汗夜落纥出逃，甘州被党项军占领；接着李元昊采用声东击西的战术，出奇兵突袭西凉（今甘肃武威），取得大胜。不久，割据瓜州（今属甘肃）、沙州（今甘肃敦煌）的归义军节度使曹贤顺率部归附李德明。

公元 1031 年六月，耶律隆绪去世，皇太子耶律宗真继位，即辽兴宗。次年十月，李德明病逝，其子李元昊继位。李元昊上位伊始，便积极筹备称帝。为巩固后方及惩罚归附宋国的吐蕃部落，他于两年后发动了对河湟（今青海东部地区）吐蕃的进攻，派部将苏奴儿在湟水打败了吐蕃军队，而后以假意议和的方式，攻占了猫牛城（今青海西宁北）。李元昊乘胜进军，围困了青唐城（今青海西宁南）。此时盘踞在青唐城的是吐蕃族部落首领唃（gǔ）厮啰。李元昊与唃厮啰的部将安子罗苦战两百多天也未能攻下城池，只得下令撤兵。结果在渡宗哥河（今湟水）时，党项军被安子罗带兵追上并击溃，大败而归。

不甘失败的李元昊重整兵马，又大举进攻青唐、宗哥（今青海西宁东南）等城。不久青唐城被攻破，唃厮啰部退保邈川（今青海海东乐都）。唃厮啰探知党项军准备趁夜渡宗哥河，并在浅水处插上小旗作了标记，于是暗中派人将旗帜移到深水处。党项军没有防备，仍是按照旗帜指示下水渡河，大量军士溺水而死，李元昊只好再次退兵。

公元 1035 年十二月，李元昊率军打败河西（今甘肃西部、青海东部一带）回鹘，意图谋取陇右（今甘肃六盘山以西、黄河以东一带）地区，又担心宋国利用吐蕃断绝他的后路，于是率领大军沿着阿干河（在今甘肃兰州境内）攻破了兰州地区的蕃族部落，进军马衔山（今甘肃临洮北）。这时唃厮啰部发生内乱，李元昊以重金诱使其部将俞龙珂带领上万人投降归附。而后李元昊又率军西攻瓜州回鹘，接连攻下瓜州、沙州，又回师占领肃州（今甘肃酒泉）。至此，党项军完全控制了河西走廊。

公元 1038 年十月，李元昊在兴庆府（今宁夏银川）南郊筑坛登基，自称皇帝，国号大夏，史称西夏，李元昊即夏景宗。李元昊以臣子身份派遣使者上表给宋仁宗，请求宋国承认他的皇帝称号，宋廷果断予以拒绝，下诏削夺李元昊的官职爵位，停止两国互市，并重金悬赏其首级。得知宋国的态度后，李元昊积极备战，频繁派出细作到宋国边境刺探情报，同时煽动诱惑宋地的党项人和汉人归附西夏。他还断绝了同宋国的使节往来，向宋廷送去谩骂羞辱的“嫚（màn）书”，双方关系日益紧张，逐步走向战争边缘。

宋国沿着横山一线积极布置防御，李元昊经过多次侦察和试探，终于摸清宋军的布防情况，决定以宋军防守相对薄弱的鄜州（今陕西富县）、延州为突破口打破宋军封锁，争取战略主动。

李元昊决意扫清延州外围的军事堡垒，首先是宋军设置的金明寨（今陕西延安北）。当时金明寨的守将为都监李士彬，李元昊针对其贪暴苛刻、有勇无谋的特点，决定对他实施反间计。他派人携带书信，假意串联李士彬叛宋，但被鄜延副都部署夏随识破，计划失败。而后李元昊又私下派人到金明寨劝降，许以高官厚禄，不料李士彬又斩杀使者，拒绝投降。

但向来以狡诈著称的李元昊并没有放弃，他派使者进入延州城，向当时的延州知州范雍求和，许诺向宋军投降，继续做大宋的臣子。范雍不疑有诈，同意了李元昊安置西夏移民的请求，于是大量西夏人得以进入金明寨。

公元 1040 年正月，李元昊率领十万兵马再次向边境杀来，在大量西夏内应的配合下，几乎没有遭遇太大抵抗，金明寨就被西夏军攻破，李士彬也被杀死，西夏军继续向延州城进军。

范雍得知中计，痛哭一场后，连忙召集鄜延路内所有可调动部队向延州集结。当时，鄜延、环庆（今甘肃庆阳）副都部署刘平和鄜延路都部署石元孙正率兵赶往土门寨（今陕西延安安塞西北），但因获知军情较晚，等他们率部赶到土门寨的时候，西夏军已经突破到土门寨腹地了。

此时他们又接到支援延州的命令，二人便领着所部宋军向延州快马加鞭奔去。同年七月十四，刘平部抵达三川口。此时正值北方天寒，连续数天的急行军极大消耗了宋军体力，并且刘平身边只有少量骑兵，步兵主力还在后面赶路，于是刘平决定就地休整，以等待后军会合。不久，刘平等人接到自称延州斥候的传令，要求刘平将军队分成小队，偷偷越过西夏军防区增援府城。于是刘平派出数十个小队向延州进发，这些小队派出后便杳无音信，刘平意识到中了李元昊的计。

第二天，刘平率军后撤二十里，拉开纵深防御，等来了后续步兵的到达，于是刘平指挥部队继续向延州运动。在三川口附近的五龙河，刘平遭遇到了西夏军主力。此时五龙河已经结冰，西夏军踏过冰面发起攻击。

当时刘平所部不过万余人，而西夏军却有十万之众。宋军毫无惧色，在刘平沉着指挥下，给西夏军造成重大杀伤，当然宋军也遭受不小损失，就连主将刘平的左耳和右颈都被流箭射中。面对宋军的顽强抗击，李元昊投入西夏重骑兵向宋军发起冲锋，一时间宋军难以抵挡，宋将黄德和见势不妙，突然撤军，此举最终引发了宋军的全线崩溃。

刘平等人虽竭力阻止，却还是回天乏术，西夏军乘势加紧进攻。宋军勇将郭遵见状，为了给刘平、石元孙等争取撤出战场的机会，单枪匹马杀入敌阵，挥动大槊左冲右突，勇猛异常，给西夏军造成不小震动。于是西夏军调集弓箭手，万箭齐发，将郭遵射死。而撤出战场的刘平则带着残部千余人，与西夏主力周旋三天，最终还是全军覆没。刘平被俘后威武不屈，不久病死。

延州在失去外援后，城防已经濒于崩溃，但这时恰好天降大雪，李元昊粮草供应受到阻碍，加之西夏境内空虚，李元昊担心退路被切断，最终下令撤兵。

宋军连番受挫　夏辽爆发战端

三川口之战后，宋仁宗深感西夏军势的强大，于是封夏竦（sǒng）为陕西经略安抚使，韩琦、范仲淹为副使，共同负责对西夏的防务。西夏军对宋军的袭扰越来越频繁，韩琦主张发兵反制，范仲淹则不赞成。宋仁宗命令大臣们共同商议此事，结果未及定论，西夏便先发制人，大举出兵进攻宋国。

公元 1041 年二月，李元昊率兵十万从折姜（今宁夏同心）出发，一路南下，进抵好水川（今宁夏隆德境内）地区。为发挥骑兵优势，他将主力埋伏在好水川口，派遣部分兵力攻打怀远（今宁夏西吉），并扬言要攻打渭州，以引诱宋军进入伏击地域。

韩琦听说西夏军队来攻，命令环庆路副都部署任福带领数万兵马绕道后方，待西夏军回师时进行截击。任福进军至捺龙川（今宁夏西吉东北）时，听说镇戎军（今宁夏固原一带）西路都巡检常鼎等正与西夏军在张义堡（今宁夏固原境内）激战，于是带兵支援，杀死了数千西夏兵。西夏军佯装败退，任福不知是计，抛下辎重和主力，带领骑兵轻装追击，黄昏时进入好水川地区。宋军诸部约定第二天在川口汇合，共同攻击西夏军。

次日，任福和先锋桑怿等沿着好水川往西进军，在路边发现几个银泥盒，将盒打开，数百只带着哨子的鸽子飞了出来，夏军听到信号立刻发动攻击。宋军未做防备，尚未列阵完毕，便遭到西夏骑兵猛烈冲击，宋军陷入溃乱。这时西夏军又发动伏兵，左右夹击之下，宋军死伤惨重，任福、桑怿等都战死沙场。

好水川之战刚结束，李元昊便调兵遣将，发起麟府丰战役。是年七月，投奔西夏的党项人乜罗向李元昊报告说河东宋军防守薄弱，于是引导西夏军队进攻麟州和府州。西夏大军先围麟州，麟州城建在山上，易守难攻。李元昊听说城内没有水源，想以围城战术困死守军。守军利用沙井中的淤泥堆草以防备火箭攻击，制造城中有水的假象。西夏大军信以为真，只得解围而去。

西夏军围攻二十多天没有打下麟州，便退兵转攻府州，府州城也险峻坚固，守城军民凭借有利地形打退了西夏军多次进攻。西夏军试图从城北突破，与府州知州折继闵率领的宋军激战，围攻四天，死伤上千人也没能取得战果，只好撤围退兵。西夏军纵兵四掠，割掉庄稼、发掘窖藏，而后进攻并占领了丰州（今陕西府谷北）。

西夏军回兵麟州和府州，占领两州之间的军寨，出动小股骑兵袭击宋军粮道，抄掠秋田粮食。宋国并代都钤辖张亢受命管理麟、府军务。为反制西夏袭扰，他又在两州外围修建了一系列城堡军寨，之后与西夏军在琉璃堡和建宁寨进行了两次大战，西夏军战事不利而退。

谋臣张元向李元昊献计，认为宋军精兵良将都聚守在宋夏边境，关中地区军事力量反而薄弱，只要将宋国边军牵制住，便可以派一支劲旅直捣关中。李元昊采纳了张元的意见。

公元 1042 年九月，李元昊在天都山（今宁夏海原境内）集结十万大军，兵分两路攻击宋国，一路出彭阳（今宁夏固原境内），一路出刘璠堡（今宁夏固原西北），以钳形攻势攻打镇戎军，企图引诱宋军出战，将其主力聚集起来予以歼灭。

渭州知州王沿获知消息，命令大将葛怀敏率军前往瓦亭寨（今宁夏固原南）阻击西夏军。临行前，王沿一再告诫葛怀敏切勿贸然进军，可以背城扎营、诱敌深入，利用坚固工事和伏兵攻击西夏军以夺取胜利，但出身武将世家的葛怀敏对王沿的命令不以为意。

葛怀敏率军抵达瓦亭寨，没有见到西夏军队，便擅自带领包括镇戎军曹英、泾原路（今甘肃蒲河以西、葫芦河以东、张家川以北，以及宁夏固原、隆德一带地区）都监赵珣、镇戎军西路都巡检李良臣和孟渊等多路宋军一齐北上，在距离西夏军队不远的地方安营扎寨。眼看手下兵多将广，葛怀敏信心大增，决意同西夏军展开野战。他将手下兵马分为四路，一齐向定川寨（今宁夏固原北）进军。赵珣认为西夏军远道而来，可以依靠城池设置防御，截断粮道，待西夏军士气衰落后再发起反击，葛怀敏还是没有同意，而是号令部队连夜向定川寨继续进发。

李元昊探知宋军的进军路线，事前在定川寨摆好阵势，以逸待劳，等候宋军。葛怀敏率军进入定川寨，随即便陷入西夏军的包围之中。西夏军烧毁了定川河上的木板桥，切断了宋军退路，同时挖断河道，断绝了定川寨的水源。这时葛怀敏才察觉上当，他赶紧派兵到寨外阻止西夏军断水，但派出的宋军被西夏军击溃，四散而逃。葛怀敏坐镇中军布置防御，率兵坚决抵抗。

西夏军发起进攻，先打败了河西的刘贺部，接着攻击中军葛怀敏部，但因中军防御森严没能突破，便又转头攻击列阵寨东北的曹英部。这时候，东北方向突然风沙大作，宋军各部之间失去联络，陷入慌乱，西夏军乘势发动猛攻，宋军惊惧之下争相入寨。由于定川寨小，宋军发生严重的踩踏事件，主帅葛怀敏也差点被踩踏而死。危难之中，赵珣带着刀斧手和聚拢而来的骑兵拼死反击，抵抗住了西夏军的攻势。

此时葛怀敏已无斗志，于是召集众将商议，决定向镇戎军方向突围。赵珣担心西夏军队会在半路截击，力主向笼竿城（今宁夏隆德）方向突围，葛怀敏依旧没有采纳。宋军向镇戎军且战且退，撤退到长城壕边时，事先埋伏的西夏军从四面八方冲杀出来，宋军大败，葛怀敏等十六名将领被杀，近万名宋军被俘。

定川寨取胜之后，李元昊指挥大军一路南下，纵横六七百里，一路焚烧房屋、拆毁城寨，掠夺大量财物而回。当宋军惨败的消息传到汴京时，宰相吕夷简连连惊呼一仗不如一仗。对西夏战争的接连失败，导致宋仁宗已经厌恶用兵，而西夏虽然取得了多次胜利，损失却也不小，到了战争后期，西夏多地出现死伤者几近其半，兵民抗拒征调的情况。宋国对西夏的经济封锁，导致西夏境内粮食、布帛和其他生活用品物价飞涨，民众怨声载道。

李元昊意识到西夏国小地贫，无法和宋国这样体量的大国进行长期的消耗战争。另一方面，夏辽关系也开始恶化。为避免两线受敌，李元昊迫切需要同宋国改善关系，于是便派遣使者向宋国接洽和谈事宜。

从公元 1043 年正月到次年六月，经过一年多的讨价还价，宋夏两国终于达成协议，约定宋国每年赐给西夏绢十五万匹、银七万两、茶三万斤，此处尚有西夏主每年生日时赏银器二千两、各色衣服和布匹三千匹；两国开设榷场，恢复边境贸易；李元昊以“西夏主”的名义向宋称臣。两国恢复和平。

辽国趁着宋夏交战的时机，向宋国讨价还价，从中渔利，甚至不惜出卖西夏的利益。其间，辽夏两国又因为辽国境内的党项部落归属问题产生纠纷，交恶不断，最终耶律宗真决定出兵讨伐西夏。

公元 1044 年十月，耶律宗真亲率十万骑兵，兵分三路渡过黄河，深入西夏境内。李元昊率领左厢军在贺兰山北迎战，遭到失败后退入贺兰山中。他知道辽军兵强马壮，不能强攻，于是派遣使者向耶律宗真请罪求和。辽军尚未答应，李元昊便三次后撤，退兵一百多里。而在退兵同时，李元昊还采取坚壁清野的政策，烧尽粮食牧草，断绝了辽军的补给。

后来，耶律宗真同意了西夏的求和，但李元昊故意拖延时间，等到辽军陷入困饿之际，集结大军突袭辽军营地。两军正攻杀得难解难分，突然狂风又起，飞沙走石，李元昊趁辽军阵脚慌乱的机会，举兵猛攻辽军大营。辽军大败，包括驸马都尉萧胡睹在内的近臣数十人都被西夏军俘虏，耶律宗真只带了几个骑兵逃出。取得胜利之后，李元昊立刻派遣使者同辽国讲和，同时又以封臣的身份向宋国进献俘虏，在军事和外交上都取得了主动。

辽军征夏再败　宋夏边争难解

李元昊生性暴戾，多猜疑、好杀虐，内外树敌很多。到了执政后期，他更是沉湎酒色、好大喜功，导致西夏国内日益腐朽，其本人也众叛亲离。李元昊曾立其子宁令哥为太子，后又与没藏氏生下幼子李谅祚。没藏氏与其兄没藏讹庞打算谋害宁令哥，另立李谅祚为太子，恰好这时李元昊夺走了宁令哥的妻子，立为自己的新皇后，没藏讹庞便怂恿宁令哥刺杀李元昊。

公元1048年正月，李元昊被宁令哥所杀，宁令哥畏罪逃避到没藏讹庞家中，被没藏讹庞以弑父罪名处死。没藏讹庞策划拥立李谅祚继承了西夏皇帝位，即夏毅宗。李谅祚即位时刚满周岁，其母没藏氏以太后身份管理朝政，西夏的实际军政大权均被没藏讹庞所把持。

公元1049年，耶律宗真为报之前兵败之仇，趁着西夏政权更迭的时机，下诏亲征。耶律宗真任命韩王萧惠为河南道行军都统，赵王萧孝友、汉王贴不为副都统，三路出击进攻西夏。萧惠率领南路大军从黄河以南地区发起进攻，迅速推进到西夏本土。西夏军节节败退，这助长了萧惠的傲慢轻敌情绪。他推测西夏军主力应当是去迎战耶律宗真率领的中路军，于是既不派人侦察西夏军队情况，又允许士兵将铠甲、兵器放在马车上轻装简行，几乎不做任何防范。

九月，西夏主力大军突然出现在萧惠面前，迅疾发起猛攻。辽军措手不及，许多人连铠甲都没来得及披上就被斩杀，南路辽军全线溃败。当时耶律宗真率领的中路军已经渡过黄河，连续击败多支西夏偏师，但当南路军失败的消息传来，中路军不得不放弃战果，退守本土。

只有北路军在北道行军都统耶律敌鲁古率领下，进攻凉州取得大胜，俘获了李元昊的妻子和许多西夏臣僚家属。西夏大军回师增援，据险而守，切断了辽军的退路，辽军多次突围均被西夏军打败，包括大将耶律斡里在内的许多将领都被杀死。至此，辽军第二次征夏也告失败。之后西夏多次派兵入侵辽国，都被辽军击退。不久两国达成和议，没藏太后派遣使者向辽国继续称臣纳贡，两国之间的战事才平息下来。

公元 1053 年二月，没藏讹庞想得到宋国境内的古渭州（今甘肃陇西东南）土地，于是上书向宋廷索取。宋仁宗派使者前往勘查，申明了边界，没有答应没藏讹庞的要求。没藏讹庞见索地不成，于四月派兵攻打宋国德顺军（今甘肃静宁），围困静边寨（今甘肃静宁境内），五月又攻打宋国环庆路。两次进攻都被宋军击退，未取得战果。

公元 1055 年八月，耶律宗真驾崩，其长子耶律洪基继位，即辽道宗。同年，没藏讹庞卷土重来，侵占了麟州西北屈野河边境禁耕的土地。宋国使者要求西夏归还耕地，并勘定边界，没藏讹庞没有理会，还在河西屯兵示威，宋国因此关闭了与西夏的一处榷场银星和市。没藏讹庞非但没有收敛，反而更加明目张胆地圈占耕地。宋国多个大臣向西夏递交了责问的文书，没藏太后知道情况后，责令其兄退还耕地，但后来因没藏太后遇袭身亡，此事也就不了了之。

公元 1057 年五月，没藏讹庞在屈野河屯驻数万大军，打算将河西禁耕之地全部耕种。宋国派遣管勾军事郭恩等人以巡视边境为名，率军千余察看情况，结果遭到西夏军攻击，宋军大败，郭恩被俘后自杀。七月，宋河东经略使再派使者前来商议边界，没藏讹庞还是没有理会。宋廷愤怒之下，又关闭了另一榷场河东和市。

没藏讹庞担心宋军报复，每日操练兵马，又派兵前往鄜延路示威。次年四月，吐蕃捺罗部首领阿作率部投奔西夏，没藏讹庞授予他官职，两个月后以其为向导攻略吐蕃，围攻青唐城，与唃厮啰激战不胜，退兵而还。

公元 1059 年五月，没藏讹庞又屯兵占据屈野河，派出部民侵占耕种。这时因为边境榷场都被宋国关闭，导致生活用品缺乏，国内民怨四起，迫于无奈，没藏讹庞只得派遣使者到麟州府商议划界之事，表示愿意退还河西田地二十里给宋国，以求重新开放互市，宋经略使梁适没有答应。恼怒之下，没藏讹庞派出人马，在鄜延路边境宋军堡寨附近开垦土地，掠夺人口和牲畜。

当时李谅祚已经十多岁，对于没藏讹庞的专权霸道早就心生怨愤，于是暗中联络同样不满没藏讹庞的大臣漫咩等，设计捕杀了没藏讹庞。李谅祚开始亲理朝政。执政之初，他积极推行亲宋政策，首先解决了宋夏存在多年的屈野河地界争端问题，与宋廷议定了一条新的边界，而后又向宋国求娶公主，但宋仁宗没有同意。之后，李谅祚又向宋廷请求着中原衣冠，去蕃礼、从汉仪，宋仁宗表示允许，李谅祚于是积极推行汉化政策。

公元 1062 年，李谅祚听闻河西唃厮啰与辽国发生了冲突，便决定趁此机会攻打唃厮啰。李谅祚派西夏大军屯驻在古渭州，谋划着吞并当地的部落人口。宋国秦州知州张方平下发檄文，号召吏民严加防备。李谅祚的图谋没有实现，于是率军继续西进，与吐蕃在青唐城交战，西夏军大败。李谅祚害怕唃厮啰会趁机前来侵袭，于是在古渭州修筑堡垒，派兵守卫。

公元 1063 年三月，宋仁宗去世，朝野上下悲痛，举国哀悼，就连时任辽国君主的耶律洪基，也抓着报丧的宋国使者之手号啕痛哭。宋仁宗去世后，皇子赵曙继位，即宋英宗。

李谅祚致书请求宋国恢复边境地区的榷场，宋廷没有允许。之后李谅祚派遣吴宗等人恭贺宋英宗即位，宋国官员对西夏使臣也表现得极不友好。李谅祚深以为恨，接下来数年间，西夏多次发兵攻掠秦凤（今甘肃天水）、泾原所属州县。交战期间，两国使者也没有断绝，李谅祚力求在宋国与辽国、交战与和谈之间找到平衡。

公元 1065 年正月，李谅祚率军进攻庆州，宋国派遣文思副使王无忌去西夏问责李谅祚。李谅祚没有理会，反而派遣使者上书辩解，将兵祸归责于宋国边境官吏，同时诱骗陕西境内的少数民族部落归附西夏。三月，李谅祚派遣右枢密党移赏粮出兵攻打宋国保安军（今陕西志丹），进军围困顺宁寨。八月，又派兵袭扰泾原路。两个月后，又派兵同宋军争夺德威军（今宁夏隆德）的同家堡。

公元 1066 年八月，李谅祚率领大军围攻庆州大顺城（今甘肃华池东北）。他身披银甲、头戴毡帽，亲临前线督战。守城宋军箭如雨下，李谅祚被流箭射穿铠甲，死里逃生。退兵路上，不甘失败的他又命令西夏军攻击华池（今属甘肃），守将张玉趁夜带领三千死士出城突袭，西夏军又遭败绩。过了一个月，李谅祚派遣使者向宋国请求官服和岁赐，在宋国下诏谴责的时候，他又坚决表示履行先前的和约，两国关系再度恢复正常。

公元 1067 年正月，宋英宗因病驾崩于福宁殿，太子赵顼（xū）继位，即宋神宗。同年，李谅祚诱杀了保安军的宋军将领，接着企图征服河湟吐蕃。他趁着唃斯啰与辽国交恶的时机，率军攻下了青唐城，先后收服了吐蕃首领禹藏花麻、木征等，巩固了西夏南疆。就在李谅祚周旋于宋、辽、吐蕃之间游刃有余、初露锋芒的时候，当年五月，他却突然暴毙而亡，死的时候只有二十一岁。李谅祚死后，其子李秉常继位，即夏惠宗。

李秉常即位时刚满八岁，西夏军政大权被其母梁氏和其舅梁乙埋所把持。他们一方面任人唯亲，安插子弟亲信担任要职；另一方面又大力排除异己。为了争取党项贵族支持，身为汉族的两人还特地废除李谅祚时期所实行的汉礼。在对外关系上，梁乙埋等对宋国连年发动战争，企图以战争手段维持威信，提高向宋国勒索的价码。

公元 1070 年五月，梁太后派遣十万兵马，在庆州境内修筑闹讹堡以向宋军挑衅。庆州知州李复圭贪图边功，强令部下李信带三千兵马前去攻打，李信寡不敌众，大败而归。李复圭将战败责任推给李信，将李信处斩，而后再次出兵攻击西夏邛州堡、金汤池（均在今甘肃庆阳境内）等地，但因西夏军队已经撤走，李复圭一无所获，于是下令捕杀西夏老幼数百人，冒称这些人为西夏兵，向朝廷奏捷。这一暴行激起了西夏民众极大愤恨。

八月，梁太后任命梁乙埋为主帅，征发全国十五至七十五岁所有男丁，集结三十万大军，命令军队带上可供百天的干粮，大举进攻宋国大顺城、柔远寨、荔原堡（均在今甘肃华池境内）等地，后又下令屯兵榆林（今属陕西），命梁乙埋派骑兵前出至庆州城下。西夏军在进攻过程中，遭到各地宋军激烈抵抗，损兵折将，并没有讨到什么便宜。这时唃厮啰部第二代首领董毡响应宋国请求，率军攻入到西夏境内大肆劫掠，梁乙埋只得慌忙撤兵。

开边河湟之地　五路伐夏败北

公元 1071 年正月，宋国陕西、河东宣抚使韩绛命令青涧城守将种谔在罗兀（一作啰兀，今陕西榆林境内）北部袭击了西夏军队，取得大胜。宋军在罗兀地区修筑罗兀城，继而又修建抚宁堡。不久西夏派兵来攻，韩绛调遣各路兵马前来救援，但因他优待番军而怠慢汉军，驻守庆州的士兵发生动乱，宋国只得下诏退兵，放弃了罗兀城。

公元 1072 年七月，宋国秦凤路机宜文字、通远军知事王韶派兵到渭源堡（今甘肃渭源）和乞神平堡（今甘肃渭源西南）一带，攻打蒙罗角、抹耳水巴等羌人部落。一开始，羌人据守险要之地，居高临下对抗宋军，宋军进攻受挫，王韶亲自披甲上阵，指挥部队反攻，最终大败羌人。同月，宋夏两国议定边界，以绥德（今属陕西）城外二十里为界，各自设立界碑。

唃厮啰部第四代首领瞎征率军渡洮河救援，收拢被打散的羌人军队。王韶命令部下从竹牛岭（今甘肃临洮东）出发佯动，自己却暗中带兵攻打武胜城（今甘肃临洮）。当时吐蕃将领瞎药驻守的武胜城正遭遇西夏军围攻，宋军突然出现，西夏军措手不及、仓促应战，被宋军击败。瞎药弃城而逃，王韶进军占据武胜城，宋国在武胜城建立镇洮军，之后又将其升格为熙州。

公元 1073 年，王韶率军攻取河州（今甘肃临夏），随后又攻占诃诺木藏城（一作珂诺城，今甘肃广河）和香子城（今甘肃和政境内），八月南下进入洮州（今甘肃临潭）境内。河州的吐蕃首领木征趁着王韶行军作战的机会，再次占据河州城，并且南下追击宋军，王韶带领宋军打败木征，再次平定了河州。岷州（今甘肃岷县）吐蕃首领听说后，举城向宋军投降，接着宕州（今甘肃宕昌）、洮州、叠州（今甘肃迭部）三地的吐蕃部落也相继归附。

此次出征，王韶前后行军五十四天，转战一千八百里，平定五州之地，招抚大小蕃族三十多万人，河湟之地全部归附宋国，史称“河湟开边”或“熙河开边”。

公元 1074 年，王韶被征召入朝。回京途中，他得知河州刺史景思立攻打唃厮啰部据守的踏白城兵败，番军将领鬼章率部包围了河州，于是日夜兼程赶回熙州，挑选两万兵马前去救援。王韶决定避实就虚，不直接攻打围城羌军，而是直扑诃诺木藏城，先派兵打败了驻结河川（今甘肃临洮北）的额勒锦部族守兵，断绝了西夏支援吐蕃的道路；而后进军宁河寨（今甘肃和政境内）、南山寨（今甘肃临夏东），打败布沁巴勒等部族守兵，断绝了鬼章的援兵。

王韶分派兵马打通了去往河州的道路，鬼章从河州城下退兵，回到踏白城据守。四月中旬，宋军出兵踏白城，击败鬼章，进军到银川寨（今甘肃临夏西北），接连攻破十多座城堡，而后多路出击，向北到达黄河，向南抵达南山，重新进占踏白城，回师河州修筑定羌城，同时宋军还击败了西夏派来的七千援兵。战后，木征无力继续抵抗，被迫率酋领八十多人归降宋国。至此，河湟地区得到进一步稳固。

公元 1076 年，西夏主李秉常十六岁，开始打理朝政，但主要军政权力还是被牢牢把持在太后和梁乙埋手中。李秉常喜好汉族文化，常常向被俘的汉族文人请教和学习宋国的礼仪制度，并有意在西夏恢复汉礼。这一举动遭到其母党势力强烈反对。李秉常没有理会，仍是打算继续推行。

公元 1081 年，李秉常打算采取与宋结好的方式，借助宋国势力抗衡其母党，于是计划派遣亲信李清出使宋国。事情被梁太后知悉，她派人诱杀了李清，又将李秉常囚禁在距离兴庆府五里外的木寨，同时命令梁乙埋等聚集兵马，控制各地桥梁要隘，断绝都城和外界的联系。不久，李秉常被囚禁的消息还是传了出去，西夏朝野震惊，一些皇族亲党、李秉常的左右亲信和地方首领纷纷拥兵固守，同后党势力对抗。一时之间，西夏陷入一片混乱之中。

西夏保泰军统军、吐蕃部族首领禹藏花麻向来对后党的专权不满，当他得知李秉常被囚的消息，立刻以西夏国主失位、国内变乱为由，向熙州发文照会宋国，宣称如果这时派兵来讨伐，西夏一定会举国响应。宋神宗命令熙州知州苗授认真核实情报，于是宋国向西夏移送通牒，问责相关情况，梁太后未能做出答复。

确认消息后，宋神宗决定趁此机会，彻底解决西夏的边患问题，于是他接受了鄜延路总管种谔等主战派的主张，动员三十万大军，以熙河路（今甘肃临洮一带）经略使、宦官李宪为统帅，从东、南、西南三个方向，兵分五路对西夏发起全面进攻。

战役前期，各路宋军进展顺利，种谔部陆续攻下了米脂寨（今陕西米脂）、石州城（今陕西榆林横山东北），李宪的军队攻下了会州，泾原路兵马副都总管刘昌祚则在磨脐隘（一说位于今宁夏灵武）大破十万西夏兵，各路宋军迅速向灵州推进。

梁太后束手无策，问计于群臣，一名老将向其进献了诱敌深入、坚壁清野的计策，梁太后予以采纳。西夏集中十万精兵保住各处要隘，同时派遣机动部队切断宋军补给。不久，各路宋军陆续出现兵粮短缺的情况，或退兵，或停滞，严重影响到了会攻灵州的计划。

十一月末，刘昌祚部率先杀到灵州城下，由于进军神速，灵州城门还没来得及关闭，刘昌祚策动先锋争夺城门。眼看就要攻进城内，环庆路兵马都总管高遵裕却派遣使者，阻止了刘昌祚的攻城行动。一天晚上，高遵裕在灵州城三十里外遭遇西夏军队，刘昌祚派兵支援，西夏军退却。高遵裕嫉妒刘昌祚的功劳，想要以救援迟缓的名义杀掉他，被部下阻止后，就顺势解除了刘昌祚的兵权。

高遵裕围攻灵州城不克，西夏军在灵州城南掘开黄河河堤，大水灌进宋军军营和几十里平川，大量宋军被淹死。当时正值严冬，大雪纷飞，粮饷也断绝多日，西夏十万骑兵从三面袭来，宋军无力抵抗，遭到惨败，高遵裕、刘昌祚只带了一万多残兵败将退回。西夏军乘胜追击，宋国五路大军均告失败。

公元 1082 年，宋神宗命令宋军在银州、夏州交界处修筑永乐城，用于屯驻兵马。梁太后等人听说消息后，深感威胁，于是再次动员全国丁壮，集结三十万大军攻击筑城宋军。泾原路经略安抚使徐禧出动七万大军迎战，初战失利，宋军退入城中，又被西夏军断绝水源和粮道，城内宋军饥渴交加，损失大半。鄜延路经略安抚使沈括率兵万余人救援徐禧，被西夏军阻截在永定河岸。最终，永乐城被攻破，宋军损失包括徐禧在内的将校二百多人，损失民夫、工匠二十多万人。

战报传到汴京，宋神宗得知后悲愤落泪，为之不食，早朝时候，更是对着群臣恸哭不已。西北战事死了许多人，耗费了无数钱粮，结果仍是一无所获，宋神宗后悔对西夏的用兵，失去了讨伐西夏的斗志，决定继续维持对西夏的赐贡和议。

公元 1083 年闰六月，为缓和内外矛盾，在西夏官民的强烈呼声中，梁太后和梁乙埋安排李秉常复位，但朝政大权依然掌握在两人手中。他们一面以李秉常的名义派遣使者到宋国称臣纳贡，以重新求得宋国的岁赐；另一方面又以索回西夏旧有领土为由，继续对宋国边境进行骚扰。其后，因梁乙埋和梁太后先后去世，西夏皇族和后族的斗争渐趋激烈，但软弱的李秉常始终只能任人摆布、终日忧愤。

宋国得胜平夏　西夏倾颓日显

公元1085年正月初，曾经励精图治、意图再造汉唐的宋神宗，由于西夏战事的惨败，精神上遭受沉重打击，病情日益恶化，于当年三月病逝，其八岁的儿子赵煦继位，即宋哲宗。因宋哲宗年幼，高太后被尊为太皇太后，临朝主持政务。次年七月，李秉常也在被操控的无力感中忧郁而终，其子李乾顺继位，即夏崇宗。当时李乾顺只有两岁，其母梁氏是祖母梁氏的宗室女，因而西夏朝政依然被后党牢牢把持。

其时宋廷正经历严重党争，高太后听政后，重用司马光等旧党，废除新法，恢复旧法。宋国的对外政策也发生了相当大的改变，旧党摒弃了新党的开边政策，而是采取向西夏安抚示好的态度，以维持边境地区的安宁稳定。

公元1089年，宋哲宗下诏，只要西夏将永乐城之战中被俘的宋军将士交还回来，宋国就愿意放弃米脂、葭芦（今陕西佳县）、安疆（今甘肃华池东）和浮图（今陕西子洲南）四寨之地，将这些地区归还给西夏。西夏应允，不费一兵一卒，尽得四寨之地。但西夏与宋国交好的意愿并不强烈，执政的后族梁氏仍是企图通过军事胜利来巩固统治，于是宋廷也开始考虑转变边防战略。

公元1092年十月，西夏梁太后亲率十万大军，沿着马岭水（今甘肃环江）发起强大攻势，围攻环州以及乌兰、肃远、洪德、永和等宋军所据堡垒。宋国环庆路经略安抚使章楶（jié）派皇城使折可适率一万人驻守马岭（今甘肃庆阳西北），与庆州遥相呼应，又在环州城周围近百里的水源下毒，接着派兵五千增援环州。西夏军主力攻城不克，补给又跟不上，只得从环州撤围。

折可适探知消息，判断西夏军可能从洪德（今甘肃环县北）大川路撤军，便提前带领所部赶到洪德城。此外，当天章楶派出的第二批援军两万人也于傍晚抵达不远的故府寨。两天后，西夏大军取道洪德城出塞，折可适布置人马提前在险要处设伏，自己则率领主力在城中隐蔽待机。他故意放过西夏军前锋，等到后军主力进入伏击地域才下令攻击。最终宋军以少胜多，杀得西夏军大败，斩杀千余人，坠崖及毒死者无法统计，宋军缴获马匹、骆驼上千匹，就连梁太后也丢弃帷帐、改服易装而逃。

公元 1093 年，宋国高太后去世，宋哲宗正式亲政。他起用新党，打压旧党，积极改变军事政策。之后两年间，宋廷重新调整了陕西前线的人事任命，大量起用主战派官员，任命新党强硬派成员吕惠卿担任鄜延路经略使，孙路担任河东路（今山西内长城以南、稷山、垣曲一线以北地区）经略使，王文郁担任熙河路经略使，章楶担任泾原路经略使，形成对西夏的全面压迫态势。

公元 1096 年，吕惠卿在上任的五十天时间里，组织了对西夏十四次小规模的出击行动，此举惹恼了西夏。是年年末，西夏举国动员，征调五十万大军，兵分三路，意图击溃鄜延路所有军事力量。吕惠卿在得到朝廷增援后，留下一半宋军驻守延州城，其余人马则驻扎在延安府附近。西夏军进展迅速，东路军威胁清涧城（今陕西清涧）；中路军包围塞门寨、龙安寨和金明寨（均在今陕西安塞境内）；西路军则纵深突进，一天就到达了延安府外五十里的地方。

西夏军侦察到宋军密集调动的情况，于是修筑十多座营寨与宋军对峙。吕惠卿采取了坚决的坚壁清野政策，使得远道而来的西夏军既见不到人，也得不到补给，所到之处只有坚城堡垒。考虑到有被宋军截断后路的风险，西夏军不敢再向南攻略，于是转移到宋军守备薄弱的金明寨，杀死两千八百名宋军后撤兵而还。

诸路配合的宋军并不打算放过这次机会，熙河路宋军向女遮谷（今甘肃兰州东）出兵并构筑堡垒；泾原路宋军突袭了没烟峡（今宁夏海原境内）的西夏堡垒，夺取了通往天都山的要道。与此同时，宋国朝堂上也在积极传导战争压力，宰相章惇宣布取消宋夏的边界划分，命令各路宋军进兵征讨西夏。

公元1097年二月，西夏集中七万大军进攻绥德，被宋军击退；三月，又集合六万大军进攻神木堡（今陕西神木东南），遭遇宋军骑兵突袭再度失利。宋军随即发起反击，熙河路宋军进军并修筑金城关（今甘肃兰州境内），鄜延路宋军劫掠横山（今属陕西），怀庆路宋军一度攻占洪州（今陕西靖边西南）。而宋军的这一系列行动，都是为了吸引西夏军注意，以掩护章楶的行动。

原来，泾原路宋军在章楶指挥下，秘密推进到葫芦河石门峡（今宁夏固原西北）、好水川以南，并用二十二天时间，修筑了平夏城和灵平寨两座堡垒。梁太后得知后大为震惊，因为丢了平夏则等于丢失横山，西夏将彻底陷入战略被动。虽然此时西夏军队已经分散在各地和宋军作战，但西夏还是集中了六个监军司，以十万大军猛攻新筑的两座城寨。监军司作为西夏特有的军事机构，可追溯到李元昊时期。他将西夏军队按地域分为左右两厢，每厢分六个监军司统辖，每监军司设都统军、副统军、监军使等职。

得知此消息，章楶也集中四路兵马，共计八万精兵对决西夏。泾原路和熙河路军队推进到没烟峡，迎战西夏主力。折可适率先领兵出击，击退了西夏先头部队，但在迂回伏击时，不慎遭遇西夏军反伏击，两千宋军被歼灭。西夏军进军到平夏城，占领附近高地后，对平夏城展开猛攻。宋军据城坚守，拼死抵抗，西夏军久攻不克，准备采用土工作业的方式挖倒城墙。

这时，宋军各路援军陆续到达。就在西夏兵掘进之际，宋将姚雄率熙河路七千宋军对西夏军发起冲击。驻守平夏城的宋军见状，也打开城门主动进攻。西夏军猝不及防，在两面夹击之下大败而逃。

击退西夏军之后，宋军对西夏继续采取步步蚕食、稳扎稳打的策略：河东路新修筑了神泉寨（今陕西佳县西）；鄜延路在横山东段新筑了浮图寨、米脂寨、开光寨（今陕西绥德境内）；泾原路在平夏附近又新筑四座城寨，同时向没烟峡口筑垒推进；熙河路在加强兰州后，向着青石峡（今宁夏固原境内）方向筑垒推进。面对逐渐缩小的战略空间和宋军的步步紧逼，西夏感到已经到了生死攸关的时刻。

公元1098年，西夏进行全国动员，集结起三十万大军，号称一百五十万，再次向平夏城及周边六处堡垒发起进攻，攻势之猛烈堪称宋夏历次交战之最。为了打下平夏城，西夏军搬来了冲车、楼车等大量攻城器械，还挖起地道。平夏守将郭成鼓舞士兵拼死坚守，一次次打退西夏军。其他诸路宋军为了缓解泾原路宋军压力，也纷纷调兵遣将。河东、熙河两路宋军深入西夏腹地烧杀抢掠，环庆、秦凤两路则派出精兵支援平夏。

西夏军连续攻打平夏城十三昼夜也没有攻克，已如强弩之末，加之粮饷告罄，西夏军陷入恐慌。无奈之下，梁太后只得下令撤军。各路宋军派出重兵，沿途围追堵截，给西夏军造成巨大杀伤。章楶则派出骑兵部队，会同平夏城守军和援军，组织了六路纵队，深入西夏境内展开追击。

宋军骑兵攻入天都山，擒获了包括西夏六路都统军嵬名阿埋在内的三千余人，缴获牛羊十万头。

第二次平夏城之战以宋军大获全胜而告终。战后，宋军在前线加紧修筑了横山和天都山的防御工事，沿横山绵延超过三百里，将党项人驱赶到了沙漠地带。宋国大军压境时，西夏三次派人向辽国求救，耶律洪基看出梁太后专权已经不得人心，不能再继续支持她，于是派人去西夏毒杀了梁太后，命李乾顺亲政。

公元1099年，李乾顺出兵帮助辽国平定了拔思母部的叛乱，同时他再次表达了与宋国和谈的意愿，但宋哲宗没有同意。在辽国斡旋下，李乾顺又处死了曾为梁太后谋划进攻宋国边境的嵬保没、结讹遇二人，并派遣使者向宋国上表谢罪，宋国这才答应与西夏议和，并且恢复岁赐。

开州团练使王赡、熙河路公事王厚获悉青唐吐蕃内部出现分裂，向宋廷提出收复河湟故地。他们的提议受到宰相章惇的大力支持，于是宋哲宗下定决心出兵。当年七月，王赡领军渡过黄河，攻下了陇朱黑城（今青海海东乐都东南），而后又顺利攻取邈川。八月，吐蕃首领瞎征自青唐脱身前来归降，吐蕃宗哥部落首领也请求归附，王厚派遣裨将王咏率领五千兵马受降。到达吐蕃营地，吐蕃军发生兵变，王咏告急，王厚派部将高永年前往救援，顺利平定了叛乱。

九月，王赡率军占领青唐，宋国改青唐为鄯州，改邈川为湟州。但宋军占领河湟地区后，不断遭遇吐蕃各部族的反抗，后勤补给又比较困难，宋军只好选择退兵撤走。

山河破碎

金国兴起与辽国北宋之灭亡（公元1100年—公元1126年）

宋军用兵西北　女真起兵反辽

公元 1100 年二月，宋哲宗在东京福宁殿病逝，因其唯一的儿子早夭，故由其弟、端王赵佶继任皇位，即宋徽宗。赵佶即位后，拥立他的向太后拥有很大权威。向太后是坚定的守旧派，她当政后，章惇等新党纷纷遭到贬斥。第二年向太后去世，赵佶正式开始独立执政。他有意启用新法，却不能做到知人善任，被其重用的大臣蔡京、童贯等人打着新法旗号无恶不作，导致国内形势一落千丈。

公元 1101 年，耶律洪基病死于混同江（今松花江）行宫之中，因其太子耶律浚在宫内斗争中被冤杀，耶律洪基遗诏由耶律浚之子、其孙耶律延禧继承帝位，即辽恭宗。耶律洪基执政时期，不理朝政，重用奸佞，导致辽国国力日衰。耶律延禧继位后，更是昏聩无能，耽于享乐。他变本加厉掠夺治下各民族部落，索求贡品，还纵容东北地区的官吏到市场中强买强卖，使得女真各部怨声载道。

登基第二年，耶律延禧赴长春州（今吉林长春、白城一带）巡视，召集女真各部首领前来朝拜。酒过三巡，耶律延禧命令各酋长依次歌舞助兴，唯独完颜部首领完颜阿骨打（又名完颜旻）推辞不肯。返回部落后，完颜阿骨打便积极展开抗辽准备。同年九月开始，完颜部不再奉辽国诏命，并开始对周边不服从的女真部落用兵。

公元 1104 年五月，宋国延州知州陶节夫出兵进攻西夏石堡寨（今陕西志丹北），夺取了西夏军的粮食窖藏，并修筑城堡，驻军守卫。李乾顺深感愤怒，派出西夏精锐骑兵与宋军交战，被宋军击退。六月，西夏军与折可适率领的宋军在灵州交战，又遭败绩。十月，李乾顺派出使者向宋国求和，请求罢兵。遭到拒绝后，西夏聚集起四个监军司的兵力，向宋国泾原路等地发动进攻，包围平夏城，继而又攻击镇戎军，但均被宋军击败。其后两年，宋军多次进攻西夏，西夏军一再失败。

西夏向辽国求助，请求调停。在辽国介入下，赵佶答应归还近几年宋国占领的西夏边地，同西夏举行和谈。但这只是宋国的权宜之计，蔡京等人对西夏用兵开边的既定政策并没有改变。两国和平局面没有维持多久，宋军又开始调兵遣将，多次攻入西夏境内。

公元 1114 年，完颜阿骨打派遣使者赴辽，以索要敌对部落头领阿疏为由，打探辽国国力虚实。得知耶律延禧骄恣放纵，辽国朝政废弛、人心不稳，于是便积极修建城堡、打造武器，准备对辽国发动进攻。收到消息，耶律延禧即派遣统军萧挞不野率八百人进驻宁江州（今吉林扶余东南）监视防备。不久，完颜阿骨打集合部落臣僚，祭拜皇天后土，申斥辽国罪状，而后派出使者向女真各部落报信征召。

九月，完颜阿骨打向宁江州进军。经过寥晦城（今黑龙江哈尔滨双城境内）时，女真各部援军在来流河（今吉林扶余境内）会合，共集结两千五百人。完颜阿骨打率领众人誓师反辽。次日，女真军到达辽国边境，与辽将耶律谢十率领的渤海军相遇，随即发起进攻，大败辽军。首战告捷，女真军士气大涨，又一鼓作气攻占了宁江州城，俘虏了防御使大药师奴。完颜阿骨打释放了大药师奴和俘获的渤海兵以作宣传，又向辽国境内的各女真部落揭露辽国统治的残暴，同时派人招抚东北边远的女真部落，达鲁古部、铁骊部等部落相继归附完颜阿骨打。

十一月，辽国都统萧嗣先、副都统萧兀纳率领大军数万人，号称十万讨伐女真，进军到鸭子河（今吉林扶余境内）以北。完颜阿骨打带领三千七百人连夜行军，于黎明到达河边。踏着冰面渡河，女真兵刚渡过三分之一，就与辽军在出河店（今黑龙江肇源西南）遭遇。当时正值大风，完颜阿骨打指挥女真兵借着风势进攻辽军，辽军大败，女真兵杀俘辽军、缴获物资难以计数。完颜阿骨打将俘获的辽军编入女真军，使麾下部众突破万人。

接着女真军又马不停蹄分路进军，完颜斡鲁古率兵斩杀辽国节度使萧挞不野，攻占了宾州（今吉林农安东）；完颜吾睹补、完颜蒲察在祥州（今吉林农安西北）东打败了辽国将领赤狗儿、萧乙薛带领的部队。辽国斡忽、急塞两路军投降女真，接着完颜斡鲁古又与完颜娄室所部一道攻占了咸州（今辽宁开原）。在接连取得胜利后，完颜阿骨打的弟弟完颜吴乞买（又名完颜晟）联合国相完颜撒改、完颜习不失等其他宗室成员，共同拥戴完颜阿骨打建国称帝。

公元 1115 年正月，完颜阿骨打在会宁（今黑龙江哈尔滨南的白城）建国，国号金，完颜阿骨打即金太祖。刚宣布完建国，完颜阿骨打便率军向黄龙府进发，兵临益州（今吉林农安北），驻守益州的辽军弃城逃往黄龙府。这时完颜阿骨打听说辽国派出重兵压境而来，便收掠州民后回师。

听闻女真叛乱的消息，耶律延禧急忙派出都统耶律讹里朵、左副统萧乙薛、右副统耶律张奴等率领二十万骑兵、八万步兵屯驻在辽金边境达鲁古城（今吉林扶余西北）。辽军派遣使者前来议和，被完颜阿骨打拒绝。正月月底，金军逼近达鲁古城。完颜阿骨打登高观察辽军态势，发现辽军人数虽多但阵型散漫，于是指挥金军迅速抢占高地列阵，而后派出其侄完颜宗雄率军冲击辽军左翼。

金军左突右杀，勇猛异常，辽军抵挡不住，左翼很快被冲垮。这时完颜阿骨打又派骑兵迂回到辽军阵地后方，以大将完颜娄室、完颜银术可所部直冲辽军中军，完颜娄室九次攻进辽军阵中又顺利杀出。另一路金将完颜宗翰请求完颜阿骨打派兵支援，完颜阿骨打遂派出中军作为疑兵分散辽军军力。辽军阵型出现混乱，完颜宗雄抓住机会猛攻辽军右翼，辽军防线彻底崩溃，死伤惨重，残兵退回城中自保。次日一早，辽军突围北逃，金军一路追击到阿娄冈，全歼辽军步兵后班师回军。

同年八月，完颜阿骨打趁辽军未做好防备，率军渡过混同江，再次进攻黄龙府。黄龙府城池坚固、守备完善，完颜阿骨打决定采取围点打援的策略，一面围困黄龙府城，断绝其粮草补给，另一面扫平外围据点，打击增援辽军。黄龙府被金军围困一个多月，粮尽援绝，后在金军猛攻下，守将耶律宁弃城逃走，黄龙府被金军占据。

耶律延禧得知黄龙府失陷，大为惊骇，于是召集契丹和汉族联军十多万人，号称七十万，大举伐金。完颜阿骨打听说后动员两万大军抵御，两军又在达鲁古城附近相遇对峙。完颜阿骨打见辽军势大，便决定先采取守势，开挖深沟、修筑堡垒来阻击辽军。两军尚未接战，耶律延禧突然得知御营副都统耶律章奴发动叛乱，阴谋拥立耶律淳为皇帝，于是赶紧下令撤军平叛。完颜阿骨打抓住机会，全线出击，猛追猛打，终于在护步答冈（今黑龙江五常西）追上辽军主力。金军与辽军短兵相接，左右包抄，大败辽军，缴获大量战利品。

面对金军的步步紧逼，耶律延禧决定同完颜阿骨打进行和谈，但他拒绝了完颜阿骨打要求册封其国号“大金”的请求，而只肯封其国为“东怀国”，册封仪式也只按照对待诸侯的礼节，完颜阿骨打愤而没有接受辽国的册书。与此同时，耶律章奴在上京（今内蒙古巴林左旗东南）发动的叛乱也被迅速平定，但这场叛乱却在无形中加深了辽国统治集团内部的裂隙。

公元 1116 年闰正月，渤海人高永昌占据辽国东京（今辽宁辽阳），宣布反辽，自称大渤海国皇帝。耶律延禧派兵镇压，高永昌向完颜阿骨打求救，表示愿意和金国一道瓜分辽国。完颜阿骨打以增援名义，派部将完颜斡鲁古占领辽国东京地区后，便停止了和辽军作战，放任辽军和渤海军厮杀，以收渔利。

二月，宋国熙河经略使刘法率军进攻仁多泉城（今青海门源东南），李乾顺命令西夏晋王李察哥率军救援，但李察哥因忌惮刘法的威名，按兵不动，最终仁多泉城被宋军攻陷，降兵三千人被杀。

四月，完颜阿骨打命令高永昌取消帝号，高永昌没有应允。当渤海军击败前来进剿的两万辽军，抵达沈州（今辽宁沈阳）时，完颜斡鲁古突然发兵袭占了沈州城，而后猛攻早已疲劳的渤海军。金军一路追杀，将渤海军围困在了辽阳（今属辽宁）。高永昌率领三千残兵突围到长松岛（今辽宁瓦房店西），不久兵败被杀，于是整个辽东半岛都被金军占领。战后完颜阿骨打一边休整军队，一边派遣使者同辽国往来议和。

辽失半壁江山　宋平宋江方腊

公元 1119 年三月，童贯命令刘法率兵攻打西夏战略重地统安城（今青海互助北）。刘法认为西夏兵威尚在，不愿冒险进兵，不过还是被童贯威逼出征。李乾顺进行全国动员，集结重兵，任命李察哥为统帅，前往统万城抵御宋军。李察哥料定宋军一定会将精锐部队放在阵前，为避免一开始就被宋军击溃，他将主力分为三阵，轮换着上前交战；同时又派出一支精锐部队绕到宋军后方，突袭宋军的后卫部队。

此战打得十分激烈，西夏军潮水一般涌向宋军，宋军也不甘示弱，双方鏖战十四个小时，宋军终因寡不敌众而落败。刘法趁着夜色撤退，不慎跌落山崖，摔断了腿，最终被西夏军的一个后勤小卒给砍下了脑袋。李察哥乘胜追击，围攻了震武城（今青海门源境内）。在即将攻下城池时，为迟滞宋军，他又主动撤围而走。这一战，宋军累计战死近十万人，李乾顺在有利情况下向宋国提出议和，最终两国达成协议，罢兵休战。

连年战争，冗兵冗官，加之统治阶层耽于奢靡，宋廷财政出现危机。为了弥补亏空，宋国宣布将梁山泊（在今山东梁山、东平及河南台前一带）八百里水域全部收归国有，规定凡是百姓入湖捕鱼、采藕、割蒲都要缴纳重税，有违反的人一律以盗贼论处。生活在附近的农民和渔民的生计受到极大影响，对宋廷的不满日渐积累并最终爆发。

是年十一月，他们在郓州人宋江的组织下，揭竿而起，发动起义。周边百姓得知消息后，纷纷前来投奔。起义消息传到汴京，宋廷起初并未重视，赵佶只下了一份诏书，命令东、西路提刑督促军队前往镇压，以为轻易便能将暴乱平息下去。但由于前来镇压的地方部队久疏战阵，战斗素养并不高，而起义军抵抗意志顽强，他们拿着锄头、镰刀、柴刀，削木为枪，与前来镇压的官军展开了英勇斗争，接连击败官军。

宋江自知不能长期固守一隅，于是便率领人马转战黄河、淮河流域一带，先后攻打了青州（今属山东）、济州（今山东济宁）、濮州、郓州等地州府。起义军每攻下一座州县，便开仓放粮，救济百姓，得到群众拥护。宋江的队伍很快就发展壮大起来，起义军的活动范围也从山东扩大到河北境内数百里。

公元 1120 年，金辽和平谈判破裂，完颜阿骨打率领金军向辽上京进发。金军抵达上京城下，随即发起猛攻，完颜阿骨打亲临前线督战，只花了半天时间就将其攻下。此时，金国已经攻占了辽国一半的疆土。

当时宋国使臣赵良嗣正同金国谈判联盟事宜，得知完颜阿骨打正带兵攻打上京城，他便昼夜兼程，在上京城附近追上了完颜阿骨打。金军攻下上京后，宋金双方经过激烈斡旋，最终达成了南北夹击辽国的协议。为避免前缀“金宋”或“宋金”的分歧，赵良嗣提议，认为盟约是从使者渡海发端，故最终双方约定此盟为“海上之盟”。

国势江河日下，国土大片沦丧，辽国内部许多有志之士对耶律延禧越发感到不满和失望，各种企图废黜耶律延禧的阴谋也在不断酝酿中。与此同时，宋国赵佶、蔡京、童贯等人对百姓贪得无厌地压榨和剥削，使得民众不胜赋役之苦，怨声四起。赵佶喜欢花石竹木，便在江南设立“苏杭应奉局”，派爪牙到东南各地搜掠奇石怪木和奇珍异宝，用大船运向汴京，每十船组成一纲，时称“花石纲”。而应奉局的盘剥豪夺、赋役压榨，最终都转嫁到了出卖劳力度日的贫苦百姓身上。

公元 1120 年十月，青溪县（今浙江淳安西北）漆园主方腊率众在歙县七贤村（今安徽歙县北）发动起义，聚集贫苦农民，捕杀贪官污吏。宋国两浙都监蔡遵、颜坦等率官军五千人前来讨伐。十一月，方腊军在青溪县息坑（今浙江淳安西）设下伏兵大败官军，蔡遵、颜坦均被起义军斩杀。随后方腊攻取青溪，远近农民纷纷响应投奔，起义军很快达到上万人。

十二月，起义军继续进军，先占睦州（今浙江淳安），随后占据寿昌（今属浙江）、分水（今浙江桐庐境内）、桐庐（今属浙江）、遂安（今浙江淳安境内）等地。不久又向西攻下歙州（今安徽歙县、休宁、绩溪一带），打败前来镇压的官军大将郭师中所部，接着向东攻占了富阳（今属浙江）、新城（今浙江富阳境内），并以讨伐主持应奉局的朱勔（miǎn）为口号，直逼宋国花石纲指挥中心所在地杭州（今属浙江）。月底，方腊起义军攻入杭州，杀死两浙路制置使陈建和廉访使赵约。积怨已久的民众在捕杀官吏的同时，还掘了蔡京父祖的坟墓，将骨骸拉出来示众。

起义军的胜利鼓舞了各地百姓的反抗斗志。之后一段时间，苏州（今属江苏）的石生、湖州（今属浙江）的陆行儿、婺州（今浙江金华）的朱言和吴邦、处州（今浙江丽水）的霍成富和陈箍桶等纷纷领导当地农民参加起义。台州（今属浙江）的吕师囊、越州（今浙江绍兴）的仇道人（一作裘日新）、衢州（今属浙江）的郑魔王等人也领导当地摩尼教组织响应方腊，湖州、常州、秀州（今浙江嘉兴）的农民也聚集起来，准备攻打州县。各地农民看见起义军旗帜或听见鼓声就夹道欢迎，参加义军的人更是络绎不绝。没过多久，起义军规模已经达到数十万，威震东南。

方腊起义席卷东南财赋重地，切断了宋国的经济命脉。赵佶一边下令取消供奉局、停运花石纲以平息民怨；另一边又调遣京师禁军和陕西六路蕃、汉军共十五万人，由宦将童贯和谭稹率领，前往镇压平叛。官军兵分两路，分别向杭州和歙州进发。

公元1121年正月，方腊命令部将方七佛率军北上，攻占崇德（今浙江桐乡境内），接着又围攻秀州和湖州。这时东路官军在王禀带领下自北而来。两军遭遇并展开激战，起义军战败，方七佛被迫退回杭州。与此同时，方腊正率领义军主力南下，顺利攻占了婺州和衢州；其他起义军则攻占了宁国（今属安徽），并围困了广德军（今安徽广德）。

起义军主力进攻秀州，但遭到守将王子武带领全城军民拼死抵抗。起义军屡攻不克，士气大挫。这时官军主力又赶到秀州，对起义军发动攻势，起义军大败。二月，官军包围杭州，起义军粮尽援绝，苦战后被迫弃城突围。三月，起义军整顿兵马，再次进攻杭州，又被官军击败。同时，官军将领杨可世、刘镇率军攻陷歙州，王禀率军攻陷睦州。次月，衢州、婺州、青溪等地也相继失陷，方腊带着残部逃入帮源峒（今浙江淳安境内）。不久王禀、刘镇等各路官军追击而来，层层包围帮源峒。官军发起总攻，最终七万多起义军阵亡，方腊及其妻、子、臣属等三十多人被俘，押往汴京后不久即被杀害。

方腊主力失败后，起义军残部继续在浙东地区开展斗争。童贯派出郭仲荀、刘光世、姚平仲等将领继续领兵讨伐。五月，义乌（今属浙江）、寿昌、兰溪（今属浙江）等地起义军相继被官军镇压下去。闰五月，台州仙居境内起义军被姚平仲部斩杀大半，余部转移至黄岩（今属浙江），又遭到折可存部围剿攻杀。七月，起义军首领俞道安率军攻打温州（今属浙江）不克，于是转移到处州境内，两个月后被官军包围在永康（今属浙江）山区并全军覆没。起义军余众的抗争一直持续到次年三月才被完全平定。

这一年稍早些时候，宋江起义军南下攻取淮阳军（今江苏睢宁），而后从沭阳（今属江苏）乘船进攻海州（今江苏连云港）。海州知州探察到宋江军动向，招募上千人组成敢死队，在近城设伏。宋江率部登岸后遭遇伏击，船只也被焚毁，最终兵败被俘，宋江起义军亦告失败。

宋军燕京失利　金宋联手灭辽

公元 1121 年五月，辽军东路都统耶律余睹因受耶律延禧猜忌而率部众归降金国，完颜阿骨打由此进一步了解到辽国内部的空虚，于是决定发起第二次大规模征辽战役。他任命其弟完颜斜也为内外诸军都统，以子侄完颜昱、完颜宗翰、完颜宗干、完颜宗望为副都统，统率大军向辽国进军。

公元 1122 年正月，完颜斜也攻下辽国中京（今内蒙古宁城），继而又占据泽州（今河北平泉），耶律延禧逃往鸳鸯泺（一作鸳鸯泊，今河北张北西北）。完颜斜也和完颜宗翰兵分两路向鸳鸯泺发动进攻，耶律延禧又逃往辽国西京（今山西大同）。四月，金兵追击并攻占西京城，西夏派出的五千援军在得知西京失守后退兵而还。随后金兵陆续招降云内（今内蒙古固阳）、宁边（今内蒙古清水河）、东胜（今内蒙古托克托）等州，耶律延禧逃入阴山（今内蒙古中部）之中。金军大胜，完颜斜也向完颜阿骨打奏捷，金廷设宴大庆。

五月，李乾顺又派遣大将李良辅率兵救援耶律延禧。西夏军先是在天德军（今内蒙古巴彦淖尔境内）击败金军一部，而后又与完颜娄室所部发生激战，最终被完颜娄室与完颜斡鲁古合兵击败。

六月，完颜阿骨打领兵从上京出发追击耶律延禧，侦察到耶律延禧在大渔泺（今内蒙古镶黄旗西南），便亲率一万精兵向此地奔袭。完颜斜也和完颜宗望等率领四千人也马不停蹄，在石辇驿（今山西大同西北）追上耶律延禧，千余名金军先锋旋即和正在修建营垒的三万多辽军士兵爆发激战。

耶律延禧见金兵人少，认为他们一定会失败，便带着妃嫔登上高地观战。这时完颜宗望赶到战场，见状立刻带着骑兵冲向耶律延禧所在高地。耶律延禧大为惊骇，落荒而逃，辽军也迅速被击溃。战后，辽国归化、奉圣（今河北涿鹿）两州相继投降，不久蔚州守将也来归附。

由于战场上消息不通，辽国内部许多大臣都以为耶律延禧已经阵亡或是被俘。为了安定人心，留守燕京地区（今北京）的辽兴军节度使耶律大石拥立耶律淳称帝，历史上称之为北辽。耶律大石分析当时的形势，决定与宋国交好，向金国称臣，以此渡过危机，但宋国君臣认为这是夺回燕云十六州的好机会，不但拒绝讲和，还派出童贯率领十万大军，攻打燕京。

童贯到达雄州后，将宋军分为两路，东路渡白沟河（今河北保定境内）进攻，西路由范村（今河北涿州西南）出击，最终两军会攻燕京。童贯认为，辽国连战连败，已如惊弓之鸟，况且现在金军大兵压境，辽国在南方可调动的兵力一定不多。到了前线之后，侦察到的消息果然印证了童贯的想法，驻守燕京地区的辽军确实兵力有限且士气低落，但他忽略了辽军畏惧金兵，但对宋军的抵抗意志却很顽强。

不久东路军先锋杨可世到达白沟河，耶律大石率军向宋军发起进攻，宋军并未积极应战，而是试图招抚辽军。耶律大石没有理会，宋军被轻易击溃。与此同时，另一路辽军在大将奚回离保的率领下，向驻守范村的辛兴宗西路军发起进攻。辽军来势汹汹，宋军毫无招架之力，同样惨遭失败。

不久，童贯派遣宣抚都统制刘延庆率领十万宋军主力，也挺进到白沟河地区，与辽军对峙。两军先是以弓箭对射，因辽军箭手多是幽州本地人，有射箭传统，所以宋军没能占到便宜。正当两军纠缠时，耶律大石派出精锐骑兵向西机动前进，越过浅滩，成功迂回到宋军两翼。宋军虽然第一时间发现并组织反击，但还是没能抵挡住辽军骑兵的冲击，开始溃退。

宋军回营后，都统制种师道让士兵在军营彻夜敲鼓，以防止辽军偷袭，但第二天一早，还是传来了两翼军营失守的消息。宋军坚守营垒两天，最终下令撤退，全军退保雄州。为确保撤军顺利，种师道让辎重和步兵先行，自己则率领骑兵断后。辽军发现后立刻开始追击，种师道率骑兵抵挡，可刚一接触宋军骑兵就发生溃败，辽军乘势一路追杀宋军到雄州城下，而坐镇雄州的童贯却因害怕辽军杀入而不敢打开城门，致使城外宋军死伤惨重。无奈之下，童贯只好派遣使者去往金军大营，要求金军履行承诺，南下会攻辽军。

七月，宋国以刘延庆为都统制，再次派出二十万大军进攻辽国。在此之前，辽国太尉李处温父子因私下与童贯接触被处死，由于李氏父子的汉人身份，导致辽国朝廷对汉人出现信任危机，他们尤其担心驻守涿州的汉将郭药师所率常胜军发生叛乱，于是暗中谋划消灭他们。常胜军由辽国专门针对女真而招募辽东人组建的“怨军”改名而来。郭药师听闻风声，连忙召集部下，鼓动他们投降宋国，部众都表示赞成。于是郭药师囚禁辽国派来的监军，派遣团练使赵贺寿带领精兵八千、铁骑五百迎接宋军，献出涿州、易州之地投降宋军。

郭药师的投降，使得辽国势力更显颓势。当时北辽皇帝耶律淳已经死去，其妻萧普贤女作为皇太后主持朝政，她派遣使者向宋国奉表称臣。接到辽国奉表后，赵佶觉得收复燕京已经近在眼前，当即敦促刘延庆加速进军。刘延庆采纳郭药师意见，趁北辽大将萧干率领辽军主力屯兵前线之机，派出轻骑突袭燕京，并任命郭药师为先锋，在常胜军安排的内应协助下，宋军先头部队顺利进入燕京城。

但入城宋军并未及时安抚百姓，还下达了屠杀城中契丹人和奚人的命令。宋军纪律紊乱，到处酗酒抢劫，引发燕京民众的强烈不满和反抗，而辽军主力这时也返回救援。宋军苦战三天，大部分战死城内，只有郭药师和杨可世带着数百骑兵逃脱。辽军乘势进攻刘延庆的宋军主力，宋军再次大败而归。

十二月，完颜阿骨打率领完颜宗望、完颜娄室等分别出得胜口和居庸关，向燕京进发，宋军也从燕京南路配合攻击辽国。辽国燕国公左企弓、秦国公虞仲文等人开城降金，至此辽国五座京城全部失陷，辽国政权已经濒临灭亡。完颜阿骨打命令完颜斡鲁古、完颜宗望继续追击耶律延禧，自己则回师北上。

公元 1123 年，金军将燕地的财富、人口掳掠一空，随后按照和宋国的约定，将燕京六州之地交给宋国，实际上只留给宋国几座空城。宋国没有财力犒赏投诚并立下战功的常胜军，便允许他们占据燕京地区无人耕种的土地。

这年四月，金军在居庸关击败并抓获了耶律大石，招降了他的部众，完颜宗望用绳子绑着他为金军带路，袭击了耶律延禧的青冢寨（今内蒙古呼和浩特南）大营。当时耶律延禧人在应州，但包括秦王、许王及后妃、公主、大臣在内的一干人等都被金兵俘虏。得知消息，耶律延禧派兵追击，辽军在白水泺（一作白水泊，今内蒙古黄旗海）与金军交战，被杀得大败，耶律延禧的长子、赵王耶律习泥烈和大将萧道宁都被金军俘获。

耶律延禧派人将象征辽国权柄的兔纽金印送给金军，假意投降，而后逃向云内。五月，李乾顺派遣使者邀请耶律延禧去往西夏避难。与此同时，辽军将领耶律敌烈等人趁着夜色，护着耶律延禧次子、梁王耶律雅里向西北方向逃遁，而后拥立梁王为帝。但耶律雅里的辽国皇帝没做多久，他就于当年十月在游猎时因劳累过度而死。

六月，耶律延禧派使者册封李乾顺为夏国皇帝，并下诏让西夏发兵救援辽国。这时金国的使者也到达西夏，他向李乾顺提出，一旦耶律延禧逃到西夏境内，西夏应当立即将他抓捕并交送金国。如果西夏能够以臣服辽国的姿态臣服金国，那么金国将允诺把辽国西北一带划给给西夏。李乾顺见辽国灭亡已是定局，为保全西夏当前的独立状态，遂答应了金国的要求。

六月中旬，完颜阿骨打病重。到达斡独山驿后，他派人召来其弟完颜吴乞买。八月中旬，完颜阿骨打在回师途中病逝，其弟完颜吴乞买继位，即金太宗。

公元 1124 年正月，耶律延禧逃到了辽国都统马哥军中，金军追击而来，耶律延禧弃营北逃，马哥全军覆没。三月，李乾顺向金国上誓表，表示将依附金国。七月，耶律延禧搜集辽军余部，率军出夹山（今河北遵化境内），攻下渔阳岭（今内蒙古武川东南），而后接连夺取了天德、东胜（今属内蒙古）、宁边、云内等州。在南下武州（今山西五寨）时，辽军与金军遭遇，双方激战，辽军再度被金军击溃，耶律延禧又带领部下逃往山阴（今属山西）。

公元 1125 年，耶律延禧经天德军过沙漠向西逃窜，沿途断水断粮，只能吞咽冰雪解渴止饥。这年二月，他刚逃到应州新城，就被完颜娄室俘获。八月，耶律延禧被押解到上京，被金国降封为海滨王，不久后去世。辽国至此宣告灭亡。

有必要提一下的是，战败的耶律大石于公元 1124 年自立为王。后来他一路向西来到可敦城（位于今蒙古国布尔干省），建立根据地，并于公元 1132 年在叶密里（一作叶密立、也迷里，今新疆额敏）称帝，续用辽的名号建国，此政权史称西辽。公元 1218 年，西辽被大蒙古国所灭。

宋金燕云交恶　金军长驱汴京

宋金两国因共同的对手走到一起，当辽国不再成为威胁，两国间的矛盾也逐渐激化起来，尤其燕京之战中宋军腐败颓废的表现，更为金国所轻视。早在金军刚攻下燕京城时，宋廷就派人前来，要求金国履行“海上之盟”约定，归还燕云十六州地区，但金国却以宋国没能完成攻克燕京的约定为由，不愿归还。

经过双方讨价还价，金国勉强同意将燕京六州之地交割给宋国，但要求宋国除了每年向金国移交原先给辽国的五十万岁币，还需要补交一百万贯作为燕京地区的代税钱。对金国提出的要求，赵佶全盘接受，但他要求将辽国西京大同也交还宋国，金国趁机又向宋国索要了二十万两的犒军费，但还是拒绝交出西京。

当时驻守平州（今河北卢龙）的汉将张觉，原是辽兴军节度副使。在辽末动乱中，他控制了平州地区，而后观察形势，在辽国、金国和宋国之间摇摆反复。金军攻下燕京后，改平州为金国南京。金廷为了稳住张觉，一边给他加官晋爵，另一边却又策划除掉他。

完颜吴乞买继位后，下令将辽国降臣和燕京居民都迁往东北。燕民不愿背井离乡，路过平州时便怂恿张觉叛金投宋。张觉与谋臣李石商议后，便公开与金国决裂，宣布继续尊奉辽国，同时向宋国表达归顺之意。赵佶同意接纳，于是张觉便以平州、营州（今河北昌黎）、滦州（今属河北）三州之地投降宋国。

正当张觉出城接受宋国诏书时，金国耶律宗望率军前来征讨。张觉不敌，仓皇逃入燕山的郭药师军中，其母亲、儿子都被金军俘获。张觉之弟见状遂投降金国，并将赵佶赐给张觉的手书交了出来。金国掌握了证据，于是向宋国索要张觉。

赵佶指示燕山府安抚使王安中不要交人，在金人的责问逼迫下，王安中找了个与张觉样貌相近的人杀死顶替，但被识破。金人大怒，扬言要发兵自取。赵佶害怕金国真的兴师问罪，便下密诏杀死了张觉父子二人，将他们的首级送给了金军。此举令郭药师大失所望，他担忧金国一旦向宋廷索要自己，是否也会被交出去，于是郭药师自此逐渐离心，不愿再为宋廷卖命。

尽管如此，赵佶还是对尚未收回的新州（今河北涿鹿）、妫州（今河北怀来）等九个州念念不忘，于是他任命谭稹为河北、河东、燕山府宣抚使，前往招抚诸州，朔州、应州、蔚州守将先后向宋国投降。当时金国正面临政权交替，而耶律延禧也还没有抓到，金国便同意将武州和朔州交还给宋国。等金国缓过劲来，便借口宋国未兑现承诺的军粮，攻下了宋军控制的蔚州，宋金之间的全面战争一触即发。

公元 1125 年十月，随着南方暑热消退，天气逐渐转凉，完颜吴乞买以宋国违反盟约招降纳叛，且在燕京地区屯兵操练为由，下诏讨伐宋国。完颜吴乞买任命弟弟完颜斜也为都元帅，率两路大军南下：西路由左副元帅完颜宗翰率领，从云中攻太原；东路由副元帅完颜宗望率领，从平州攻燕山府（今北京）。

十一月下旬，东路金军开始凌厉攻势，只花了十多天，便抵达燕京城郊，沿途的宋国将领官吏或是投降，或是弃城而逃。面对金军大兵压境，燕山知府蔡靖拿出金银丝绸犒赏常胜军，希望他们能慷慨出击、以身许国。十二月初，郭药师率领四万五千名常胜军出城御敌。他们来到城北六十里的白河，准备趁夜渡河与金兵作战。金兵发觉后，立即组织反击。郭药师布置步兵背水列阵，自己则带领骑兵迂回包抄金军大营，一度动摇金军阵线，但最终还是不敌金军，溃败而走。

郭药师本就无意为保卫宋国拼光自己麾下兵力，这次战败又导致部分将士心生不满、蠢蠢欲动。权衡之下，郭药师决定绑了主战的蔡靖和吕颐浩，带着数万人马和众多钱粮，献城投降金军。金军以常胜军骑兵为向导，绕开了防御森严的保州和中山（今河北定州）等城池，避实就虚，一路攻城略地，劫掠了许多粮草和军资，并到达邢州，这里距离宋国首都汴京只有十多天路程。

完颜宗翰率领的西路军于十二月中旬攻破石岭关，不久来到太原城下。麟府路的折可求、鄜延路的刘光世带领四万陕军救援太原，在汾河北岸被金军击败，损失上万人。金军猛攻太原城，遭到守城军民的顽强抵抗。当时城内只有王禀率领的三千胜捷军（童贯所创设的亲兵），但抵抗意志却很顽强，牢牢拖住了金国西路军前进的步伐。

得知金国大军袭来，赵佶大为恐慌，他一边下罪己诏安抚人心，号召陕西、河南等地宋军入京勤王；另一边又收拾细软、打点行装，准备南下避难。为了逃避亡国之君的恶名，他决定效仿唐玄宗，让太子赵桓登基监国。赵桓自知无法担当重任，多次推辞，但最终还是被强行推上了皇帝位，并奉赵佶为太上皇。

公元1126年正月，赵桓正式登基为帝，即宋钦宗。即位后，他立刻加紧布置京城周边防务，派兵加强了黄河北岸浚州（今河南浚县）的守备，还派出两万人马驻守黄河南岸。金军占领相州，向浚州进军。驻守浚州的七千守军久疏战阵、畏敌如虎，一听金军先锋到达，当即弃城，搭建浮桥逃往黄河南岸。当常胜军两千骑兵杀到时，已经过河的人马不顾友军死活，立刻烧毁浮桥，没来得及过河的数千宋军全军覆没。

守卫黄河南岸的两万宋军听说金军过河的消息，也不战而溃。金军找了几十条小船，前后花了五天时间将所有骑兵运过黄河，期间竟然没有受到任何阻挠。听说黄河防线失守，赵佶不顾禁军阻拦和群臣劝阻，以巡行东南的名义，带着皇亲国戚们一路南逃，只花了十二天时间，便赶到了镇江府（今江苏镇江）。他还将娇生惯养、不堪颠簸的皇子、公主们都留在了沿途州县。

赵佶南逃后，汴京城中一片慌乱，人心浮动。正月初七，金国五万大军便兵临城下。处于慌乱之中的宋军没来得及坚壁清野，导致城西北天驷监中囤积的大量粮草和两万匹战马落入金军手中，帮助金军解决了入秋以来粮草匮乏的困境。新即位的宋钦宗也打算向西出逃，但被主战的兵部侍郎李纲及时阻止，这才没有造成更大混乱。赵桓遂任命李纲为尚书右丞，负责京师防卫。

在李纲指挥下，宋军开始有序组织防御，他调配兵马，指挥士兵修缮城楼、增设兵器。正月七日晚，金军以纵火船攻击西水门，发起试探性进攻，但被宋军击败。李纲派勇士绑着绳索下城夜袭金军，杀死金兵上百人。次日，金人假意提出和谈，又派兵发动突袭，攻打通天门和景阳门，甚至一度越过了护城河，但被李纲安排的神臂弓手击退。金军接着又攻打陈桥门和卫州门，均被宋军打退，金军损失上千人。

宋钦宗派出使者去往金营议和，金军提出条件，要求宋国赔偿金军黄金五百万两、白银五千万两、牛马一万头、绸缎一百万匹，宋国皇帝尊称金国皇帝为伯父，割让太原、中山与河间（今属河北）三镇，并派遣宰相、亲王到金营为人质。

城内许多皇族、官员、内侍和宦官，都希望以委曲求全的方式劝退金军。短短两天时间里，他们竟然筹集了二十万两黄金、四百万两白银，并表示愿意割让北方边境土地以换取金军退兵。李纲虽然竭力阻止，但宋钦宗还是决定同意金军要求，并派康王赵构作为人质，以图达成和议。

不久，来自河南、陕西及东南各地的勤王援军冒着风雪，陆续向汴京靠拢过来。援军号称二十万，一度震慑住了金军。为维持住军民士气，名将种师道派勇士出城捉拿了三个金兵，将两人斩首后开膛破肚，发现金人腹中只有黑豆和稻壳，以此证明金军补给已经难以为继。

得知消息，宋钦宗一时信心大增，于是督促宋军发起反击。宋军策划劫营，但因组织不严密，走漏风声，导致出城杀敌的姚平仲部一万精锐陕兵遭到金兵重兵合围，全军覆没。这下又令宋钦宗惊慌不已，他赶紧下令罢免种师道和李纲，同时答应金军提出的割地赔款条件，以向金军示好，但在京城太学生和百姓的民愤压力下，宋钦宗很快又恢复了两人的职务。

二月，金军因作战疲敝、粮饷不继，加之外围宋军虎视眈眈，最终决定撤围北还。金军北上过程中一路抢掠，沿途州县军民奋力抵抗，身后还有十万宋军一路尾随，迫使完颜宗望放弃了攻取河北地区的企图。西路的完颜宗翰留下部将完颜银可术带领部分人马继续围攻太原城，自己则带着主力拔营返回大同。金军退兵后，宋钦宗派李纲去迎接赵佶回到汴京。

宋军太原战败　罹遭靖康之耻

公元 1126 年三月，李乾顺趁着金军大举进攻宋国的机会，派兵将宋军在双方边境上修筑的城堡陆续夺占，而后出兵占领了天德军、云内、武州等地，以及宋国边境震武城。

其后，西夏军又继续攻占了西安州（今宁夏海原）、麟州建宁寨（今陕西神木境内）、怀德军（今宁夏固原）、天都寨（今宁夏海原境内）等地，还派兵包围了兰州（今属甘肃），大肆劫掠一番后退兵。不久完颜宗弼派金军强占了天德军、云内，李乾顺派出使者向金国提出质询。

宋国答应割让太原、中山与河间三镇，作为换取金军退兵的条件，但遭到了三镇的强烈抵制，宋钦宗派出使者前往三镇宣读诏书，但军民拒绝奉诏，继续据城同金军血战。

完颜宗翰北归后，完颜银可术陆续扫平了太原外围的城镇和据点，先后攻下文水、祁县（均今属山西）、太谷等地，并且打败了前来救援的宋将樊夔、施诜（shēn）和高丰率领的部队。金军在太原城外构筑了重重工事，断绝了城内外的联系。

金军主力退兵后，在请战派的劝说和朝野舆论压力下，宋钦宗认识到三镇的重要性，于是命令宋军力保三镇。

五月，宋钦宗集结禁军北上救援太原。大将种师中率领一路宋军从井陉

（今属河北）西进；姚古和张灏则各领一路宋军，分别从长治（今属山西）和汾州北上。朝廷要求三军互为犄角，共解太原之围。

种师中一路进军，攻克平定军（今山西平定），继而又收复寿阳（今属山西）、榆次（今属山西）等地。但由于策应的姚古和张灏没有及时跟上，为避免孤军深入，种师中只得先率部驻守定州。此时完颜宗翰正屯驻云州，他命令部下就近放牧，却被宋国谍报人员误以为是要撤兵，于是宋廷赶紧敦促种师中进军，甚至责备他畏敌不前。无奈之下，种师中只得留下辎重，带领宋军轻装出击。

种师中行军至寿阳石坑（今山西寿阳东），遭到金军主力袭击。宋军拼死抵抗，先胜后败。种师中率部撤退到杀熊岭（今山西寿阳西南），这时手下将士已经饥饿难忍、疲惫不堪。金军继续追击而来，发动猛攻，宋军抵挡不住，再遭大败。种师中率领中军死战不退，中军溃散后，他又率领身边剩下的一百多名将士继续和金军顽强战斗，最终身负多处重伤，战死沙场。

前期宋军姚古部进展顺利，陆续收复隆德（今山西长治境内）、威胜（今山西沁源）两地，但手下的熙河都统制焦安节在尚未摸清敌情的情况下，就假传金军主力袭来的消息，导致姚古不敢再进军，贻误了战机。等到种师中战败，金军集中兵力进攻姚古，在盘陀（今山西祁县东南）大败姚古所部，而后又在交城（今属山西）击溃了张灏部。

六月，不甘失败的宋钦宗又命令李纲出任河北、河东路宣抚使，组织救援太原，但他又不能完全信任李纲。当时李纲手中可调动的兵马只有一万多人，他申请调拨银一百万两、绢百万匹的军需物资，结果只得到二十万两匹。他在京城征调战马的行为被朝廷叫停，甚至在地方征召的部队也被遣散。宋钦宗催促李纲率兵出战，李纲想让部队进行必要的休整和训练，却被宋钦宗斥责抗命，只好匆匆开拔北上。

宋国当时除了调遣李纲率部队北上，还同时征调威胜军（今山西沁县境内）的解潜部，辽州的刘韐（gé）部，文水的折可求、张思政部及南、北关（南关在今山西灵石，北关在今山西祁县）的范琼部，计划以绝对优势兵力围歼完颜银可术。李纲上书请求统一前线部队指挥，却遭到宋钦宗拒绝。身为宣抚使的李纲只有节制诸军的名义，各路宋军的实际行动还是要听从远在京城的宋钦宗指挥。

完颜银可术面对一盘散沙的宋军指挥若定，他充分利用宋军调度不畅的弱点，集中主力，采取逐个击破战术，将各路宋军先后打败，宋军损失数万人，这次救援太原也宣告失败。两次战役不仅使宋国损失了大量野战兵力，还极大挫伤了宋国军民的士气，让金国看到了征服宋国的可能。

金国派遣萧仲恭出使宋国，任命耶律余睹做了元帅右都监。宋钦宗认为这两人都是辽国旧臣，便有意策反。他让萧仲恭带着密信转交给耶律余睹，孰料萧仲恭为向金国表示忠诚，回朝后便将宋钦宗的密信上交金廷。

八月，完颜吴乞买再次调兵遣将讨伐宋国。金军延续上次两路进攻的策略，由完颜宗翰带领完颜娄室、完颜希尹等西路军从西京进军太原；完颜宗望率领东路军进军燕山。完颜娄室作为西路军先锋，率军夺取马邑（今山西朔州），击败宋军于雁门（今山西代县境内），代州守将李嗣本、忻州知府贺权、石岭关守将耿守忠先后献城投降金军。完颜娄室与完颜银可术在太原城下会合。

东路金军在完颜宗望的带领下从保州出发，先后在雄州、中山、广信（今河北徐水）击败宋军。宋国将领种师闵率军四万驻守井陉，也被金军杀得大败。而后金军折兵向东，攻克了真定（今河北正定）。

九月，粮尽援绝、坚守了二百五十多天的太原城，在完颜银可术和前来支援的完颜娄室共同猛攻下失陷。守将王禀带领残余的宋军坚持巷战，而后背着太原祠庙中供奉的赵光义画像突围出城，金军奋力追击。最终，身披重创的王禀投汾河自尽。为泄苦战之愤，金军屠城报复。

十一月，金国一边以和谈麻痹宋国，另一边又加紧进军。西路金军按计划攻克了洛阳，封堵了潼关（今属陕西），堵塞了陕西宋军东进的通道，而后继续南下。东路金军则从真定出击，相继攻克魏县、大名（今属河北）、德清军、开德府（今河南濮阳）、胙（zuò）城（今河南延津）。金军先锋直抵汴京，沿途仅仅采取击鼓恫吓的方式，就赶跑了大批士气低落的宋军官兵。月底，两路金军在汴京城外会合，完成对汴京的合围。

当时汴京城中还有七万宋军，但由于连战连败，加之朝中主战派相继被杀死或流放，导致守军士气十分低落。由于上次汴京解围后，挨饿受冻的各地勤王兵被宋钦宗下令解散，各地出兵救援京师的意愿大打折扣。加之陕西援军被潼关阻截，这次赶来支援的勤王军队寥寥无几。兵部尚书孙傅在近卫中寻访到一名叫郭京的神棍。郭京自称会法术，只要根据生辰八字招募一支七千七百七十七人的部队，就能击退金兵，擒获酋首。宋钦宗等人对此深信不疑，放任他招募兵士、指挥作战。

十二月下旬，金军率先发起对通津门、宣化门的攻击，宋军作战不利。郭京下令打开宣化门，全部守军出城作战，自己则和守将张叔夜在城楼观战。结果出城的宋军受到金军猛烈攻击，死伤大半，余部逃回城内。郭京提议自己下城作法，结果一出城就带着部众向南逃跑，宣化门几无守备，很快被金军攻上城墙。尽管张叔夜等人拼死抵抗，但汴京外城还是很快被金军攻陷。宋钦宗赶紧派遣康王赵构去金营谈判求和。

闰十一月初，金军开始攻打汴京内城。当时雨雪交加，形势危急，宋钦宗穿上铠甲，亲自登城巡视作战，以激励士气。但天寒地冻、缺衣少食，加之金军攻势猛烈，宋军士气早已涣散，没抵抗多久，三万禁军将士已经逃亡大半，宋钦宗对此束手无策。攻下外城后，完颜宗翰和完颜宗望却并不急于进攻内城。他们占据外城四面城墙，不断进行佯攻恫吓，并假意提出要与宋廷和谈，要求必须由太上皇赵佶亲自前来谈判。

赵佶没有这份胆量，宋钦宗只好以其受惊过度、疾病缠身为由，自己前往金营。他到达后，金军统帅并不接见，而是向他索要降表。宋钦宗无奈，只好命人写降表献给金军。金军举行了隆重的受降仪式，对宋钦宗等人百般羞辱，心满意足后才放他离开。宋钦宗见到迎接自己的官吏和百姓，号啕大哭。他刚回到朝廷，金人就来索要一千万两黄金、两千万两白银、一千万匹锦帛。宋廷根本无法凑齐，但还是想方设法努力筹措。

金军仍不满足，他们以纵兵入城抢劫作为威胁，传唤并囚禁了宋钦宗，声明何时凑齐金银布帛，何时将他放还。宋廷更加卖力搜刮，导致城中民不聊生、饿殍遍野。即便如此，距离金军要求还是差距悬殊。金人又勒索其他物件折算金银，礼器、乐器、典籍，甚至工匠、妇女都在其列。尽管宋廷一再讨好金军，但灭宋仍是金国的既定方针。金军先是废黜宋钦宗，继而又逼迫太上皇赵佶来到金营。

等到整个汴京已经被搜刮得榨无可榨，为避免被宋军截断退路，公元1127年三月下旬，金军挟持着徽钦二帝，以及其他赵氏皇族、后宫妃嫔、朝廷大臣三千多人北上金国，同时带上了搜掠而来的大量金银财宝、古董文物、图册典籍等。一同被掳掠北上的还有教坊乐工、技术工匠数千人，以及百姓男女不下十万人。此事件史称“靖康之变”，北宋灭亡。

山雨欲来

南宋偏安与中原战事之得失（公元 1126 年—公元 1149 年）

金军攻掠中原　宋帝渡江南逃

金军第二次南下之际，宋国康王赵构奉命出使金营，中途折返停留在了相州。不久汴京被围，赵桓命人带着诏书，任命赵构为河北兵马大元帅，中山知府陈亨伯为元帅，宋将汪伯彦、宗泽为副元帅，要求他们抓紧带兵救援汴京。公元1126年十二月初，赵构在相州建立大元帅府，招兵买马，手下很快聚集起上万人。

此时汴京城已被攻破，徽钦二帝被俘，宋钦宗暗中再派使者到来，要求赵构全力发动河北地区的宋军南下救援，赵构却带着兵马移防到了大名府。这时，宗泽率领着两千士兵到达帅府，而后各路宋军也纷纷前来投奔。宗泽提议把军队开往黄河要地澶渊，阻断金军的退路，但赵构和汪伯彦却害怕与金军交战。他们先是逗留不前，而后又撤退到山东境内。同时为了掩护赵构逃跑，大元帅府命令宗泽带兵去往澶渊，制造赵构还在军中的假象，同时也将这位坚决主战的老将排除在决策层之外。

公元1127年正月，赵构达到东平（今属山东），高阳关路安抚使黄潜善、总管杨惟忠也率领数千兵马投奔而来。黄潜善是力主向金人妥协的投降派，他与汪伯彦一起为赵构策划南逃。二月下旬，赵构退到济州，各路宋军和义军继续不断投奔，其中有东道副总管朱胜非、宣抚司统制韩世忠、侍卫马军都虞候刘光世等。

这时赵构的大元帅府兵力已经达到数十万，号称百万，可谓兵强马壮，分布在济州、濮州等地，完全有能力与金军一战。但在汪伯彦、黄潜善等人的教唆下，赵构无视父兄被俘、百姓被蹂躏的悲惨现状，依然不愿发兵救援，还试图继续南逃。

同月，宗泽率军到达开德府。其与金军连续打了十三仗，连战连捷。他写信给北道总管赵野、河东北路宣抚使范讷、兴仁府知府曾楙（mào），邀请他们合兵救援汴京，但没有得到响应。于是宗泽孤军南下，在濮阳连续击败金军，又进军卫南（今河南滑县东），与金兵接战，部将王孝忠力战而死。宗泽渡过大沟河发动袭击，再次打败金军。这一系列胜利成为当时宋国为数不多的亮眼战绩。

三月下旬，金军挟持宋国众多皇室成员北上，其中也包括赵构的母亲、妻子和几个女儿。赵构得知消息后痛哭不已，不知所措，随后向各地宋军通传檄文，要求共同勤王。金军撤退时，要求宋臣张邦昌出任傀儡皇帝。张邦昌百般推辞，甚至以自杀相抵抗，但最后金军以屠城为要挟，强令张邦昌登基，建立了伪楚政权。当时没有被俘的皇室近支除了赵构，就剩宋哲宗赵煦的废后孟氏了。于是金军撤走后，张邦昌赶紧找到孟氏，尊她为太后，而后又派人去济州寻找赵构。

同月，金国与西夏划定疆界，金国把陕西北部上千里土地划给了西夏，以此作为金军占据天德、云内等州的补偿。

四月，张邦昌派遣翰林学士谢克家将宋国玉玺送给赵构，赵构接受玉玺，但不肯回汴京。张邦昌诚恳邀请孟太后垂帘听政，自己则退居左相。同月中旬，张邦昌以孟太后名义昭告天下，命赵构继承宋国大统。赵构收到诏书后，百官劝进，但他拒绝即位，并继续向南退却，不久到达南京应天府（今河南商丘）。第二天，张邦昌来到应天府请罪。赵构最终接受劝进，于五月初即位，即宋高宗。不久后，张邦昌因被告发僭越期间同赵佶嫔妃有暧昧关系，被赵构赐死。

登基之后，赵构表面上重用李纲、宗泽等主战派将领，但私下还是听从汪伯彦、黄潜善等人的意见，打算以巡幸东南的名义继续南逃，以逃避金军随时可能发动的南侵。李纲得知消息后反复劝阻，但终究没能改变赵构的心意，李纲也被迫辞去左相（尚书左仆射兼门下侍郎）职务。十月初，赵构离开应天府，顺运河南下。但因东南一带正值变乱，各地义军、盗匪横行，他只得先停留在长江北岸的扬州。留守汴京的宗泽一面积极联合河北地区的义军抗击金军，一面又请求赵构返回京城，但赵构始终不为所动。

赵构登基、伪楚灭亡，以及张邦昌的被杀，都让完颜吴乞买大为光火。而宋国还违背割让河北、河东两路州县给金国的承诺，调兵遣将企图收复两河地区，更令完颜吴乞买不能忍受。于是在稍做休整后，当年年底，完颜吴乞买再度下令进攻宋国。他命令完颜娄室率领西路军进攻陕西；完颜宗辅率领东路军进攻山东；完颜宗翰的中路军实施主要突击，南下进攻宋国腹地。

公元 1128 年二月，金国东路军陆续攻陷潍州（今山东潍坊）、青州等地。西路军相继攻破京兆府（今陕西西安）、凤翔府等地，但在出大庆关（今陕西大荔东）向泾原路进攻时，于青溪岭（今甘肃泾川西南）被宋将吴玠所阻。中路军则自河阳（今河南孟州南）渡过黄河后，直奔汴京，同时还分兵攻取京西南路（今湖北襄阳）。金军在不到三个月的时间里，便打下了西自秦州、东至青州一带的众多州县。但由于东京留守宗泽在汴京的顽强抵抗，这才让金军三路并进的企图没能实现，不久各路金军相继退兵。

金军意识到后方不稳所造成的困难影响，回师之后立刻对黄河以北的宋军和抗金义军展开清剿。七月，老将宗泽因力主过黄河抗金不成，忧愤而死，临死前还口中还念叨着："过河！过河！过河！"宗泽之死极大挫败了各地军民的抗金士气，金军趁机再次南下。完颜娄室仍率西路军进攻陕西，牵制川陕宋军，完颜宗翰和完颜宗辅则在黎阳津（今河南浚县东南）合兵组成东路军，南下江淮一带对宋军部队展开进攻。

完颜宗翰率领的东路军相继攻克澶州、相州等州郡，接替宗泽的东京留守杜充无力抵御金军，于是采取决开黄河的方式加以阻滞，此举给百姓造成严重灾难，却未能挡住金军，金军转而从山东继续南下。九月，西夏出兵，相继攻占了宋国定边军（今陕西吴起、甘肃庆阳一带）和德静寨（今陕西志丹境内）。

公元 1129 年正月下旬，徐州（今属江苏）被攻占。金军继续南下，在沭阳击败韩世忠部并渡过淮河。二月初，金军攻破楚州，攻陷天长军（今安徽天长），向扬州直扑而来。赵构听说后大为惊骇，没来得及和旁人商量，便带了侍卫的御营司使都统制王渊和宦官康履等五六人，披甲乘马向着瓜洲（今江苏扬州南）出逃，最后乘坐一艘小船，渡江奔逃到了镇江府。后来在王渊建议下，赵构又继续向南逃到了杭州。

此时，扬州城中的官吏百姓争相夺门而出，自相践踏。不多久，金军的先头部队赶到扬州。他们大肆屠杀抢掠，一时间，扬州城内哀鸿遍野、血流成河，宋国囤积在此的国库积蓄、官府图册，甚至御用仪物也全部丢失。二月下旬，金军浩浩荡荡将所掠夺的资财运回北方。三月，金军西路军相继攻破延安府（今陕西延安）、晋宁军（今陕西佳县）、麟州等地。

与此同时，完颜宗辅和完颜昌占领了山东大部分州郡。为了求得金人宽恕，赵构下诏录用张邦昌亲属，而后派人带着张邦昌与金国约和的文书去往金营，再次向金人求和。

平定苗刘之变　金军长江受阻

公元1129年三月，赵构等人到达杭州尚未稳定下来，因不满权臣王渊和宦官们的误国腐败、作威作福，负责护卫赵构安全的扈从统制苗傅和威州刺史刘正彦发动兵变。苗傅和刘正彦在城北桥下埋下伏兵，等王渊退朝路过时，将其拖下马，指控他勾结宦官谋反，而后将他杀死。两人率军包围行宫，一面分兵捕杀宦官康履等人，一面以赵构得位不正为由，逼迫赵构传位于三岁的皇子赵旉（fū），由隆祐太后（即孟太后，此时已南渡至杭州）垂帘听政。

获悉兵变消息后，宋将韩世忠、张俊、刘光世、张浚等人联名发布檄文，宣布率军讨伐苗傅和刘正彦。苗、刘听说后大为惊恐，被迫接受宰相朱胜非等人提议，率百官奏请赵构复位。四月，赵构复位。他故意任命苗傅为淮西制置使、刘正彦为副使，将他们引出朝廷。因担心遭到清算，苗傅和刘正彦向赵构求取免死铁券，赵构知道他们学识不丰，在铁券上写明"除大逆不道外，其余之罪皆可赦免"，两人没有察觉自己犯下的就是大逆不道之罪，自以为得到安全保障。

当天，勤王军队到达苗刘军驻守的临平（今属浙江）。宋将陈思恭率军与苗刘军展开激战，大破苗刘部将苗翊和马柔吉，苗傅和刘正彦率领麾下精锐两千人出逃杭州。叛军在南下逃亡过程中，攻掠了很多州县。不久，刘正彦在浦城（今属福建）向官军进攻时，被赶来的韩世忠击败并擒获。苗傅则变更姓名，在逃往建阳（今属福建）时，被当地豪强詹标发现并抓获，也被押送给了韩世忠。不久，两人被以磔刑处死。

宋廷在杭州稍安后，赵构升杭州为临安府，作为行在。他决定放弃淮河一线，依托长江天险固守半壁江山。十月，金国趁着宋军长江防线尚未稳固之际，在完颜宗弼的统率下，兵分三路渡过长江发起进攻。金国西路军从黄州（今湖北黄冈）渡江，进攻洪州，接着在江西、湖北和湖南等地大肆劫掠后撤退。

完颜宗弼率领东路军先是攻陷了寿州，十一月又攻下庐州（今安徽合肥）、和州（今安徽和县），准备渡江南进，结果在渡口遭到太平州（今安徽当涂）知州郭伟顽强阻击。金军打了三天也未能攻克渡口，只好转由马家渡（今安徽马鞍山东北）渡江。金军过江之后，镇守建康（今江苏南京）的杜充望风而逃，金军不费吹灰之力攻下建康，而后连续攻取广德军、湖州，进军到宋国都城临安城下。

赵构此时已不在临安。苗、刘兵变后他将行在北迁至建康，四个月后听说金兵来袭，赶紧南下至临安，却不下船，大臣有事便上船议事，不久便从临安出逃到越州，一个多月后又到了明州（今浙江宁波）。完颜宗弼攻下临安后，便坐镇临安，派部将斜卯阿里、乌延蒲卢浑等率四千精兵追击赵构，又派讹鲁补等人攻克了越州。金军追兵接连击败沿途宋军，进逼明州，此时赵构已登船逃往海上。金军随后攻占了明州城。阿里、蒲卢浑等人乘船进攻昌国（今浙江舟山），俘获了明州知州赵伯谔。得知赵构已经取道温州逃往福州（今属福建），他们遂再度乘船追击，中途遭到宋军水师顽强阻击，不得已退兵而还。

公元 1130 年二月，完颜宗弼担心长时间孤军深入，有腹背受敌的危险，又听说宋国水军在镇江大规模集结，害怕退路被截断，于是纵火将临安城焚毁，带着从江南各地劫掠的财物，沿运河北上，沿途继续烧杀抢掠。三月，完颜宗弼率军到达镇江，但宋国大将韩世忠已经抢占先机，控制了金山、焦山（均在今江苏、镇江境内）等有利地带，严密封锁了沿江渡口，并利用破船堵塞运河入江口。战前韩世忠判断金军一定会派人到入江口附近的金山（一作银山）龙王庙侦察，便预先布置了伏兵。完颜宗弼果然亲自带人侦察，宋军发动突袭，险些将完颜宗弼擒杀。

金军在驻地附近搜掠了大量民船，想要强行突破宋军水上防线。双方舟师在金山脚下展开激战，因宋军战船高大，金军水兵很快被冲击得七零八落，大败而回。完颜宗弼派出使者向韩世忠表示，愿意送还掠夺的人畜财物，请求借道渡江北还，遭到韩世忠严词拒绝。韩世忠一面派兵堵截北岸，一面派出小股水军，将金军驱赶到黄天荡（今江苏南京东北）。黄天荡是个死水港，河道狭小、淤泥厚积，完颜宗弼的船队大多抛锚不能动弹。韩世忠又派兵封锁了黄天荡进入长江的唯一水道。

金军左监军完颜昌为了接应完颜宗弼北上，派遣部下移剌古率军从天长南下。移剌古军围攻扬州，但被守军击退，沿江转进真州（今江苏仪征），又因宋国水军的阻扼，还是没法接应完颜宗弼。

四月，完颜宗弼采纳当地乡民建议，命金军利用老鹳河故道，连夜开挖沟渠三十多里，顺利返回长江江面。韩世忠发觉后，立刻率水军西进堵截，在建康以北的长江中扼守。完颜宗弼见突破无望，遂重金寻求破解之法，得到献策——以舟中填土、舟上铺木板、舟两侧置桨等措施加强了水军机动性，同时还赶制了大量火箭。完颜宗弼命令兵士在建康西南白鹭洲开掘新渠，趁宋军不备，率船队迂回到了宋军上游。

次日天晴无风，宋军海船船身庞大，难以行驶，完颜宗弼以小船载着善于射箭的士兵靠近宋军船队，用火箭射宋军船篷，火势蔓延，宋军水师迅速大乱、溃不成军，金军乘势追杀七十多里。长芦（今江苏六合西南）僧人普伦等听说韩世忠战败，率乡民千余人前来接应，掩护宋军退到瓜步（今江苏六合东南）登岸，而后宋军返回镇江。解除宋军水师威胁后，完颜宗弼率军返回建康。

金军由临安北上时，宋将岳飞从宜兴（今属江苏）率部赶来截击。岳飞四战连捷，给金军的后卫部队造成不小困扰和损失。岳飞军一路尾随金军进入镇江府，而后得到诏命，配合韩世忠打击金军，伺机收复建康。当完颜宗弼与韩世忠在黄天荡激战时，岳飞在建康城南三十里的清水亭发动进攻，大败金军。五月初，岳飞军进抵建康南面的牛头山（今牛首山）扎营，并在夜间组织上百人的敢死队偷袭金军大营，金军死伤惨重。

完颜宗弼连续遭受宋军打击，决定放弃建康。他先派兵在城中大肆劫掠和破坏，纵火焚城，而后从靖安镇（今江苏南京西北）渡江北上六合。岳飞率领三百骑兵、两千步兵冲下牛头山，大破金军，进占新城（今江苏南京西南），接着又追击到靖安镇，将还没来得及渡江的金军全部消灭，建康被宋军收复。建康之战历时半个月，岳飞部消灭金军上千人，俘虏的金军千户以上军官就有二十多人，这是岳飞军的首次大捷。

因完颜宗弼渡江攻宋受挫，七月，完颜吴乞买放弃了再次组织兵力南下的计划，而是根据完颜宗翰的建议，在中原扶持宋国降臣刘豫建立了伪齐政权，让其接管了淮东（今江苏北部、安徽东部一带）、淮西和京西路（今河南至湖北北部地区）三个进攻宋国的战场，在宋金之间建立起战略缓冲带。同时，他下令调集主力西进，将主攻方向调整为川陕地区，意图剪除宋国侧翼，控制长江上游，包抄消灭宋国。

当时逃亡到越州的赵构并不知道金军动向，他害怕金军趁着秋后时节再次南下，于是命令川陕宣抚使张浚在陕西对金军发动攻势，以牵制金军兵力。接到诏令后，抗金意志坚决的张浚当即调兵遣将、调整部署。他自己献出黄金万两，同时预支了川陕地区的五年赋税，集中了大量金钱、粮草，决心向金军发动反攻。

宋金激战川陕　伪齐举兵南犯

公元1130年八月，张浚发布攻金檄文，命令环庆经略使赵哲率军收复鳞州、延州，永兴军（今陕西西安）经略使吴玠收复永兴军。宋军接连取得胜利，陕西地区的其他州县也纷纷归附宋军。驻守陕西的完颜娄室抵挡不住，于是派人向完颜吴乞买求援。完颜吴乞买任命完颜宗辅为陕西主将，完颜娄室和完颜宗弼为副将，迎击宋军、攻夺陕西。完颜宗弼大军入陕后，进驻下邽（今陕西渭南境内）。

得知金军主力到来的消息，张浚觉得决战的时机已经成熟，于是召集熙河、泾原、秦凤、永兴军和环庆五路兵马，共计骑兵六万、步兵十二万，号称四十万大军，进驻富平，两军相距约八十里。当时完颜娄室所部尚未到达，宋军将领建议趁尚未会合之际，发起进攻，逐个击破，但张浚自认为兵力雄厚、稳操胜券，否决了这一提议，执意向金军下战书约定时间会战。

完颜宗弼接到战书后，故意示弱，拖延时间不作答复，等到完颜娄室赶来会合后，金军也仍旧坚守壁垒，不肯出战。张浚误以为金军怯战，于是更加狂妄傲慢。当时宋军扎营在一片芦苇丛生的沼泽附近，运送辎重的乡民就在宋军外围布设营寨，其他将领提出应当移据高地以遏制骑兵，也被张浚否决。

九月下旬，熙河路经略使刘锡派出千余人向金军发起试探性进攻，但被完颜娄室设伏歼灭。而后金军勇将完颜折合率领三千精锐骑兵，用土袋在芦苇沼泽中垫出一条道路，突袭宋军外围的乡民营寨，乡民们纷纷逃向宋军大营，引起了营内的混乱。完颜宗辅趁机命令完颜宗弼和完颜娄室从左右两路包抄袭击宋军营垒，宋军在混乱中失去指挥，只能仓促各自为战。

刘锡之弟刘锜率领泾原路宋军率先迎战完颜宗弼，并将其包围。金军骑兵陷入泥泞，失去机动优势，被宋军斩杀甚众，完颜宗弼被迫突围撤退。完颜娄室见状，身先士卒，率领金军右翼军猛攻赵哲率领的环庆路宋军，拼力厮杀，使得金军的气势重新振作起来。由于其他宋军救援不力，赵哲军难以支撑，于是溃败而走。战斗到傍晚，金军加大进攻力度，宋军被彻底击溃，所带辎重尽数被金军缴获。

战后，张浚以败军之罪斩杀赵哲及其部将，造成军心动摇，许多宋军将领纷纷投降西夏和金国。张浚退守秦州，金军利用缴获的宋军军资，在宋国降将的引导下，继续向陕西内地大举进攻。到次年三月，陕西五路（京兆府路、鄜延路、环庆路、秦凤路、熙河路）的大部分地区都被金军占领，宋军只守住了阶州、成州、岷州、洮州、凤州等地，以及凤翔府的和尚原（今陕西宝鸡西南）、陇州（今陕西陇县）西南的方山原等险要关隘，与金军对峙。

富平之战后，和尚原成为金军入川的主要障碍。当时吴玠、吴璘两兄弟受命，收拢了数千宋军散兵，负责保卫和尚原。

公元 1131 年五月，金军大将完颜没立率军从凤翔出兵，完颜乌鲁、完颜折合从阶州、成州出大散关，两路兵马分头向和尚原进军。和尚原一带都是山谷，道路狭窄、山石林立，吴玠命令宋军结成阵势，占据有利地形，向率先赶来的完颜乌鲁和完颜折合所部发动攻击。受地形制约，金兵只能下马步行，骑兵长处完全丧失，吴玠军则最大限度发挥弓弩优势，居高临下轮番射击，金军损失惨重，大败而退。而完颜没立率领的另一路金军，也被吴玠部下杨政在箭筈（kuò）关（今陕西千阳南）采取类似战术击退。

第一次进攻和尚原的失败，令完颜吴乞买大为恼怒，于是他下令集结数万大军，由完颜宗弼率领，再去攻打和尚原。完颜宗弼下令架设浮桥渡过渭河，从宝鸡开始修筑大量营垒城堡，以便运输军队和辎重。做足准备后，金军再度兵临和尚原。然而这次进攻，金军还是遭遇到了和之前相同的情况，吴玠以精锐射手组成“驻队矢”，轮番上前射击金军，金军却受困于地形，进退维谷。

等到金军已经被宋军打击得疲惫不堪，吴玠果断派遣数千宋军从两侧奇袭金军，断绝了金军的粮道。完颜宗弼见势不妙，只得下令退却。吴玠在金军退兵途中设伏，使金军陷入混乱。宋军趁夜出击，大败金军，完颜宗弼本人也中箭受伤，狼狈逃走。宋军俘虏金兵数千人，缴获兵甲数以万计。

和尚原之战后，金国陕西经略使完颜斜也率军十多万，继续在川陕方向攻城略地，企图避开和尚原，从宋军防守薄弱的饶风关（今陕西石泉西北）进入四川。

公元 1132 年十二月，金军攻破商州（今陕西商洛），随后又占领金州（今陕西安康），宋国兴元府知州刘子羽急忙派遣统制官田晟扼守饶风关，同时派人向吴玠求援。吴玠当即率领所部日夜兼程支援饶风关。

金国扶持刘豫建立伪齐后，为聚敛私财及给金军提供战争支持，刘豫在其统治区内横征暴敛，推行严刑峻法，导致民怨沸腾。同月，宋国襄阳（今属湖北）镇抚使李横联合河南府（今河南洛阳）及孟、汝、唐州镇抚使翟琮，共同出兵北上进攻伪齐。伪齐各地守将得知消息，纷纷倒戈反正，沿途的抗齐义军也络绎加入北伐军行列，宋军声威大震。

李横军相继收复了汝州、颍昌府（今河南许昌）、唐州、信阳军（今河南信阳），而翟琮军则接连攻取了郑州到京兆的广大地区，两路人马形成对伪齐都城汴京的夹攻态势。刘豫为了挽回败局，赶忙派人向金国求救，于是金国调回了完颜宗弼，令他率领兵马与伪齐大将李成联合反击宋军。金齐两军合兵后，在汴京附近的羊驰岗击败李横等部，而后刘豫趁着襄汉地区防御空虚的时机，命令李成率军南下。

公元 1133 年二月初，金军在完颜斜也督战下，身披重甲，登山攻打饶风关口。吴玠则集结了包括麾下兵马、洋州（今陕西洋县）义军和金、均、房三州安抚使王彦所率领的“八字军”，共约三万人据险坚守。“八字军”因士兵面刺“赤心报国、誓杀金贼”八个字而得名。吴玠军以强弩居高临下射击金军，金军死伤惨重。

在这关头，吴玠手下的一名军校投降了金军，他带着金军从一旁的蝉溪岭绕到饶风关后方，趁夜袭占了宋军营寨，金军又分出一部分精锐攻击宋军背后。面对前后夹击的严峻态势，宋军败退，吴玠收拢余部退保西县（今陕西勉县），王彦则率领“八字军”退到了达州（今属四川）。两天后，金军攻进兴元府（今陕西汉中），镇守府城的宋将刘子羽焚烧城池后，率部退至三泉。

吴玠断定金军劳师远征，军粮一定接济不上，于是率军回到河池（今甘肃徽县），准备截断金军后撤的退路。金军果然因宋军坚壁清野而粮草告急，于四月初引兵北撤。吴玠抓住机会，派兵在武休关（今陕西留坝南）袭击金军后卫部队，金军没有防备，被斩杀和坠崖而死的达数千人，辎重也大量损失。五月，王彦率兵打败了刘豫部将周贵所部，收复了金州。

饶风关之战后，鉴于和尚原距离后方路途较远，不利于军队补给，且为了集中兵力，更好控扼关中、天水（今属甘肃）以及入川要道，吴玠下令放弃和尚原，退保河池及仙人关（今甘肃徽县东南）。吴玠一面加强仙人关的守备，一面又在仙人关东北的长岭附近修筑城寨堡垒，取名“杀金坪”。为实施纵深防御战略，他又在杀金坪后修筑了第二道关隘。接着，完颜宗弼再次进攻和尚原，吴璘引军撤退到阶州。

到十月为止，南下进攻的伪齐李成军已经相继攻占了邓州、随州（今属湖北）、襄阳、郢州（今湖北钟祥）等地，而李横、翟琮、牛皋、董先等所部则陆续败退到了江西路（今江西及湖南洞庭湖流域一带）。刘豫不仅在宋国的长江防线上撕开了一道缺口，还切断了宋廷联系川陕的通道。他一面派人联系洞庭湖附近的农民起义军杨么，另一面又筹备来年麦熟后大举南下，以期与进攻川陕的金军呼应，先占荆湖（今湖北、湖南地区），再取临安，最终消灭宋国。

金军入川碰壁　岳飞收复襄阳

公元 1134 年二月，完颜宗弼征调完颜斜也、伪齐四川招抚使刘夔等所部，在凤翔、宝鸡一带集结了十万大军，打算攻破仙人关以南下入蜀。下旬，金军在仙人关以北铁山凿岩开道，推进到杀金坪，修筑四十多座营垒与宋军对峙。吴璘收到消息，赶忙率领本部人马从七方关（今甘肃康县东北）疾驰支援，转战七天七夜，最终突破了金军的封锁，成功与吴玠会师。

金军集结重兵开始进攻，宋军统制郭震防守不力，营寨被攻破。为严明军纪，吴玠将郭震斩首示众，而后带领宋军据险抗击，多次将金军击退。金军陆续调来弩炮、洞屋和云梯等，配合步兵进攻宋军营垒，均被吴玠化解。洞屋亦称洞子，以木为撑柱，盖以牛皮，其状如洞的一种攻城器械。士兵在洞屋中，可避敌箭伤害。吴玠还组织宋军进行了多次反击，给金军造成了不小损失。

不甘失利的金军加大了进攻力度。完颜宗弼将金军分为两阵，自己率领一阵在东，大将韩常率领一阵在西，两路夹攻宋军，同时还出动了虚棚、战楼（楼塔状、有防护设备的攻城器械）等攻城设备，最终成功冲破杀金坪的第一道防线，宋军被迫撤退到第二道关隘布防。金军紧随而来，发起进攻。攻关金军身披两层重铠甲，这对普通弓箭、刀枪都有很好的防护作用，但吴玠利用地形优势，使用穿透力极强的神臂弓居高临下射击，能够轻易击穿金军铠甲，使金军遭受了严重损失。

三月初，完颜斜也集中兵力猛攻宋营西北城楼，宋军拼死抵抗，战斗十分激烈。吴玠集中五百多支神臂弓猛射金军，宋将杨政、田晟也率领宋军精锐骑兵手持长斧进攻金军两翼，金军抵挡不住而败退。到了夜里，吴玠命人在仙人关四周山上举火擂鼓恫吓金军，搅得金军疲惫不堪，接着他又派出王喜、王武等将领多次袭击金军军营。金兵于惊骇之中大溃，被杀伤无数，完颜宗弼连夜拔营后撤。

退兵整顿之后，金军又试图改道从七方关、白水关（今甘肃徽县西南）进入四川。吴玠得知消息，派出精锐骑兵迂回到金军营寨后方发动突袭，再次攻破营垒，金军死伤上万人，连夜逃走。吴玠命令部将王俊在河池布下伏兵，切断金军退路。王俊所部与金军一番激战后消灭了上千人，又趁着金军溃败紧紧追杀，迫使金军退回了凤翔。之后吴玠率军陆续收复了被金军占领的凤州城、和尚原、大散关等地。战后，金军放弃了由陕西南下四川的企图。

同月，为打破襄阳地区被伪齐控制的被动局面，掌握战略主动权，宋廷采纳了岳飞收复“襄阳六郡”的建议，任命他兼制置荆南、鄂州、岳州。“襄阳六郡”是指襄阳、郢州、随州、邓州、唐州、信州等。为提升岳飞的实力，宋廷还将牛皋、董先等部宋军划拨给岳飞，并将荆湖北路安抚使司统制颜孝恭、崔邦弼两军，以及荆南镇抚使司的一部分兵马暂时交给岳飞节制。赵构命令岳飞，出兵为以战求和，只准收复襄阳，不能越界用兵。为了策应岳飞，宋廷还命令淮东宣抚使韩世忠率领万余兵马屯驻泗上（今安徽泗县一带），命令淮西宣抚使刘光世进军到陈州、蔡州一带，以分散伪齐兵力。

四月，岳飞率三万兵马从江州（今江西九江）出师，五月初进抵郢州。郢州守将荆超曾担任宋国宫廷近卫，岳飞派人劝降，遭到拒绝。当时由于补给不继，宋军剩余的粮食只够两餐，但岳飞依然稳如泰山，次日清晨，他坐在旌旗下指挥宋军将士猛攻城池，战斗异常激烈。郢州城小，最终宋军踏肩登城，杀入城内，斩杀俘获伪齐军数千人，荆超跳崖自杀。

攻下郢州后，岳飞将兵马分为两路，一路由部将张宪、徐庆率领进攻随州，另一路由自己带领进攻襄阳。驻守襄阳的李成听说岳飞大军到来，仓皇弃城北逃，岳飞率部进占襄阳。而张宪、徐庆进攻随州的战斗却进行得并不顺利，于是岳飞命令牛皋前去支援。宋军发起总攻，岳飞之子岳云手持双锤，锐不可当，第一个冲上城头，宋军顺利攻克随州，俘虏知州王嵩及守军五千人。

六月初，金国从河北、河东调来援军，与伪齐军在新野（今河南新野）、龙陂（今河南郏县东南）、胡阳（今河南唐河西南）、枣阳（今属湖北）等地集结，号称三十万，企图夺回襄阳。岳飞探明情况后，命部将王万率部分兵马作为诱饵，到襄阳西北的清水河一带诱惑金齐联军来攻。李成果然上当，尽出兵马发动进攻，岳飞率领主力绕到李成军侧后发起突袭，与王万两面夹击将金军打退。

第二天，李成又率领十万兵马反扑。他自认为自己的兵力数倍于岳飞，轻率布阵，将骑兵布置在江边，步兵放置在空旷地带。岳飞察觉漏洞，命令部将王贵率领手持长枪的步兵攻击李成的骑兵，命令牛皋率领骑兵冲击李成的步兵。这一战法收到成效，李成部的骑兵受到打击溃败，不少骑兵堕入江中，步兵更是伤亡惨重，被宋军追杀陈尸二十里，李成带领残兵连夜奔逃。

为了遏制岳飞的攻势，金国又命令大将刘合孛堇率领从陕西、河北征发的汉人丁壮增援伪齐。刘合孛堇与李成会合后，金齐联军又恢复到数万人马，并在邓州西北建立三十多座营寨，企图和宋军决战。岳飞侦悉敌情后，经过一个多月的准备，于七月打响邓州之战。他命令王贵、张宪两军由光化（今湖北老河口）、横林（今湖北襄阳西北）出击，兵分两路向邓州实施包抄。七月十五，两军在距离邓州三十里的地方与金齐联军遭遇，双方爆发激战。

正当两军攻杀得难解难分之际，岳飞又命令部将王万、董先等率领精锐骑兵投入战场，发动突袭，一鼓作气击溃金齐联军，缴获兵甲数以万计。刘合孛堇与李成带着残兵逃遁，留下部将高仲守卫邓州。岳飞指挥宋军攻城，岳云又率先登上城墙，宋军俘虏高仲，收复邓州。之后岳飞又派遣王贵、张宪到唐州以北阻击金国和伪齐派来的援军，掩护李道部收复唐州。同在当日，崔邦弼也率军攻下了信阳军。至此，“襄阳六郡”全部被宋军收复。

九月，完颜宗弼等率兵五万，与伪齐军联合南下，向宋国两淮地区发起进攻。金军和伪齐军分两路渡过淮河，迅速攻占楚州，宋淮安（今属江苏）宣抚使韩世忠从承州（今江苏高邮）退守京口（今江苏镇江）。十月，宋廷命令张俊率部驰援韩世忠，命令刘光世移防金陵，加强了沿江防线，于是韩世忠率军重新北上，进驻扬州。

韩世忠到达扬州时，恰逢出使金营的魏良臣路过。韩世忠命人把炊具都藏起来，谎称已经奉旨移兵平江（今江苏苏州）。魏良臣北上后，韩世忠随即移师大仪镇（今江苏扬州西北），设下多处伏兵。金军前线将领聂儿孛堇从魏良臣处打听到宋军情况，以为韩世忠已经过江，于是命令大军加速向长江渡口推进。其麾下将领挞不也等率领五千铁甲军在经过大仪镇时，遭到韩世忠所部伏击，金军损失惨重，包括挞不也在内的两百余人被俘，其余大部被歼。

韩世忠又派遣部将在天长鸦口桥攻击金军并取得胜利。次日，驻守承州的宋将成闵、解元也依托城池击败金军，而后韩世忠率军退回江南。

同时，金军攻克濠州、滁州（今属安徽）等地。十月底，驻守庐州的宋淮西安抚使仇悆（yù）派兵进攻寿春（今安徽寿县）的金军，收复了霍丘（今安徽霍邱）、安丰（今安徽寿县南）。十二月，金齐联军出兵围攻庐州，岳飞部将牛皋、徐庆率两千人前来支援，在庐州城下击败金军，同时刘光世的援军也抵达庐州附近。金军粮草告急，又听说完颜吴乞买得了重病，便渡过淮河北撤，伪齐军得知消息，也丢弃辎重逃走。

宋军北取商虢　伪齐遭金废黜

公元 1135 年五月，金国皇帝完颜吴乞买病逝于会宁。他生前原本打算传位给自己的儿子，在遭到许多宗室、大臣的反对后，只好指定完颜阿骨打的长孙完颜亶（dǎn）为储君。完颜吴乞买死后，完颜亶继位，即金熙宗。完颜亶登基后，随即罢免了完颜宗翰的都元帅职务，收回了他的兵权，女真贵族陷入了激烈的争权斗争。

公元 1136 年年初，都督诸路军马的右相张浚召集各路大将，共同商议北伐中原事宜，对各路宋军担负的任务进行了动员和布置。六月后，因天气突然转凉，张浚放弃了原先制定的进攻计划，命令各军先维持战线，再图谋进攻，但岳飞还是决定按照原先制定的计划出兵。

七月，岳飞出师北伐。他将大军分为两路：一路由牛皋率领，直奔镇汝军（今河南汝州）；另一路由王贵、郝晸、董先等率领，向西北方向进军。牛皋军先是一战攻克汝城，俘虏了伪齐勇将薛亨，接着向颍昌府和蔡州一带进攻，焚毁了伪齐囤积的大量粮草辎重。八月，王贵军接连攻取虢略（今河南灵宝东北）、朱阳（今河南灵宝西南）、栾川（今属河南）三县，一路缴获粮食十五万石，收降上万人马。

之后王贵军继续西进，接连攻克了上洛（今陕西商洛境内）等五县，攻占商州全境。不久伪齐顺州州治伊阳县（今河南嵩县）也被岳飞军攻下。岳飞部将杨再兴连战连捷，大败伪齐顺州安抚司所属人马，收复长水县（今河南洛宁西南），还夺取了一个马监，缴获了上万匹战马。而后永宁（今河南洛宁）和福昌（今河南宜阳）也被岳飞军攻克。

岳飞军的捷报传到宋廷，赵构反应却颇为冷淡。岳飞军因孤军深入作战，粮草补给难以接续，不得不班师回撤，一些已经收复的地区陆续丢失，不过商州和虢州（今河南灵宝）的部分地区还是在宋军控制中。

九月，刘豫听说张浚又到江淮一带巡查军务，判断宋军又要采取军事行动，于是决定先发制人。他派遣使者向金国请求出兵助战，但金国认为伪齐进不能攻、退不能守，牵累金军疲于奔命却得不到好处，便没有同意，只派了完颜宗弼带领少量金军屯驻黎阳以观察形势。于是刘豫只好征召了三十万的乡兵，号称七十万，兵分三路南下攻击淮西地区的宋军。

刘豫的侄子刘猊（ní）率东路军从紫金山出涡口进攻定远（今属安徽），结果刚到淮河东岸地区，就遭到韩世忠所部阻击，于是刘猊将人马收拢在了顺昌（今安徽阜阳）。刘豫之子刘麟率领中路军渡过淮河后，驻扎在濠州和寿春之间，刘光世借口其部队与长江上游的岳飞军和下游的韩世忠军不能衔接呼应，便放弃了庐州，将前沿部队撤退到了太平州。张浚得知后极力反对，力劝赵构，于是赵构便派遣使者督促刘光世率军回师庐州，迎战伪齐军。

十月初，刘光世军与伪齐中路军遭遇。刘光世所部奋勇拼杀，激战整整一天，大败伪齐军。与此同时，宋将杨沂中率军到达藕塘（今安徽定远东南），与刘猊的东路军遭遇。刘猊军依托险峻山势抗击宋军，杨沂中命令麾下摧锋军统制吴锡率领五千精锐骑兵发起冲锋，刘猊军阵脚大乱。杨沂中趁机下令总攻，自己亲率骑兵绕到敌军侧翼展开突袭。而这个时候，宋国江东宣抚使司前军统制张宗颜也率军赶来助战，伪齐军大败，刘猊只带了几个骑兵逃走，宋军俘虏伪齐军上万人，以及李谔、李亨等将领几十人，缴获的军需物资更是不可计数。

中路的刘麟听说东路军兵败，赶紧拔营逃走。当时齐将孔彦舟正率领西路军围攻光州（今河南光山），被宋国守将王莘多次击退，这时听说东路军战败的消息，也赶紧退兵而去。伪齐的三路南征均以失败告终。

淮西之战爆发时，赵构担心江淮一线的宋军兵力不足以抵挡，便命令岳飞率军东进支援。当岳飞军行进到九江时，战事已经结束。岳飞兵马的调出，导致襄阳一带的守备出现空虚，十月底，不甘失败的刘豫决心趁此机会，再度联合部分金军，向襄汉（今湖北襄阳一带）、商虢（今陕西商洛、河南灵宝一带）地区发动进攻。岳飞接到各地的军情急报，立即集结大军组织反攻。

岳飞军到达之前，岳飞部将寇成、王贵、秦祐等已经在前线多次打退了伪齐军的进攻，岳飞大军开到商州，军势更盛。岳飞派遣牛皋和张宪兵分两路发动进攻。张宪用计设伏，大败五万伪齐军，牛皋也在昭福（今河南方城东北）击败了数万伪齐军。挫败伪齐攻势后，岳飞准备一鼓作气攻下蔡州，但侦察到蔡州防御严密，而大军所携带的粮饷也不多，于是决定不再继续进攻，还师鄂州。

得悉岳飞大军撤退的消息，李成立刻带领刘复、孔彦舟等部众，向宋军追击而来。岳飞派王贵、董先率军还击，双方爆发激战，伪齐军大败，宋军擒获伪齐将领数十人，士卒数千人，被杀死及落水溺亡的伪齐兵更是不计其数。岳飞对被俘的伪齐将士采取优待政策，发放钱财，遣散他们回乡。

公元 1137 年二月，岳飞入朝觐见赵构。因刘光世在淮西之战时曾有消极避战的企图，险些造成宋军失利，宋廷准备将刘光世下属的王德、郦琼等所部五万余兵马划给岳飞节制。岳飞见部队即将得到扩充，感到收复中原有望，内心十分激动。但张浚和已经升任枢密副使的秦桧却不同意，反而劝说赵构，将刘光世所部收归到张浚兼任的都督府直接管辖。张浚任命王德、郦琼分别为左护军正、副都统制，还派了都督府参谋军事吕祉前往监军。

郦琼不满王德位居其上，多次申诉都不被重视，于是当年八月，郦琼杀掉吕祉，带领全军四万多人，裹挟了十多万百姓投降刘豫，史称淮西军变。刘豫得知消息后非常高兴，在文德殿接见了郦琼，任命他为静难军节度使。郦琼劝说刘豫攻打宋国，于是刘豫再次向金国请求援军。金国担忧刘豫势力扩大将会难以驾驭，于是借口郦琼投降恐怕有诈，非但不派援兵，还命令刘豫解散郦琼的部队。

同年，金国政局也发生剧烈动荡，完颜亶以贪赃枉法罪捕杀了完颜宗翰的心腹高庆裔，并株连了完颜宗翰许多部属。完颜宗翰多次求情都被完颜亶拒绝，没过多久便愤懑而死。完颜宗翰是伪齐政权的支持者，在他死后，主张对宋议和的完颜宗磐、完颜宗隽、完颜昌等人掌握朝政，金国对伪齐的政策也做出了调整。十一月，金国趁着伪齐对宋国进攻的时机，将刘豫抓获，废黜了伪齐政权，并向宋国提出和谈。

公元 1138 年，岳飞率军回到鄂州，继续操练兵马，以图恢复中原。随着刘豫政权被废，原先伪齐境内的许多军民纷纷倒戈投向宋国。岳飞觉得这是北伐的好时机，多次上书请求，但赵构并没有出兵意向，反而升任秦桧为右相，命他加强同金国接触，以推进和谈。经过多次外交斡旋，宋金两国于年底达成和议：金国将先前伪齐所占的陕西、河南之地归还宋国，而宋国向金称臣，并每年供奉银、绢各二十五万两、匹。

九月，李乾顺派遣使者携重金出使金国，请求将熙河、秦河以西的州郡赐给西夏，金国最终同意将乐州（今青海乐都）、积石州（今甘肃积石山）、廓州（今青海化隆）割让给西夏。至此，李乾顺取得了湟水流域的全部地盘，西夏的疆域达到了前所未有的广度。

宋金战衅再启　宋军连战连捷

公元 1139 年六月，李乾顺病死，其子李仁孝继位，即夏仁宗。李仁孝登基不久，西夏境内便发生了夏州统军萧合达据城反叛事件。萧合达原是辽国旧将，因勇武善战被西夏留用。西夏背辽附金后，萧合达深感愤恨，于是举兵叛夏，并积极联络阴山与河东地区的契丹部落，想要拥立辽国皇族后裔，图谋恢复辽国。萧合达率军围攻西平府（今宁夏吴忠），攻克盐州（今宁夏盐池），直逼贺兰山。李仁孝赶紧任命静州都统军任得敬率军平叛。任得敬进展顺利，接连攻下夏州、盐州，萧合达逃到黄河边被西夏军擒杀。

同年秋天，完颜亶借助完颜宗弼等人的力量，先后诛杀了主政的完颜宗磐、完颜宗隽和完颜昌等人，主战派的完颜宗弼被任命为都元帅，成为新的掌权者。金国再次厉兵秣马，准备对宋国用兵。

公元 1140 年，金国撕毁先前达成的和议，再次发兵大举攻宋，夺取先前交还宋国的河南、陕西之地。由于这些地区的守将大多是金国和伪齐的旧官吏，当金军攻来的时候，他们纷纷投降归附。出兵一个月，金军便攻取了河南、陕西的大部分地区，岳飞等部退回到颍昌（今河南许昌）以南地区，完颜宗弼大军顺利进驻汴京。完颜宗弼想要乘势攻占淮河以北地区，于是继续挥军南下。

宋国新任命的东京副留守刘锜北上赴任，五月中旬行至顺昌时，听说汴京城已经被金军攻陷，于是决定依靠顺昌城阻击金军。他指挥军民夜以继日加固城墙和防御工事，号召大家同心协力保卫顺昌城。为了表明与城共存亡的决心，刘锜还将自己全家老小搬到一座寺庙里，在门口堆满干柴，嘱咐守卫的士兵一旦城破，就放火烧死他的全家。他还根据地形和兵力，调整了城池各区域的守备力量，同时派出斥候侦测金军动向。

五月下旬，金军数千人的先头骑兵渡过颍河，抵近到顺昌城郊。宋军抓获了两个金兵千户，从他们口中了解到部分金军驻扎在距城三十里的白沙涡且防守薄弱的情况，于是刘锜派出上千人的部队趁夜对金军发起偷袭。战斗持续到次日凌晨，宋军大胜，败退的金军逃回到陈州，报告了惨败经过，于是金军主力立刻向顺昌集结。

月底，三万多金军包围了顺昌城，随即发动进攻，想要一鼓作气攻下城池。金军逼向城墙，一面抢夺吊桥，一面以强弓射击守城宋军，而宋军也以强弓还击，顺昌城外箭如雨下。金军死伤惨重，被迫后撤。刘锜见状，发动步兵主动出城攻击，金军溃败，仓皇渡颍河逃窜，许多人落水而死。到了黄昏，还有数千金兵在河边逗留，刘锜又派兵出击，再败金军。

金人大为恼怒，从陈州等地不断向顺昌增派兵力，想要把顺昌困死在铁壁合围之中。金军将主要精力放在围城上，却忽视了对营寨的防守，刘锜发现破绽后，选拔了五百勇士，利用雷雨天气，趁夜突入金军营垒。宋军按照约定暗号，在金营中时聚时散、左右拼杀。金军摸不清宋军虚实，陷入慌乱，许多金兵都自相残杀而死。等到天亮，混乱之中的金军已经无力组织反击，遂退散而去。

完颜宗弼得知金军进攻失利的消息，率领十多万大军，昼夜兼程赶往顺昌城。金军连营二十里，完颜宗弼看着顺昌城垣简陋，颇为轻视。刘锜为麻痹金军，故意派人让金军俘获，并散布刘锜贪图享乐、昏聩无能的消息。完颜宗弼信以为真，下令留下攻城车、炮具等攻城器械，向顺昌城轻装急进。金军渡过颍河，在城外密集列阵呐喊，意图从精神上摧毁守军抵抗意志。

当时正值骄阳如火，金军远道而来，人困马乏，便决定先扎营休整，而后再组织进攻。宋军则在羊马墙下以逸待劳，轮番出动袭扰金军营垒，给金军造成不小杀伤。金军试图从两翼包抄歼灭出城作战的宋军，但宋军作战英勇，金军未能得逞。盛夏酷暑难耐，金军给养不足，食用了大量被宋军下毒的水源和粮草，不少人中毒病倒。金军决定放弃直接进攻，转而在城西扎营，挖掘壕沟，布设防线，意图困死宋军。不久天气骤变，开始下雨，刘锜派出一百多名骑兵，借着雨幕掩护，在城外往来奔袭，不断骚扰金军。

金军攻城不克，身心疲乏、士气低落，完颜宗弼决定先撤军休整。刘锜趁着金军开拔北撤的时机，全军出动尾随追击，大败金军，迫使完颜宗弼放弃了攻击顺昌的计划，回师开封。顺昌守军以不足两万的兵力，以少胜多，有力策应了宋军在各条战线的行动，全线抑制了金军攻势，使得金国的攻宋计划遭受重大挫折。

金国对宋国的大举进攻，打破了宋廷对于维持和平局面的幻想，赵构和秦桧迫于形势，下令各路宋军对金军展开反击，命令岳飞火速派兵支援顺昌，同时允许岳飞进行北伐，收复失地。岳飞收到诏令后，立即派遣张宪和姚政率军救援顺昌，自己则带领主力北进中原。

当时金军西路军在陕西战场陷入苦战，在川陕宣抚使胡世将的指挥下，短短一个月时间里，吴璘部将姚仲、李师颜分别在石壁寨（今陕西凤翔境内）和扶风（今属陕西）打败金军。金州知州郭浩在耀州（今属陕西）城下击退了围城的金军，接着又派兵收复醴州（今陕西乾县）。鄜延路经略使王彦在青溪岭击退金军，迫使金国大将完颜撒离喝退回了凤翔。田晟在泾州（今甘肃泾川北）连续两次击败来犯的金军。

西线金军一再受挫、寸步难行，而东线战场又传来顺昌大捷的消息，宋国面临的危机暂时得以解除，赵构又试图缓和与金国的关系，以期重启和谈。于是他派司农少卿李若虚向岳飞传达诏命，要求岳飞停止北进，班师回朝。李若虚到德安府（今湖北安陆）向岳飞传达了旨意，岳飞则向李若虚陈述了他收复中原的谋划，李若虚一向主张抗金，于是便不顾矫诏之罪，坚决支持岳飞继续北伐。

岳飞随即率军北上。公元 1140 年六月下旬开始，张宪的前军攻下了蔡州，牛皋的左军在京西路打败金军，而后向东与岳飞军主力会合。湖北宣抚司统领官孙显在蔡州和淮宁府（今河南淮阳地区）之间击败金军，张宪和傅选大败金将韩常，收复了颍昌府。而后牛皋、徐庆和张宪诸军会师，很快攻克了陈州。

金军出动六千多骑兵，试图夺回颍昌府，但被董先和姚政军击败。王贵所率宋军在闰六月底和七月初，相继攻克了郑州和河南府。与此同时，江淮地区的宋军也发动了对金军的激烈反攻，韩世忠部将王胜收复了海州，张俊率部收复了宿州和亳州。

而岳飞长期以来所实行的“联结河朔（联系北方抗金武装）”策略也收到成效。此次北伐，岳飞派部将李宝、孙彦、梁兴、董荣、孟邦杰到太行山区、河北路（今河北中南部、山东北部及河南北部地区）与河东路一带广泛发动义军，在后方袭扰金军，有力策应了宋军主力作战。

李宝、孙彦在曹州连续两次击败金军；梁兴和董荣在绛州、怀州、卫州、孟州一带纵横席卷；河北路忠义统制赵俊、乔握坚率军攻陷赵州（今河北赵县）；孟邦杰所部攻克了永安军、南城军（均在今河南巩义西南）。黄河北岸十多个州的义军相互联络，打出了“岳”字旗号，等候迎接岳飞军渡过黄河。燕赵大地顿时烽火遍地，燕山以南地区，金国诏令几乎无法通行。

随着收复的失地越来越多，岳飞不得不分散兵力用于防御，而这时韩世忠、吴璘正与金军对峙拉锯，张俊和刘锜也不再北进，岳飞军面临着孤军深入的风险，于是只得放缓攻势，将兵力收拢在郾城（今河南漯河）到颍昌一线。岳飞接连上奏，期盼宋廷能够派兵支援，但始终没有得到积极回应。

宋军反攻中原　岳飞含恨而死

公元1140年七月上旬，完颜宗弼探知岳飞所在的郾城兵马不多，便派出一万五千名骑兵直扑此地。金军出动的都是重装骑兵“铁浮屠”和轻骑兵“拐子马”等精锐部队，岳飞则派出岳云率领同是精锐的“背嵬军”和“游奕军”骑兵出战，同时岳飞还派出精锐步兵手持麻扎刀、提刀、大斧等兵器，专砍金军重骑的马足。岳飞军和金军来回攻杀十多个回合，从下午杀到天黑，金军终于支持不住，丢下一地尸体，溃败而逃。两天后，金军再攻郾城，岳飞在五里店（今河南漯河北）又一次大败金军。

完颜宗弼调集了十二万大军屯驻在临颍（今属河南），岳飞部将杨再兴率三百骑兵外出侦察巡视，在小商桥（今河南临颍南）突然遭遇完颜宗弼大军。杨再兴率部殊死战斗，以自身全军覆没为代价，杀死金军两千多人，其中包括一百多名各级军官。岳飞军的战斗力令金兵大为惊惧。次日，张宪又率军来攻，完颜宗弼只留下部分兵力继续据守，自己则率领主力转攻颍昌。岳飞连忙命令岳云率军增援驻守颍昌的王贵。

完颜宗弼率领三万骑兵、十万步兵在颍昌城西列阵，王贵命令少量兵力守城，自己则和姚政、岳云等率领主力出城决战。岳云带领八百背嵬骑兵率先向金军发起攻击，而后步兵也上前与金兵接战。两军激战几十个回合，依然杀得难解难分。岳云先后十多次攻入敌阵，身上上百处创伤，许多宋军骑兵也杀得人和马都染成血红色，却依然死战不退。战斗到中午，双方都有些支持不住。这时，守城的董先和胡清及时率领守军出城增援，帮助宋军彻底掌控住了战局。金军大败，阵亡五千余，被俘两千多人，七十多名将校战死。

颍昌之战得胜后，岳飞军全线出击，包围汴京。七月中下旬，张宪等将领率主力从临颍向东北方向转进，击败五千金军，追击十多里。同时，王贵、牛皋也分别带领所部向前挺进。完颜宗弼在开封西南四十多里的朱仙镇布下十万大军，岳飞军则北上到达距朱仙镇四十多里的尉氏县（今属河南）驻扎。之后，岳飞派出先锋背嵬军向朱仙镇发动进攻。刚一交战，如惊弓之鸟的金军便全军溃散。完颜宗弼逃出汴京，准备渡过黄河北逃。

这时，岳飞却在一天之内连续接到朝廷以金字牌递发的班师诏，措辞严厉，要求大军立刻班师，岳飞本人也要去临安面圣。岳飞接到命令，愤而哭泣，慨叹十年之力溃于一旦。岳飞无法抗命，只得下令班师，百姓阻拦在岳飞军前，哭诉担心金军报复。岳飞到达蔡州时，又有成千上万的民众来到衙门请愿，他最终决定多停留五天时间，掩护百姓转移到襄阳一带。得知岳飞撤军，完颜宗弼立刻返回汴京，调兵遣将、整顿兵马，一边抓紧镇压北方的起义军，一边重新占领被宋军收复的河南失地。岳飞得知这一消息，悲痛不已。

公元 1141 年正月，完颜宗弼再度率军进攻淮西地区，很快攻破寿春。赵构得知消息，立刻派刘锜率军渡过长江前往淮西支援，同时命令杨沂中、张俊、王德等部同步出兵阻截金军。赵构还下令让岳飞率军向东进驻江州，以策应江淮战场。

刘锜赶到庐州，发现庐州城池残破，不易坚守，便决定退守东关（今安徽巢湖市东南）。当时金军已经攻下了和州，先头的小股骑兵部队也已推进到长江北岸。王德身先士卒，率部渡过长江，迅速攻下和县。在接下来十几天时间内，宋国统制关师古、李横克复巢县；刘锜从东关出兵，与王德、张子盖等部会合并攻下含山（今属安徽），又在昭关大败完颜宗弼率领的金军部队。

二月，从和州等地撤退的金兵陆续在柘皋镇（今属安徽）重新集结，因为柘皋地势开阔平坦，利于金军骑兵战力的发挥。金军将部队分为左右两军，严阵以待。杨沂中部冒进而出，遭到金军打击。王德随即率领部众投入战场，集中力量攻击金军右翼部队，大败金军，迫使金军退守紫金山（今安徽寿县东北）。

濠州处在金军北撤的必经之路上，守将极为惶恐，连续向各路宋军求救，张俊、杨沂中和王德等部抓紧派兵支援。三月，濠州被金军攻陷，完颜宗弼在城外设下伏兵，大败赶来支援的杨沂中和王德。但此时岳飞、韩世忠、刘锜等部都向金军靠拢过来，完颜宗弼只能烧杀抢掠一番后，率军退出濠州，渡过淮河北上。

淮西之战后，完颜宗弼意识到金军已经丧失了对宋国的军事优势，于是他提出只有杀掉岳飞、割地赔款，宋金才能议和，敦促宋廷让步。四月，赵构将张俊、韩世忠、岳飞三员大将调到临安，收回了他们的兵权，任命张俊、韩世忠为枢密使，岳飞为枢密副使。八月，岳飞在秦桧党羽弹劾下被解除枢密副使职务，自请回到江州庐山旧居赋闲。

为进一步向宋廷施压，九月，完颜宗弼先是放回了扣留的宋国使者，而后又率领大军渡过淮河南下，陆续攻陷了泗州、濠州等地，赵构派遣使者表示愿意接受金国提出的和谈条件。是月，吴璘率军攻下秦州，并在剡家湾（今甘肃天水境内）大败金军。就在宋军即将攻克金军据守的腊家城（今陕西秦安东）时，为安抚金军，促进议和，赵构以金字牌勒令吴璘撤兵。

十月，宋国川陕宣抚司都统制杨政率军到达宝鸡城下，与金军爆发激战，从早晨一直搏杀到傍晚也未分胜负。最终杨政使用疑兵之计，大败金军，俘虏了金军统帅通检，攻克了宝鸡。另一边，秦桧、张俊等人利用岳飞军内部矛盾，收买张宪麾下将领诬告张宪谋反，并捏造口供牵连岳飞。当月，岳飞被投入大理寺狱，秦桧朋党万俟卨（xiè）严刑逼供，但岳飞宁死不肯认罪。

十一月，宋金达成绍兴和议，宋国答应向金称臣，将淮河以北，包括岳飞已经收复的唐州、邓州、商州、虢州等地区全部割让给金国，并每年向金国进贡银、绢各二十五万两、匹。自此，两国以淮河和大散关一线为界，形成长期对峙的局面。十二月，岳飞被秦桧等人以“莫须有”的罪名杀害于大理寺狱中，张宪和岳云也被处斩。岳飞的死讯传到金国，金国群臣酌酒欢庆。

绍兴和议后，宋金两国得以维持较长时间的和平局面。

公元 1148 年，执掌金国军政大权的完颜宗弼病逝，长期依赖权臣辅弼的完颜亶不知所措，金国朝政日渐废弛。完颜亶过惯了无忧无虑、雍容华贵的帝王生活。完颜宗弼死后，失去制约和压制的他更加骄奢荒淫、沉迷酒色、凶残暴虐、嗜杀成性。一时之间，皇亲朝臣惊惧不安、人人自危。

公元 1149 年十二月，金国右丞相完颜亮发动政变，联络驸马唐括辩、寝殿小底（掌宫廷生活事务的人）大兴国等合谋杀死了完颜亶。完颜亮自立为帝，即海陵王。完颜亮掌权后，一面积极整顿朝政，推进金国国力的发展，另一面又厉兵秣马，准备再攻宋国。

盘马弯弓

蒙古崛起与西夏金国之覆灭（公元1161年—公元1236年）

金军南下失利　隆兴北伐蒙耻

公元 1161 年十月，在经过长时间的筹备后，完颜亮撕毁和议，指挥大军南下进攻宋国，意图发起对南方的统一之战。金军兵分四路：一路由浙东道水军都统制苏保衡率领，自海上乘船杀奔临安；一路由汉南道行营兵马都统制刘萼率领，从蔡州出发进攻荆州；一路由西蜀道兵马都统制徒单合喜率领，从凤翔进攻大散关；主力则由完颜亮亲自率领，进攻寿春。

金军共集结六十万大军，号称百万，声势浩大。战争初期，金军推进顺利，刘萼率军先后攻下了宋国的归化军（今河南信阳西北）、蒋州（今河南潢川）、信阳军。金将徒单贞率领偏师两万人，在盱眙（今属江苏）打败了宋国建康都统制王权的部队，南下占领了扬州。完颜亮的前锋部队攻占了和州，宋军派兵反击，被金军击退，宋军损失上万人，渡江退守长江南岸。

进军川陕的西路金军遭到吴璘的迎头痛击，大败而退。各路宋军趁机发起反攻，连续收复了秦州、洮州等十六个州郡。十月，苏保衡率领的金军水师在胶西（今山东胶州）陈家岛，被李宝统率的宋军水师以火攻击败，全军覆没。就在前方金军激战正酣的时候，完颜亮之弟完颜雍乘其南征正酣、后方空虚之际，在金国东京（今辽宁辽阳）称帝，即金世宗。不久，完颜雍登基的消息便传到了各路金军，前线有不少将士北逃投奔完颜雍，加之各路金军进攻接连受挫，军心士气受到严重动摇。

完颜亮刚愎自用，不愿劳师远征却无功而返，于是决定先继续南下进攻，挽回颜面，再北上平叛。十一月，金军计划从和州渡过长江南进，结果宋将虞允文在采石矶大败金军水师，金军伤亡惨重，战船全部被宋军烧毁，金军转而移师扬州。完颜亮仍无退兵之意，准备从瓜洲渡江南下。

完颜亮勒令部下三天渡过长江，否则便要将随行大臣全部处斩。浙西道兵马都统制耶律元宜和其子耶律王祥、都总管徒单守素、猛安（女真部落统军首领）唐括乌野等人密谋反叛。他们串联了完颜亮的近卫亲兵，于十一月下旬拂晓时分发动兵变，将完颜亮勒死。耶律元宜代行左领军副大都督职责，率领金军回师北上。宋军趁机发动反攻，收复了海州、唐州等十多个州郡。

公元 1162 年五月，赵构下诏宣布禅位。六月，皇太子赵眘（shèn）接任皇位，即宋孝宗。宋孝宗意气满满，他不甘心偏安一隅，力图发兵收复中原，即位第二个月，便宣布为岳飞平反，同时重新起用主战派大臣张浚，委任他为江淮东、西两路宣抚使，统一指挥两淮前线兵马。

公元 1162 年，完颜雍顺利清除了境内的反对势力，掌握并巩固了政权。他派出使者同宋国和谈，但被宋国拒绝，于是完颜雍也开始修缮甲兵、积极备战，意图通过武力手段压迫宋国议和。他派遣仆散忠义为都元帅坐镇开封，统一指挥黄河以南各路金军，命令大将纥石烈志宁进兵灵璧（今属安徽），还向张浚下达了挑衅书。

公元 1163 年四月，在张浚等主战派鼓动下，宋孝宗决定先发制人。为防止反对派大臣干预，他绕过三省与枢密院，直接向张浚和各路宋军将领下达了北伐诏令，史称隆兴北伐。

接到诏令后，张浚集合了八万人马，号称二十万，兵分两路：一路由淮西招讨使李显忠率领攻打灵璧；另一路由池州都统制邵宏渊率领攻打虹县（今安徽泗县境内）。五月初，李显忠所部渡过淮河，金将萧琦率兵阻击，被李显忠杀得大败，灵璧也被宋军攻下。但邵宏渊攻打虹县时却遭遇守军顽强抵抗，连番受挫，直到李显忠派灵璧降卒前去劝降，金国的泗州守将才同意向宋军投降。

邵宏渊对此颇感不快，于是当李显忠进攻宿州时他便按兵不动，直到李显忠部经过激烈战斗，快要攻下城池时，他才匆匆赶来支援。宿州收复之后，宋孝宗晋升李显忠为淮南、京东、河北招抚使，邵宏渊为招抚副使。邵宏渊不愿居于李显忠之下，要求自己所部兵马不受李显忠节制，张浚表示同意。之后，李显忠和邵宏渊又在以宿州府库赏赐将士的问题上产生矛盾，双方嫌隙更深。

这时，反应过来的金军已经整顿兵马、组织反攻。金将纥石烈志宁率领先头部队一万多人攻打宿州，李显忠将其击退。但没过多久，十万金军主力也赶到宿州外围，李显忠率领宋军陷入苦战，而邵宏渊却不肯出兵助战，还在后方挑拨宋军军心。一天晚上，邵宏渊部中军统制周宏擂鼓聒噪，扬言金军来袭，导致宋军陷入混乱之中，金军趁此机会猛烈攻打城池，宿州迅速陷落。

李显忠率部且战且退，可没走多远，宋军就全线崩溃，军械物资丧失殆尽，但金军不清楚宋军后方情况，没有贸然追击，这才让宋军在淮河一线站稳脚跟，重新组织起防御。因此战发生在宿州州治符离，史称“符离之败”。符离之败标志着宋军的北伐计划彻底破产，极大打击了宋孝宗收复失地的信心。他一面要求各路宋军加强守备，坚决抵抗金军南下；另一面又重新起用主和派官员，加强同金国接触，以争取和谈。

十一月，奉命出使金国的卢仲贤带来了金人提出的和谈要求，即金宋改为叔侄关系，宋国归还海州、泗州、唐州和邓州，归还金国战俘，补交停供的岁币。宋廷内部展开激烈争论，宋孝宗还是倾向于和谈。次年二月，金国又递来国书，措辞更加激烈，要价也更高，这惹怒了宋孝宗。宋国派使者出使金国，明确表示拒绝归还四州之地，谈判再度陷入僵局。

公元 1164 年三月，宋孝宗命令张浚巡视两淮地区，全力整军备战，准备再与金军对决，但不久张浚被主和派攻讦，罢免宰相职务，并于数月后病逝，这下主和派又占据了上风。六月，宋孝宗令兵部尚书、湖北京西宣抚使虞允文放弃其所辖的唐、邓两州，虞允文拒绝执行，被降为平江知府。七月，海州、泗州两地的宋军也陆续撤退。宋孝宗命令对军事一窍不通的主和派官员汤思退总督江淮兵马。十月，金国大军在大将仆散忠义的带领下，轻而易举突破了宋军的两淮防线。

十一月，楚州、濠州和滁州陆续被金军攻克，长江防线面临危机，汤思退赶紧派人劝说宋孝宗放弃两淮、退守长江，同时加紧与金军谈判。汤思退的表现令宋孝宗大为不满，他罢免汤思退，再次任用主战派的陈康伯为相。但因前方战事不力，宋廷最终还是决定同金国议和。金军见到以战促和的目的达到，也不再继续进攻，之后双方在外交上展开激烈交锋与斡旋。

公元 1164 年年底，宋金再次达成和议，金宋约为叔侄之国，岁币每年银、绢各二十万两、匹，宋国放弃所占海州、泗州、唐州、邓州、商州、秦州，双方疆界恢复到绍兴和议之前的状态，史称隆兴和议。此后，宋金双方恢复并维持了较长时间的和平。

开禧北伐折戟　蒙军初攻西夏

公元 1187 年九月，高宗赵构因病去世。孝宗赵昚以为太上皇守丧三年为由，表示要将皇位传给太子赵惇。

公元 1189 年正月，完颜雍病逝。由于太子完颜允恭早逝，其子完颜璟继位，即金章宗。同年二月，赵昚正式禅位于赵惇，赵惇登基称帝，即宋光宗。

公元 1193 年九月，李仁孝因病去世，其长子李纯祐继位，即夏桓宗。

赵惇继位后，因与赵昚素有隔阂，不仅平时推脱不去朝拜，甚至赵昚生病也不肯去探视。赵昚因此闷闷不乐，忧愤之疾更甚。

公元 1194 年六月，赵昚病逝。光宗赵惇即位后身体长期抱恙，病情时好时坏，导致朝廷事务多由其皇后李氏把持。李氏既无政治兴趣，也无政治才能，只是利用手中权力竭力为娘家攫取利益。她曾一次归谒家庙就封赏亲族和门客近两百人为官，导致整个朝堂乌烟瘴气，招致许多皇亲和朝臣的不满。七月，知枢密院事赵汝愚、知阁门事韩侂（tuō）胄等人在太皇太后吴氏的支持下，拥立嘉王赵扩登基，是为宋宁宗，赵惇被尊为太上皇，剥夺了实权，并于六年后在寿康宫病逝。

宋宁宗即位后，朝政大权被韩侂胄独揽。韩侂胄以抗金作为号召，获得了朝廷主战派的支持。宋宁宗也有意改变宋国屈辱的现状，于是韩侂胄大刀阔斧整军备战。他任命主战派陈贾为兵部尚书，命吴璘之孙吴曦到川陕任四川宣抚副使，就连赋闲的辛弃疾也被起用为绍兴知府兼浙东安抚使。

公元1205年，韩侂胄被赵扩加封为平章军国事，总揽军政大权。他立刻命令各路宋军秘密进行作战准备，取出朝廷的封桩库银上万两作为军需，命令吴曦在西蜀抓紧练兵，要求宋将赵淳、皇甫斌做好进攻邓州的准备，殿前副都指挥使郭倪做好渡过淮河北进的准备。

同年，蒙古乞颜部首领铁木真在攻破蒙古乃蛮部、擒杀其首领太阳汗之后，为打击金国的仆从力量，第一次带兵入侵西夏。蒙古军队击败西夏军队，攻取了西夏边境要塞力吉里寨（今宁夏中卫境内），而后在瓜州、沙州以北地区纵兵劫掠，抢夺大量牲畜和物资后退兵。

公元1206年春，铁木真在斡难河（今鄂嫩河）源头召开会盟，大会蒙古各部贵族，被各部落酋长和群臣推选为可汗，尊号“成吉思汗”。而后铁木真竖起一种象征权利的白色旗帜——九斿（yóu）白纛（dào），以本部落名为国号，建立“大蒙古国”。

四月，郭倪派武义大夫毕再遇、镇江都统陈孝庆共同出兵攻打泗州。陈孝庆率军假装进攻西城，吸引守军注意，而毕再遇则带领主力，从东城杀进城池，金军溃败，宋军收复泗州。陈孝庆继续进军，很快攻下虹县。江州统制许进率军攻取了新息（今河南息县），光州的义军武装则攻占了褒信县（今河南息县东北）。

五月，韩侂胄请求宋宁宗下诏，正式出兵讨伐金国。此时南宋的年号为开禧，这次讨伐史称“开禧北伐”。对于宋国的进攻，金国早有警觉。郭倪派遣马军司统制田俊迈率军进攻宿州，金将纳兰邦烈带领三千精锐骑兵赶来支援，大败宋军。宋将郭倬、李汝翼又率领五万兵马来攻宿州，纳兰邦烈使用迂回包抄的战术，派骑兵绕道袭击宋军后方，宋军阵脚大乱，再遭败绩。

毕再遇当时正向徐州进军，听闻前军攻打宿州失败，赶紧驻扎灵璧据守，并击退了前来进攻的金军，而后又撤回泗州。另外，宋军进攻唐州、寿州、蔡州的部队也相继被金军击败。六月，韩侂胄罢免了两淮宣抚使邓友龙，命令丘崈（chóng）接任。丘崈为保全淮东兵力，主动放弃了泗州，退兵到盱眙设置防线。

韩侂胄寄希望于陕西战场能够取得战果，然而此时，驻守川陕的吴曦已经私下在和金国接触，企图将关外阶州、成州、和州（今陕西汉中）与凤州献给金国，以寻求金国支持他割据蜀地。韩侂胄期望吴曦能够领兵出击，可他却驻守河池按兵不动，还暗中为金军攻击宋军提供帮助。

十月，金军稳住防线之后，主帅仆散揆即指挥全军，分九个方向对宋军展开反攻。山东东、西路统军使纥石烈执中率军渡过淮河并围攻楚州。毕再遇领兵从盱眙出发支援，金军却趁着盱眙兵力空虚的时机，分兵攻下了盱眙。毕再遇回军收复盱眙，接着继续出兵援助楚州，此外还派部分兵马趁夜袭击淮阴（今属江苏），烧毁了金军囤积于此的粮草。

十一月，仆散揆率军到达淮河。他派出一部兵马到寿州假装渡河，吸引并牵制宋军，自己则带领主力偷偷从八叠滩（今安徽寿县西北）渡过淮河。防守淮河的宋军得知金军主力已经越过淮河，未战先溃，金军乘机夺取了颍口（今颍河入淮处），攻下了安丰军，围困了庐州。金将纥石烈子仁带领所部相继攻下定远、滁州，金军完颜匡部则接连攻下了光化、枣阳、随州等地。

西线金军攻破天水，进攻西和（今属甘肃），宋军王喜和鲁翼所部与金军力战。正当战事胶着之际，吴曦下令撤兵，导致宋军溃败，西河被金军攻陷。十二月初，吴曦焚毁河池，率军退至青野原（今陕西略阳北）。兴元都统制毋思率领重兵驻守大散关，吴曦撤离了邻近的蓦关守军，导致金人通过版闸谷绕到毋思后方，大败宋军，攻下了大散关。

荆湖和两淮地区，金军也继续推进。完颜匡派兵攻克安陆、应城、汉川（均今属湖北）等州县，直抵长江北岸。仆散揆进攻和州，纥石烈子仁进攻六合，两军沿着长江北岸布设旗帜以威胁宋军。当时毕再遇正在楚州与金兵对峙，得知六合告急，连忙率兵前去支援。

到达六合后，毕再遇预先在城南设下埋伏，在城墙上又布置了大批弩手严阵以待。当金军推进到城壕时，宋军先以弓弩齐射，而后伏兵出击，金军大败。整顿兵马后，纥石烈子仁再次率军攻城，又被宋军发动突袭而击败。解除六合危机后，毕再遇回师楚州攻打围城金军，迫使金军撤围而去。

十二月中下旬，宋国兴州中军正将李好义在七方关大败金军，吴曦并不给李好义奏捷，而是率军回到兴州。两天后，吴曦召集幕僚和手下将领表明心意，宣布接受金国册封的蜀王诏命。四川宣抚使程松听说消息，慌忙弃守兴元府，逃遁而去。

同年，李乾顺之孙李安全，在李纯祐母亲罗太后支持下发动政变，废掉李纯祐，自立为帝，即夏襄宗。李纯祐被囚禁，没过多久便暴毙。

公元1207年正月，吴曦派部下迎接金军进占凤州，将阶、成、和、凤四州割让给金国。随后吴曦在兴州宣布即蜀王位，向金称臣。他命令部将禄祁、房大勋驻兵万州，扬言要和金军会攻襄阳；又派禄祁进军夔州，扼守巫山的得胜、罗护等要隘。吴曦的反叛行径激起许多将士愤恨。二月底，兴州合江仓官杨巨源、李好义等率领七十名勇士，手执利斧，劈门冲入吴曦宫殿，将其杀死，而后分头捕杀其同党亲族。

吴曦被杀，使得金军深感受挫，宋军趁机出击，很快收复了被金军占据的四州之地。但由于韩侂胄新任命的四川宣抚副使与诸将不和，导致宋军非但不能一致对外收复失地，反而陷于自相攻讦之中，川陕宋军又一次丧失了战略主动，与金军陷入对峙。

这次北伐，以宋国的全面失利而告终，双方又开始旷日持久的谈判。作为战争胜利者，金国除了提出苛刻的条件，还要求宋国将韩侂胄等发起战争的主谋交给金国处置。在这种形势下，朝中的主和派又占据了主流。并与韩侂胄有嫌隙的杨皇后和史弥远等人密谋，计划除掉韩侂胄，以实现同金国的和谈。

十一月初，中军统制夏震等人在史弥远的指使下，在韩侂胄上朝时突然发动袭击，将他挟持到玉津园夹墙内暗杀。韩侂胄一死，军政大权即被杨皇后和史弥远掌控。随后，他们按照金国的要求，把韩侂胄的头颅割下，派使者送去了金国，并表示愿意全部接受金国提出的和谈条件。次年三月，宋金达成和议，约定两国边界恢复到战前，金宋仍为叔侄之国，岁币增加到银、绢三十万两、匹，另外宋国还需支付金国犒军费三百万两。签订和议时，南宋的年号已变更为嘉定，故此次谈判所达成的协议史称“嘉定和议”。

漠北蒙古崛起　金军连遭败绩

公元 1207 年八月，铁木真继续遵循削弱金国、先弱后强的原则，以西夏不向蒙古纳贡为由，率军向西夏发动进攻，攻破其边防要塞斡罗孩城（一作兀剌海城，今内蒙古乌拉特中旗西南），而后派遣兵马四下劫掠。李安全集结西夏右厢各路兵马前来抵御。铁木真见西夏军队依然强大，不敢贸然出击，在与其对峙五个月后终因军粮不继而退兵。

公元 1208 年十一月，完颜璟因病去世，在元妃李氏、宦官李新喜、平章政事完颜匡的策划下，完颜雍之子、潞王完颜永济继位。完颜永济本是庸碌之辈，他尚未得势时，曾经奉命到净州（今内蒙古四子王旗）接受蒙古的贡物，当时铁木真同他有过接触。完颜永济即位后，传诏蒙古朝拜，铁木真得知新帝是完颜永济，对金国更为蔑视，没有拜见使者便骑马离开。完颜永济听说后极为生气，打算趁着铁木真入贡时将其捕杀，铁木真探知消息，随即断绝了同金国的往来。

金蒙积怨由来已久。金国建立以来，长期推行对蒙古的民族压迫政策，不仅严厉盘剥压榨，还经常恣意残杀蒙古部众。完颜雍执政时，每三年都要派兵北上剿杀蒙古牧民，谓之“减丁”，蒙古各部无不对金国恨之入骨。直到铁木真用了十多年时间，先后征服蔑儿乞、鞑靼、克烈、乃蛮等部落，统一了整个漠北地区（今蒙古高原大沙漠以北一带），蒙古始有余力对抗金国。

公元 1209 年三月，金国叛将李藻、田广明建议铁木真发起对金国的作战，铁木真担心西夏会袭扰蒙古后方，便决定继续先对西夏发动攻势。蒙古大军由黑水城（今内蒙古额济纳旗）出发，再次攻击斡罗孩城。李安全任命其子李承祯为元帅、大都督府令公高逸为副元帅，统兵五万前去救援。双方在城外展开激战，西夏军大败，高逸被蒙军俘获并杀死。蒙军经过苦战，最终攻克了斡罗孩城，俘虏了守城的西夏太傅西壁讹答。

蒙军继续南下，抵达西夏都城中兴府（今宁夏银川）外围的重要关口克夷门（今内蒙古乌海西南）。克夷门地势险要，李安全派遣大将嵬名令公率兵五万负责守卫，蒙军前期多次进攻都被西夏军击退，双方在此地僵持了两个月。铁木真趁着守军懈怠，在城外据险设伏，引诱嵬名令公出城作战，发动伏兵击败了西夏军，俘虏嵬名令公，随即一鼓作气攻下了克夷门，蒙古军队进军到中兴府外。

蒙军引黄河水灌城，西夏军民死伤惨重，李安全赶紧派人向金国求救，但完颜永济不顾群臣进谏，断然拒绝了西夏的请求。中兴府城危在旦夕，但这时蒙军修筑的引水堤坝不慎坍塌，导致蒙军自己的军营也被洪水冲击，于是铁木真同意了李安全的乞和，在勒索了大量金银财宝、掠夺了大批粮草牲畜后退兵。战后，李安全愤慨于完颜永济见死不救，于次年派出上万骑兵攻打葭州（今陕西佳县），西夏与金国的合作关系宣告破裂。

公元 1211 年，在解除了西夏的威胁后，铁木真正式决定对金国用兵。二月，铁木真亲率蒙古大军从怯绿连河（今蒙古国克鲁伦河）南下。完颜永济听说蒙军出兵的消息，连忙派出使者请求与蒙古和谈，但被铁木真拒绝，完颜永济只好被迫应战。完颜永济动员了四十五万大军，命令由平章政事独吉思忠、参知政事完颜承裕率领，前往抗击蒙军。独吉思忠采取消极防御策略，为抵御蒙军，他在边境修筑了长达三百里的防御工事，但铁木真集中兵力攻下了乌沙堡（今河北张北西北）要塞，金军的工事防线瞬间瓦解。

面对蒙军的强大攻势，完颜承裕主动放弃了防御坚固的桓州（今内蒙古多伦）、昌州（今内蒙古锡林郭勒盟境内）、抚州（今河北张北），转而将军队撤退到野狐岭（今河北万全境内）一带，意图借助险要地形阻击蒙军。蒙军一到野狐岭就发起猛烈进攻，骑兵全部下马作战，蒙古大将木华黎率领敢死队冲在最前，蒙军主力紧随其后。铁木真采取重点突破战术，集中力量向着完颜承裕的中军大营猛攻。

山地虽然能够抵消蒙古骑兵的优势，但地势狭窄同样不利于己方兵力的集中，也不利于各要隘关口的联络调度和相互支援，完颜承裕的中军很快被蒙军冲溃。蒙军一路追击，金军工事、堡垒被逐个击破，金兵大败，余部退守浍（huì）河堡（一作会河堡，今河北怀安东）。蒙古骑兵紧追而至，同金军激战三天，金军主力被消灭殆尽。

七月，西夏齐王李遵顼发动政变废黜李安全，自立为帝，即夏神宗。不久李安全即因意外去世。称帝之后，李遵顼立刻发兵数万围攻金国的东胜城（今内蒙古托克托），后因金国援军到来，西夏军撤围退兵。

野狐岭之战后，蒙军乘胜南下长驱直入，一直打到了金国中都城下，但因中都城池坚固，且有重兵防守，蒙军攻城失利，于是在中都附近大肆掳掠后撤围。另一路蒙军从十月起，就在云内、东胜、朔州等地攻城略地。金国西京（今山西大同）守将纥石烈执中听说蒙军袭来，弃城逃到了中都。两支蒙军带着在河北、山西北部掠夺的大批物资班师北上。

十二月，蒙古骁将哲别率军进攻金国东京，攻城不克后假装撤退，等到金军疏于防范的时候，又率领轻装骑兵昼夜兼程杀了回来，一举攻破东京，劫掠了一个月才退兵。

公元 1212 年，金国将领耶律留哥在辽东起兵反金，铁木真与其联络交好，并派兵助耶律留哥多次击退前来镇压的金军。秋天，蒙军再次南下攻打金国，铁木真亲率主力围攻西京城，以围点打援的策略，在密谷口（今山西大同东北）设下伏兵，歼灭了金国元帅左都监奥屯襄所率领的援军。攻打西京城时，铁木真中箭受伤，于是下令班师。

公元 1213 年，李遵顼派兵进攻金国，攻下保安州（今陕西志丹）、邠州，围攻庆阳府（今甘肃庆阳）。西夏军继续进军，又相继攻克了巩州（今甘肃陇西）、庆元（今甘肃庆阳境内）和延安。

同年，蒙古第三次进攻金国，铁木真率领蒙军主力，与金将完颜纲、术虎高琪所部十多万人在怀来（今属河北）、缙山（今北京延庆）激战，金军大败。金军打算依靠居庸关（今北京昌平境内）抗拒蒙军，守军用铁水将所有关门堵死，沿长城布置了上百里的铁蒺藜，严阵以待。

铁木真决定避敌锋芒，只留少量兵力在居庸关北口牵制守军，另派出使过金国的札八儿火者领着哲别军袭取了南口（今北京昌平境内），而后南北两军夹击攻下居庸关。铁木真自己带领主力迂回南下，连续攻下紫荆关（今河北易县西北）、涿州，直抵中都城下。

八月，负责防守中都北面的金军右副元帅纥石烈执中发动政变。他联合完颜丑奴、蒲察六斤等人杀入皇宫，挟持了完颜永济，不久将其毒死，而后迎立完颜珣为帝，即金宣宗。完颜珣登基后，立即献出公主和童男童女各五百，向铁木真求和，蒙军撤兵。由于担心蒙军再度南下进攻，完颜珣不顾反对，决定将都城迁往汴京。

公元 1214 年五月，完颜珣下令迁都。六月，负责护送完颜珣的乣（jiǔ）军（辽金元时期北方诸部族人组成的军队）在良乡（今北京房山境内）一带哗变，推举斫（zhuó）答担任主帅，投降了蒙古。七月，铁木真趁着金国迁都、人心浮动的时机，派兵由古北口（今北京密云境内）南下，联合乣军围攻中都城。公元 1215 年正月，蒙军将领三木合拔都等采取围城打援和攻心战术，招降了金国右元帅蒲察七斤等，同时切断了金军的漕运通道。其后金廷虽多次派遣援军，均被蒙军击败，中都陷于孤立。

公元 1215 年五月，粮尽援绝的中都主帅完颜承晖服毒自尽，守军投降。铁木真下令将中都府库财物运往蒙古，又允许蒙古兵烧杀劫掠，中都顿时沦为人间炼狱，大火持续烧了一个月都没有熄灭。随后蒙军又转战河北、山东等地，大掠而归。次年，为进一步试探金国实力，铁木真派三木合拔都率上万骑兵，从西夏袭取潼关，又折向河南，进兵到汴京城下。三木合拔都探知汴京有重兵驻守，便率军渡过黄河北返。

铁木真判断短期内难以将金国彻底消灭，于是留下一部分蒙军在金国境内继续骚扰牵制，自己则率领主力返回漠北大本营休整，蛰伏待机。这段时间，蒙军在长城内外纵横驰骋，歼灭了金军大量有生力量，金国的颓败之势更加显著。

蒙军攻掠金地　西夏交恶覆灭

公元 1216 年，蒙军继续南下进攻金国，在山西、陕西、河南、河北、山东等多个地区攻城略地。西夏派兵协助作战，接连攻下延安、代州，而后配合蒙军攻克潼关。冬季，李遵顼派遣四万兵马围攻定西城（今甘肃定西），但被金军击败。

公元 1217 年正月，西夏又应蒙古征调，派兵三万随蒙军南下进攻金国，但这次蒙夏联军在宁州（今甘肃宁县）城遭到金军顽强阻击，大败而归。连续的作战失利，极大损耗了西夏的国力兵力，使西夏没有余力再支持大规模远征作战，但这时铁木真策划发动对花剌子模的西征，再度征调西夏兵马出战，被李遵顼拒绝。

铁木真率主力返回蒙古筹备西征事宜，留木华黎全权统率一万多蒙古兵，连同投降蒙古的蕃汉军队，继续攻击金国，招抚中原、建置行省。木华黎改变以往游动杀掠、攻城不守的战法，重用归附的金汉官吏，在攻取辽西、河北、山西、山东等地数十座城池后，委派他们镇守经营。

四月，金国为了弥补同蒙古作战的损失，以宋国拒绝交纳岁币为由，命元帅左都监乌古论庆寿、签枢密院事完颜赛不渡过淮河南下攻打宋国，金军攻下光州后继续南进。宋钤辖孟宗政、统制扈再兴等率领宋军在襄阳设伏，大败金军。与此同时，另一路金军正围攻枣阳，孟宗政和扈再兴又率兵转战支援，与金军对峙三个月，前前后后打了七十多仗，最终在宋将许国等所部增援下，合力击败了金军。

是年年底，铁木真以西夏拒绝蒙古征调为名，调集大军进攻西夏。李遵顼畏惧蒙军，于是逃往灵州，留太子李德旺守卫中兴府。蒙古大军兵临城下，李德旺只好派遣使者向铁木真求和，蒙军同意罢兵。

公元 1218 年，铁木真派哲别攻灭了西辽，扫除了西征障碍。次年，铁木真以花剌子模国杀害蒙古商人和使者为由，亲率二十万大军发起西征。

公元 1219 年正月，趁着蒙军主力西出，金国以大将仆散安贞为统帅，集全国之力，在西到川陕、东到江淮的广大地域上，发动对宋国的全面进攻。宋国军民在大安军（今陕西宁强西北）、枣阳、濠州等地相继击败金军，粉碎了金国向南开拓土地的意图。

公元 1220 年五月，宋国四川安抚使安丙写信给西夏，约定共同出兵进攻金国。八月，西夏出动上万兵马攻克了会州，完颜珣向李遵顼提出和谈，但遭到拒绝。次月，李遵顼派将领宁子宁和嵬名公辅等率兵二丨万攻打巩州，安丙派部将张威、王仕信分道进军，先攻下定边城（今陕西定边），而后与西夏军会合于巩州城下。金军据城坚守，西夏军久攻不下，撤兵而还，途中遭遇金军伏击，损失惨重，宋军也撤围而去。十月，安丙又派兵攻打天水，西夏军没有出兵助战，宋军无功而返。

同年，木华黎诱降了宋国的济南治中严实，严实以所掌握的八个州郡、三十多万人投附蒙古。之后，木华黎又陆续招降了金国邢州节度使武贵、宋国忠义军首领石珪、宋国京东安抚使张琳等人，持续壮大了蒙古的力量。为了对抗蒙军的蚕食，金国在河北、山西、山东等地收买了大量地方武装，命令他们统率本部人马守卫城池、攻取地盘，使得太原、平阳（今山西临汾）、真定、东平等地陷入蒙金的拉锯争夺之中。

公元 1221 年秋天，木华黎率领部下石天应、史天祥等进攻山西，而后渡过黄河转攻陕西，夺得了大片土地。次年八月，木华黎又率军夺回被金军收复的太原，随后又袭占了河中府（今山西永济西南）。冬天，蒙军进攻长安、凤翔，都没能攻克下来，于是引军东还。1223 年三月，木华黎率军行至闻喜（今属山西）境内时，病死于军中，其子孛鲁继承他的职位，派遣部将史天泽击败金将武仙所部，夺取了河北大片土地。

公元 1223 年，李遵顼在蒙古的威吓和国内的反对声中宣布退位，其子李德旺登基称帝，即夏献宗。为了对抗蒙古的威逼和侵袭，李德旺决定采取“联金抗蒙”的政策，再次和金国结成联盟，同时李德旺还趁着蒙古大军远征的机会，积极联络蒙古周边的各个国家和部落反抗蒙古。但李德旺的阴谋被留守蒙古的孛鲁发现，孛鲁立刻发兵进攻西夏，成功夺取了银州，俘虏西夏大将塔海，给西夏造成强烈震慑。

公元 1224 年，完颜珣去世，其子完颜守绪继位，即金哀宗。完颜守绪登基后，力图改变三面树敌的不利态势。他下令停止攻击宋国，积极同西夏交好，同时集中兵力抗击蒙军。完颜守绪派遣十万人马守卫潼关一带，另派二十万精兵沿着黄河分四段坚守。同年，铁木真灭亡了花剌子模，基本结束了中亚战事，班师返回漠北。

同年闰八月，宋宁宗病逝于临安宫中的福宁殿。因他的八个亲子都夭折，史弥远便联合杨皇后假传遗诏，废太子赵竑为济王，立其迎回的赵贵诚为新皇帝，并改名赵昀，即宋理宗。

公元 1225 年，蒙将史天泽在五马山（今河北赞皇境内）俘虏并杀掉了自 1214 年以来起义的红袄军首领彭义斌。次年，金将带孙与严实合兵围攻山东益都（今山东青州），孛鲁率兵前来支援。战斗打了半年，金军战败。山东红袄军首领李全宣布投降蒙军，孛鲁任命其为山东淮南楚州行省长官，山东许多州县闻风而降。

公元 1226 年二月，铁木真指责西夏背盟弃约，亲率十万大军从北方进入西夏国境。蒙军越过戈壁，深入河西地区，攻克了黑水城，而后又击败了驻军贺兰山地区的西夏大将阿沙敢不。四月，蒙军在肃州城以北驻扎，没能成功招降肃州，于是攻破城池后进行了屠城。六月，蒙军围困甘州，派人招降甘州守将曲也怯律，副将阿绰等人杀掉曲也怯律和蒙古使者，率领城中军民殊死抵抗。城破之后，蒙军又进行了血腥报复。七月，西凉府被蒙军攻破，守将斡扎篑（zé）战败投降。

蒙古大军所到之处，城池崩坏、血流成河，大军向着中兴府步步紧逼。李德旺在惊惧中病死，其侄、南平王李晛（xiàn）继位，即西夏末主。

十月，蒙古东路军攻破夏州。十一月，铁木真亲率蒙军主力围攻灵州，李晛派大将嵬名令公率领十万兵马前去救援。双方在结冰的黄河上驰骋冲杀，战斗十分激烈。最终西夏军惨败，灵州被攻陷，蒙军亦对西夏军民展开残酷报复。十二月，蒙军攻克盐州，四处搜索杀掠，西夏居民幸存者百无一二，赤地千里。铁木真派大军进围中兴府，西夏军顽强阻击，两军相持不下，于是蒙军便做好长期围困中兴府的打算。

公元1227年二月，铁木真带领大军渡过黄河，攻陷积石州，随后接连攻下临洮府（今甘肃临洮）、洮州、河州、西宁（今属青海）。三月，蒙军进攻沙州。铁木真派大将忽都帖木儿招降沙州守将，守将假装投降，设下酒宴犒劳蒙军，暗中却设下伏兵，忽都帖木儿险些被俘，逃脱后立即组织反击，沙州陷落，蒙军大肆报复。

五月，铁木真回师隆德（今宁夏西吉、隆德一带）。他派出使者劝李晛出降，李晛拒绝。六月，中兴府附近发生严重地震，宫舍损毁，瘟疫流行。被困半年的中兴府此刻已经绝粮，许多军民已失去作战能力。面对山穷水尽的窘境，李晛只好带着西夏的文臣武将们，向蒙军奉上户籍图册请求投降，但提出要宽限一个月，以准备贡物，迁移民户。此时铁木真已经身患重病，得知李晛将要献城投降，他立下遗嘱，要求死后暂不发丧，等到李晛投降后再发布消息。

同年七月，铁木真病逝于清水县（今属甘肃）行宫中。不久李晛出城投降，西夏皇族举族跟随蒙军北上觐见拜谒蒙古大汗，一行人走到萨里川（今蒙古国克鲁伦河上游西）时，尽数被蒙军杀害。蒙军进据中兴府，西夏正式灭亡。

蒙古汗位更迭　蒙宋联合灭金

铁木真临死前，曾将诸子叫到身边，指定窝阔台为其继承人，但由于蒙古的忽里勒台制度，窝阔台的继位还须由忽里勒台认定。忽里勒台本为蒙古部落议事会，蒙古兴起后成为选举大汗和决定军国大事的贵族代表会议。汗位空缺的时间里，暂由铁木真的小儿子拖雷代摄国政。这期间，蒙古没有开展大规模的军事行动，完颜守绪抓住这段时机，加紧整军战备，选拔组建精锐新军。

公元1229年秋，蒙古宗王和重要大臣举行大会，商议推选新的大汗。大会争议了四十多天，最终窝阔台战胜拖雷，继任大汗，即元太宗。窝阔台继承汗位后，继续按照铁木真的战略规划，着手发起对金国的灭国战争。

是年，蒙古大将朵忽鲁率领偏师进攻庆阳（今属甘肃），完颜守绪一边假意犒赏讨好，一边调兵遣将组织增援。灭亡西夏后，虽然蒙军主力已经北返，但留在陕西南部的蒙古偏师仍虎视眈眈，伺机攻取关中，打通潼关东进河南的通道。

公元1230年正月，金军在大昌原（今甘肃宁县西南）与蒙军发生交战。金国骁将完颜陈和尚率领忠孝军四百人为先锋，向蒙军发起冲击。忠孝军是指由被蒙军俘虏后逃回中原并投附金国的回纥、吐谷浑、契丹、羌、汉等族士兵为主体组成的军队。完颜陈和尚身先士卒、勇猛异常，大破数千蒙军，取得大胜。朵忽鲁率部向北退却，庆阳之围得以解除。窝阔台得知消息，大为恼怒，立刻派遣大将速不台前去支援。

七月，窝阔台带着拖雷等，率军南下讨伐金国。他先派出多路人马扫荡了山西境内的金国残余势力，而后率军攻克平阳。八月，金将武仙从卫州出发，翻越太行山西进，与从京兆调来的移剌蒲阿合兵围攻潞州。次月，孛鲁之子塔思从云中赶往潞州救援，途中遭遇移剌蒲阿的军队，被其麾下忠孝军夜袭，兵败而走，潞州被金军攻下。

窝阔台听闻潞州兵败，命令万户按只吉歹率部同塔思会合，反攻潞州。金军得知蒙古大军将至的消息后弃城而逃，蒙军连夜追击，斩杀金军七千人。窝阔台又命令史天泽部从真定南下，进攻武仙的大本营卫州，武仙刚回到卫州就陷入蒙军包围之中。耶律守绪命令完颜合达和移剌蒲阿率军救援。在完颜陈和尚所率忠孝军的力战之下，金军成功击退史天泽部，解了卫州之围。

窝阔台得知蒙古军在庆阳、卫州接连战败后震怒，亲自率领精锐部队进攻潼关，但连续攻打数月也没能攻克。十二月，蒙军主力接连攻下韩城、蒲城（今属陕西）等州县，打算同完颜合达与移剌蒲阿率领的金军主力决战，但金军眼见蒙军军势强盛，遂屯兵潼关以东的阌（wén）乡（今河南灵宝西北），并不出战交锋。

1231 年正月，速不台率军凿石伐木，打开通道，攻入蓝关（今陕西蓝田境内）；又继续跋涉东进，攻破潼关西南的小关之后，突入金国腹地，东进到卢氏（今属河南）、朱阳。金国的潼关总帅纳合买住率军顽强抵抗，同时向阌乡等地求助。完颜合达派完颜陈和尚的一千忠孝军，连同都尉樊泽的一万步兵前往支援。蒙金两军交战于倒回谷（今陕西蓝田东南），金军在谷内连战连捷、士气高涨，一直追杀到谷口，消灭蒙军数千人。

二月，蒙军经过激战，攻下了凤翔。五月，窝阔台召集众将商议伐金计划。入秋，蒙军按照计划，兵分三路南下展开进攻：东路由蒙将斡陈那颜率领，出山东济南，从东面牵制金军；中路由窝阔台亲自率领，从白坡（今河南洛阳孟津东北）渡过黄河，正面进逼金国南京城（今河南开封）；西路军为主力，由拖雷率领，从凤翔南下进入陕南，在宋军配合下顺汉水东进，过天险饶风关，在均州（今湖北丹江口西北）一带跨汉水，从后方进攻金国南京。

公元 1232 年，面对来势汹汹的蒙军，完颜守绪连忙调集黄河沿岸守军二十万，回防到禹山（今河南邓州西）一带阻击。拖雷率领四万大军避开金国多路援军，北上到金军必经之路的均州西南三峰山一带设下埋伏，并派出三千轻装骑兵，专在金军吃饭和宿营时攻击和袭扰他们，搅得金军行军缓慢、人困马乏。当金军主力走到三峰山附近时，所携粮草已经告罄，这时拖雷率领的兵马、在河北收服的降军以及窝阔台率领的蒙军主力陆续赶到三峰山，形成合围，加之天降大雪、天寒地冻，金兵冻饿交加、士气低落。

两路蒙军围住金军，轮流上阵攻杀，金军不能抵挡。而后蒙军又故意让开通往均州的道路，金军仓皇逃窜，蒙军一面追击，一面在半路设伏阻截，最终将金军彻底击溃。完颜合达、完颜陈和尚率领残部退入均州。不久蒙古大军赶到，均州很快被蒙军攻陷，完颜合达战死，完颜陈和尚、移剌蒲阿均因不愿投降而被蒙军处死。金军主力在此战中丧失殆尽，只有武仙成功逃脱，并在南阳山中陆续收拢了金军十多万溃兵，屯驻在邓州一带。

蒙军迅速包围汴京，金军据城坚守。围城战斗旷日持久，城中粮食告急、瘟疫肆虐，死者枕藉，哀鸿遍野。因汴京形势危急，已无继续坚守之可能，公元 1232 年十二月，完颜守绪弃城而逃，北渡黄河去往归德（今河南商丘南）。不久，金军元帅蒲察官奴与归德守将石盏女鲁欢等人发生火并，蒲察官奴杀死守军数千人及完颜守绪随行臣僚数百，挟持了完颜守绪，没过多久又被完颜守绪反杀。

公元 1233 年年初，蒙军攻克洛阳，完颜守绪逃往蔡州。武仙与唐州、邓州守将商议将完颜守绪迎入蜀地，于是集结大军进攻光化，想要夺取川蜀。宋将孟珙率军迎击，一举攻破金军营寨，斩俘五千多人。武仙转而进军吕堰（今湖北襄阳东北），又遭到宋军围攻，损失士卒数千、民夫数万。不久，金国邓州守将移剌瑗（yuàn）向孟珙投降。

七月，武仙所部将领刘仪投降宋军，并向孟珙提供了武仙驻军情报。当时武仙大军屯驻马蹬山（今河南淅川南），设立多个营寨，据险而守。宋军假扮金军混入对方营地，到处纵火，制造混乱，很快占领离金寨，而后又趁着夜色袭占了王子山寨。孟珙率军进攻马蹬山，他派部将急攻金军营垒，又故意在西边留下出口，设下埋伏。金军作战不力溃败，逃到西边又遭遇伏兵，损失极为惨重。孟珙乘势攻取和招降了金军剩余营寨。

孟珙料到武仙会率兵转移，于是在山脚继续设伏，大败武仙。武仙拒绝投降，并打算带领残部退往商州继续抵抗。孟珙指挥宋军向武仙发起总攻，激战数小时后大败金军，武仙只带了随从数人逃走，所部七万人马向孟珙投降。不久武仙在逃亡途中被蒙军擒杀。

九月，蒙军围困蔡州，但被金兵击败于城下。蒙军都元帅塔察儿一面修筑堡垒以防金军突围，一面派使者向宋国发出联合灭金的邀请，同时希望宋国能够支援粮食。十月，在权臣史弥远的决策下，宋廷同意联蒙灭金，并派遣宋将江海、江万里、孟珙等带兵两万、粮食三十万石，赴蔡州联合蒙军攻城。孟珙击败了前来拦截的两万金军，于十一月初进驻蔡州城南。此时城中已经断粮，金军组织了多次反击和突围，都被蒙军和宋军击退。

公元 1234 年正月初九，宋蒙联军对蔡州城发动联合进攻，被守军击退。次日，宋军继续进攻，成功攻入城内，而后打开西门，接应蒙军入城。完颜守绪不愿做亡国之君，匆匆传位给宗室将领完颜承麟，典礼还没完成，便听见宋蒙联军杀入城中的声音。金军与宋蒙联军展开激烈巷战。见大势已去，完颜守绪自缢而亡，不久完颜承麟也被杀死。孟珙在金国降臣带领下找到完颜守绪的尸体，他将尸体一分为二,一半归宋国，一半归蒙古，金国灭亡。

端平入洛初战　蒙军屠戮蜀地

金国灭亡之后，蒙军北上休整，只留下塔察儿、速不台和张柔等部队继续监视宋军动向。当时蒙宋双方对河南地区的归属问题还没达成明确共识，宋国只是权宜认定陈州、蔡州西北的土地归于蒙古，宋理宗便想趁此机会收回河南。在主战派支持下，宋理宗最终下定决心出兵中原，收复西京洛阳、东京开封和南京归德。

公元 1234 年五月，宋理宗正式任命淮东制置使赵葵为收复三京（即东京开封府、南京应天府、西京河南府的）统帅，率宋军主力由泗州渡过淮河北上；任命赵范为两淮制置使，屯驻在光州、黄州一带，以策应进攻洛阳的宋军部队；命令淮西制置使全子才率军由寿春渡过淮河北上，直取汴京。

六月，全子才奉诏率领两万兵马先行收复归德府，而后继续赶往汴京。汴京守将李伯渊杀死蒙古任命的主帅崔立，投附宋国，全子才部顺利进入汴京。当时正值酷热天气，汴河河堤也被蒙军破坏决口，洪水泛滥成灾，导致军粮运送不上，而宋军所收复的州郡经过连年战乱，也几乎都成了空城。不久，赵葵率领的宋军主力也抵达汴京。进城之后，求胜心切的赵葵便催促全子才出兵收复洛阳，全子才告知粮草没有准备好，不愿进军。

当时赵葵手上也没多少粮食，但他还是命令部将范用吉等率领一万三千人先行，令幕僚徐敏子为监军，再派全子才部将杨义带领一万五千人为后援，各发了五天口粮。诸将反映口粮太少，但赵葵仍然强制下令出兵。徐敏子率军先行，他命令士兵将五天口粮分成七天，才勉强保证了行军的顺利完成。五天后，徐敏子派遣小校张迪率二百人趁夜偷袭洛阳城，发现驻守的蒙古兵早已退出城外。两天后，徐敏子率大军入城，完成宋理宗占领三京的计划，史称“端平入洛”。“端平”为赵昀的年号。这时宋军兵粮已尽，只能依靠采摘野菜补充口粮。

随后到来的杨义所部在洛阳城东三十里处休整，这时蒙军突然向其发动袭击。宋军本就饥饿疲惫，立时大败溃散，许多宋军掉进洛河淹死。洛阳宋军听闻杨义兵败的消息，惊恐不已。次日，蒙军进抵洛阳城下，徐敏子率军忍饥作战，打退了蒙军多次进攻，但士卒已经饥饿不堪，只能杀马而食，无力再战，徐敏子只好下令突围。宋军疲惫困饿，刚与蒙军接战便发生溃败，蒙军紧追不舍，给宋军造成巨大杀伤。徐敏子身中数箭，在三百多名残兵护卫下，苦战七天才逃回光州。

洛阳兵败的消息传到汴京，赵葵和全子才均表现出积极增援的姿态，却又都按兵不发。赵葵在幕僚刘子澄的建议下，决定以粮草不继为由，率部撤出汴京。整理行装的命令下达，宋军将士都以为是要支援前线，结果第二天从东门反向行军，众人才知道是要退兵。宋军军心涣散，一路上风声鹤唳、草木皆兵，连蒙军影子都没见到，后军就自行发生溃乱，导致辎重军械等全部丢失，损失极大。

公元 1235 年春，窝阔台召集蒙古诸王举行大会，决定征讨钦察（中亚地区突厥部落王国）、斡罗思（13 世纪初基辅罗斯等公国）等国，以铁木真长子术赤的次子拔都为首领，以老将速不台为主帅，要求各宗室都派出长子领兵出征，这是大蒙古国的第二次西征作战，史称“长子西征”。

同年六月，窝阔台以宋国背弃盟约为由，派出两路大军进攻宋国：一路由皇子阔出率领，进攻荆襄地区；一路由皇子阔端率领，进攻川陕地区。阔出率东路军一路势如破竹，先后收服唐州、邓州、均州。这三地都是由金国降将驻守，蒙军一到便迅速投降。之后蒙军继续攻破枣阳、光化、郢州等地。

七月，阔端率领西路蒙军在巩州招降了金国旧将汪世显。十二月，阔端以汪世显为先锋，率军从凤州推进到西川西池谷（今甘肃康县东南），向沔州（今陕西略阳）迫近。宋国四川制置使赵彦呐主张退守大安，沔州知州高稼则认为沔州对保护蜀地至关重要，要求死守沔州。赵彦呐表面同意，但当蒙军迫近的时候，他还是将麾下军队撤走。

高稼独自率兵对阵蒙军，他依托山势顽强阻击。赵彦呐派部将何邻前去增援，但刚与蒙军遭遇，何邻便落荒而逃，所率援军也被蒙军击溃。不久高稼战死，沔州被蒙军攻克。赵彦呐将部队屯守在入蜀咽喉要道青野原，蒙军赶到并将其包围，屯驻石门（今陕西略阳西北）的利州都统制曹友闻率军赶来支援，打败了蒙军，解了青野原之围。

蒙军先锋汪世显率军转攻大安，曹友闻调兵遣将据守各处关隘要道。很快数万蒙古兵突进到了阳平关（今陕西勉县西南），曹友闻率部主动出击，击退蒙军。曹友闻料到蒙军一定会去进攻鸡冠隘（今陕西勉县西南），便派遣部将陈庚、时当可领兵赶去支援。蒙军果然出动上万兵马攻击隘口，宋军援军从后方对蒙军发起猛烈冲击，守隘的宋将王资、白再兴也率军出关进攻。两面夹击之下，蒙军大败。曹友闻乘势向北出击，收复了仙人关，迫使蒙军退出了原宋国控制区。

公元1236年三月，因荆湖制置使赵范沉迷酒色、废弛防务，又疏于对一线军队的安抚统御，导致原金国降将王旻、李伯洲焚毁襄阳城郭仓库，投降蒙军，宋军囤积在城中的大量兵器、粮饷全部被蒙军夺得，宋军将领李虎也带领部众趁乱劫掠，整个襄阳城几乎被搜刮一空。四月，蒙军攻破随州、郢州和荆门军（今湖北荆门）。八月，蒙军攻下枣阳军、德安府。

当年九月，西路蒙军打败宋国都统李显忠所部，占领了武休关，并顺势攻入兴元府，准备向大安军发动进攻。赵彦呐命令曹友闻控制大安以保置口（今陕西略阳西北），曹友闻派其弟曹万率领部分兵马登上鸡冠隘并大张旗帜，做出坚守姿态，自己则率领精锐上万人，连夜渡河设伏。

蒙将巴图鲁和塔尔海率领步骑上万人与曹万所部厮杀，战斗极为激烈。曹友闻派遣部分伏兵前往支援，但未能冲破敌阵。这时天气骤变，下起大雨，曹友闻知道伏兵已经暴露，为了争夺战机，带领全军发起总攻。川陕宋军向来有以布帛代替盔甲的习惯，布帛浸水湿透后，便不再利于士兵作战。战斗到天亮，蒙军铁骑四面杀掠，曹友闻率军血战，与其弟曹万相继战死，宋军全军覆没。蒙军攻占入蜀要隘，随即挥师南下进攻蜀地。

阔端率领蒙军主力沿金牛道，经利州攻入四川地区，另一路偏师由蒙将穆哥率领，由阴平（今甘肃文县西北）南下入蜀。蒙军长驱直入、势如破竹，蜀地各路宋军无法抵挡，四川制置使赵彦呐逃往夔门。十月中旬，蒙军先头部队进抵成都北面的驷马桥。当时成都已经很久没有经历战火了，百姓听说有部队出没，还以为是前线退下的逃兵，蒙军先锋大摇大摆地进了城。

等到宋军开始反击，民众这才察觉是蒙古兵杀到了，于是纷纷动员起来拦截驱赶，将入城蒙军逐出了城外。当时成都城内守军不足七百人，蒙军休整后再度攻入城内，许多百姓举家自杀，官吏们纷纷逃亡，四川制置副使兼成都知府丁黼（fǔ）率部迎战，终因寡不敌众，中箭而死。宋军参议官王翊及幕僚王璨、李日宣等人召集军民抵抗蒙军，兵败自杀。

十月下旬，阔端带领蒙军主力进入成都，他深感成都民心并不归附，于是下令屠城。蒙军纵火烧杀，成都几乎变成一座空城。之后蒙军又分兵四出，在四川各地劫掠，蜀地的五十四个州郡大多难逃浩劫，百姓惨遭屠戮，城镇乡村沦为焦土，只有夔州、泸州、果州（今四川南充）、合州（今重庆合川）等少数几个州郡得以幸免。

蒙军并没有长期经营蜀地的打算，劫掠一番之后，带着大量金银财宝和俘虏撤回北方，只在入蜀的重要关隘留下兵马把守，以确保随时能够再次南下攻略蜀地。

天崩地坼

大元立国与南下灭宋之战争（公元1236年—1279年）

鏖战两淮川蜀　宋军收复荆襄

正当蒙古军队在蜀地大肆杀掠的时候，陕甘境内还有秦州、巩州等二十多个州郡没被蒙军占领。蒙古中书令耶律楚材命人晓谕各州，许诺不杀叛逃吏民、不究以往罪责，各州纷纷归降，但会州都总管郭斌拒不投降，蒙军多次进攻都被击退。公元 1236 年十月，弹尽粮绝的郭斌将家人和手下将校的妻女集合起来并全部烧死，而后继续率军登城血战。蒙军攻破城池，郭斌自焚而死，许多守军将士也跳入火中自杀。

十一月，蒙古宗王口温不花等率军进攻宋国淮西地区。听闻蒙军来袭，宋国蕲（qí）州（今湖北蕲春）、舒州（今安徽潜山）、光州守将弃城而逃。口温不花占领三州后，派小股骑兵从信阳向庐州方向劫掠，同时派遣部将察罕率军进攻真州。

真州守将丘岳治军严明、防守严密，不仅击退了攻城蒙军，还出兵反击至胥浦桥（今江苏仪征西），给蒙军造成不小杀伤。面对敌众我寡的态势，丘岳设置三道伏兵，还在真州西城设置防炮。等蒙古兵再度来攻的时候，宋军用炮石猛轰，同时伏兵四起，再次将蒙军击退。丘岳派遣勇士出城袭击蒙军军营，烧毁其大帐，蒙军只得匆忙退兵。

公元 1237 年，口温不花率军进攻安丰，当时的守将是杜杲。他先将军民撤出安丰，而后在城池周围设伏。蒙军进攻后发现安丰已经成为一座空城，这时杜杲发动伏兵，对蒙军穷追猛打，蒙军大败而走。蒙军用火炮攻城，将城楼全部摧毁，杜杲修筑数百个木质移动城楼连成防线，继续阻击蒙军。

经过长时间作业，蒙军用石头在护城河上构筑了二十七座坝桥。杜杲立即派兵夺取桥头，并组织敢死队身披牛皮厚甲向蒙军反攻。此外，他还安排一批神射手，专门瞄准蒙军缺乏防护的眼睛射击。这些举措给蒙军造成极大困扰，沉重打击了蒙军士气。不久，前来增援安丰的各路宋军陆续到达，杜杲联合吕文德、余玠、赵葵、夏贵等部兵马，内外夹击，一齐向蒙军发动猛攻，蒙军大败而退。

公元1238年秋，不甘失利的窝阔台派遣蒙古大帅察罕再次进攻两淮地区。蒙军号称八十万，声势浩大，包围庐州。此时杜杲已经升任淮西制置副使兼庐州知州，负责庐州防务。蒙军为阻止宋军增援，在庐州外围修筑了一条六十里长的土墙，但被杜杲派兵摧毁。蒙军又以火炮攻击城墙，杜杲继续使用先前的木楼战术加以抵挡。此外，杜杲还以大量火炮同蒙军展开对射。

蒙军久攻庐州不下，损失惨重，只好撤围并继续东进。杜杲等蒙军撤走大半后，打开城门主动出击，大败蒙军后卫部队，追杀了十多里才回师。之后杜杲又派吕文德、聂斌等部将统率水军扼守淮河，使得蒙军无法继续南下。

就在蒙军集中兵力进攻两淮的时候，宋理宗向长江中游地区的宋军下达了收复荆襄的命令。新任京西、湖北安抚制置使的孟珙指挥所属部队攻夺郢州、荆门军，不久宋将张俊、贺顺分别收复了这两地。十二月，宋将刘全先后与蒙军在冢头、樊城、郎神山（均在今湖北襄阳境内）发生交战，三战三捷。

公元1239年正月，宋将曹文镛收复信阳军，刘全进军襄阳、樊城。这时原先已于1236年依附蒙古的原南宋虎翼军统制刘廷美，与其弟刘廷辅合力打败了襄阳城内的叛军，举城投降宋军。刘全进据襄阳，而后又派遣部将谭深攻取了光化军。

孟珙在收复襄阳后，大刀阔斧整顿防务，相继创建先锋军、飞鹘军、忠义军、虎翼军等精锐部队。他以江陵为基地，以襄阳为重镇，大兴屯田、训练士卒，使得宋军的荆襄防线得到极大巩固。

这年秋天，窝阔台派遣元帅塔海绀（gàn）卜和秃雪率领大军再度南下攻蜀。八月，塔海绀卜攻破成都，之后蒙军分兵掳掠汉州、邛州、简州（今四川简阳）、眉州（今属四川）等地。蒙军征行大元帅按竺迩部沿着嘉陵江南下攻打重庆，汪世显部渡过渠江向东进攻，经达州、开州，进抵万州。

宋军退到长江南岸，依江设防。汪世显假意在北岸集结船只，暗中却迂回到上游，趁夜渡过长江，绕至宋军后方将其击溃。随后汪世显部顺流追击到夔州，在瞿塘（今重庆奉节东）一带大败宋军水师，缴获上千艘战船，接着指挥部队继续东进，进抵巫山（今属重庆）。渡过黄河的另一路蒙军于十二月攻破施州（今湖北恩施）。

孟珙收到蒙军渡过长江东进的消息，赶紧调集兵马，加强峡州（今湖北宜昌）、归州、松滋（今属湖北）和澧州（今湖南澧县）等地的防务，以堵塞蒙军从四川出击、攻掠两湖的道路。

汪世显部继续进军，在大垭寨（今湖北秭归西）与孟珙之兄、湖北安抚副使孟璟所部遭遇。双方爆发激战，汪世显部被宋军击退。而后宋军裨将刘义在巴东（今属湖北）清平村截击蒙军，再度获得胜利。汪世显见宋军守备严密，便率军撤退，孟珙顺势派兵收复夔州。

公元1240年二月，按竺迩围攻重庆不克，转而攻打万州。宋军派水师溯江而上迎击，蒙军乘坐巨筏顺流而下，以强弓劲弩猛射宋军，宋军抵挡不住，败退回夔门。

公元1241年二月，窝阔台游猎归来，饮酒之后突然病重，休息数十天才逐渐恢复过来。十一月，窝阔台再次出猎，在行帐中观赏歌舞、纵情豪饮到深夜。次日左右探视时才发现其已经中风而不能言语，不久窝阔台病死于行殿之中。

窝阔台曾指定其子阔出为继承人，但阔出已于五年前死于征宋战争中，于是窝阔台又将阔出之子失烈门收养帐下，并指定其为汗位继承人。窝阔台死后，按照惯例，由其妻脱列哥那暂时摄政。她与诸王、大臣会盟，违背窝阔台意愿，强行改立正在中亚征战的贵由为太子。

当时蒙古西征大军已经攻陷波兰，正着力加强对匈牙利的控制，并制定了入侵神圣罗马帝国的计划。窝阔台的突然病逝，使得欧洲前线蒙军不得已停止了前进。西征首领拔都听说与自己不和的贵由可能要继承汗位，连忙命令速不台和诸王率军东返，而自己则留在亦的勒河（今俄罗斯伏尔加河），不久之后拔都建立钦察汗国（又称金帐汗国）。

公元 1246 年七月，贵由正式即汗位，但大权仍为脱列哥那把持，直到数月后脱列哥那病逝他才得以亲政。次年年初，贵由以西巡为名，打算发动西征，讨伐拔都，但当大军行进到横相乙儿（今新疆额敏境内），贵由却突发疾病而死。

贵由死后，其妻斡兀立海迷失临朝称制。因拔都与贵由不和，拔都拒绝奔丧，并以长支宗王身份邀请蒙古宗王、大臣到他在中亚草原的驻地召开忽里勒台大会，商议推举新大汗，但此举受到窝阔台和察合台系宗王的抵制。最终在双方势力的博弈和妥协下，多数宗王同意拔都提出的拥立拖雷长子蒙哥为汗的提议。

公元 1251 年六月，蒙古宗王、大臣在斡难河畔召开忽里勒台大会，共同拥立蒙哥继承汗位。从此以后，蒙古汗位统绪便由窝阔台家族转移到了拖雷家族。

蒙军攻略西南　蒙哥死于合州

蒙哥即位后，窝阔台系的各宗王依然拒绝承认其统治。蒙哥率军平定了蒙古贵族内部的反抗，又任命其弟忽必烈管理蒙古高原以南的汉地军政事务。

公元 1252 年六月，蒙哥命令其四弟忽必烈率领十万大军出征西南的大理国，军事工作由大将兀良合台主持，忽必烈负责居上统辖，随后蒙古远征军从漠北祭旗出发。不久，蒙哥又命令其六弟旭烈兀率领十万人马西征波斯（今伊朗）。

十二月，忽必烈大军渡过黄河，次年春到达盐州、夏州，四月出萧关（今宁夏固原东南），驻军在六盘山（今宁夏南部、甘肃东部地区）。

公元 1253 年九月，忽必烈大军到达甘南地区，而后兵分三路向大理进军。当时四川中南部地区仍被宋军控制，因而蒙军只能取道吐蕃东部人迹罕至的地区，翻山越岭、艰难跋涉。蒙军行军过程中，还顺道征服了一些不肯臣服的吐蕃部落。十月，蒙军进入大理国境，进抵金沙江畔，周边一些部族酋长前来归附，向蒙军献计用牛羊皮革做成皮筏渡过金沙江。蒙古大军到达丽江（今属云南），攻下大理军许多寨栅营地。

大理国主段兴智听说蒙古大军到来，有意投降蒙军，但实际执政的权臣高祥却坚决主战，段兴智无力反对，只得表示同意。十二月，忽必烈率领的中路军先行包围了大理城。不久，兀良合台率领的西路军也在攻下龙首关（今云南大理北）后，进军到大理城下。东路军则沿着楚雄、姚州（今云南姚安），迅速会合而来。

忽必烈先派出三名使者入城劝降，但被大理国人杀死。段兴智和高祥出城迎战，被蒙军打得大败，逃回城中，忽必烈随即下令攻城。战斗到晚上，大理守军溃败，蒙军攻入城内。忽必烈见使者被杀，愤怒之下一度打算屠城，但被幕僚张文谦等制止，于是转而命人手持“止杀”旗帜安抚大理臣民。忽必烈命令大将也古率军追击大理残兵，在姚州擒杀高祥。

公元1254年年初，忽必烈班师北还，他留下兀良合台戍守大理地区，又任命臣僚刘时中为宣抚使，治理大理地区的民政。同年秋，蒙军追击到昆明（今属云南），俘虏段兴智，大理国灭亡。段兴智被押往北方后，蒙哥对其施以怀柔，赐金符，命他回到大理地区，继续管理原属各部，由此段兴智对蒙古感恩戴德，积极替蒙军经略大理地区。

公元1256年，蒙哥鉴于已收服大理地区，对宋国的侧翼包围已经完成，于是以宋国囚禁蒙古使者为由，下令从两个方向对宋国发起进攻：右翼方向，命令兀良合台从大理地区，蒙将帖哥火鲁赤、带答儿等从利州南北相向攻掠四川；左翼方向，命令宗王塔察儿、驸马帖里垓进攻两淮地区。

帖哥火鲁赤、汪德臣所部在宋国降将南永忠、高贵的带领下，出苦竹隘（今四川剑阁南），经过阆中（今属四川），抵达顺天府（今四川南充），而后沿嘉陵江南下。带答儿所部自兴元入蜀，穿过巴州，沿着渠江南下。十月，两军陆续抵达渠州（今四川渠县），进逼重庆地区。

兀良合台率军从大理地区北上，迅速攻下乌蒙（今云南昭通），而后从陆路向石门关（今四川高县西北）进军，接连击破地方势力占据的三座营寨，攻克了石门关。之后，兀良合台继续向叙州（今属四川）进军，在马湖（在今金沙江流域）湖畔遭到宋国都统张实、叙州知州史俊率领的三万宋军阻击，兀良合台将宋军击败。次年正月，各路蒙军在蜀地掳掠后返回。

左翼的塔察儿率军进入东平，因军纪不严，大军忙于劫掠，导致未能及时进军，被蒙哥派遣使者问罪，进攻宋国之事也未取得成果。

公元1257年，为消耗宋国国力，蒙哥再次下令进攻宋国。右翼，都元帅纽璘率军从利州出发，经大获山（今四川阆中东北）出梁山军（今重庆梁平），逼近夔门。蒙将刘黑马、夹谷忙古歹率军攻占成都，宋国四川制置使蒲择之率军将成都反围，纽璘回师合州，整顿兵马赶往成都救援。纽璘先在箭滩渡（今四川遂宁东）击败了前来阻击的宋军，又在成都城外击退围城宋军，顺势攻占了成都府治云顶山城（今四川金堂南）。西川地区的州县相继投降蒙军。

左翼，塔察儿率领十万大军进攻襄阳和樊城，围城七天七夜没有攻克，死伤惨重，再一次无功而返。

公元1258年二月，蒙哥决定对宋国发起全面攻势，他命令兀良合台率领大军从大理地区经广西北上策应，忽必烈南下进攻鄂州，自己则亲率主力进攻四川，企图从夔门东进，待三路大军会师后，直取临安。

七月，蒙哥率领四万大军从陇州经大散关南下蜀地。到十二月，蒙军接连攻克或招降苦竹隘、长宁山鹅顶堡（今四川苍溪西）、大获城（今四川苍溪东）、运山城（今四川蓬安东南）、青居城（今四川南充境内）、大良城（今四川广安东）等重要据点关隘。蒙哥征服川西北大部分州县后，率军到达武胜山（今四川武胜境内），准备向宋军重要战略据点合州城发动进攻。

公元1259年正月，蒙哥没有采纳主力继续进军并留下部分兵力牵制宋军的建议，而是自恃兵强马壮，决意强行攻下合州城。他派军攻取了周边礼义山城（今四川渠县东北）、平梁山城（今四川巴中西）等州县堡垒，建立防线以阻击宋国援兵，随后亲率主力大军进至石子山（今重庆合川东），开始围攻合州。然而合州城城池坚固、防御完备、易守难攻，蒙古大军先后攻打合州城的一字城、镇西、东新、奇胜、护国等城门及外城，均被宋军击退。

为了解合州之围，宋军组织了大规模的救援行动，但援军都被外围蒙军所阻截，始终没能前进到合州城下。即便如此，守军依然意志高昂。为了打击蒙军困城的信心，守将王坚特地将两只三十斤重的鲜鱼和上百张蒸面饼抛出城外，并投书称再有十年蒙军也攻不下合州城。此时围城蒙军的境况也很糟糕，连续攻城不力、兵马折损严重，又值酷暑，蒙古兵本就不习惯炎热气候，加之水土不服，军中疟疾、霍乱等疾病流行起来。

六月初，四川制置副使吕文德率水师溯长江而上，突破蒙军封锁进入重庆，接着又率上千艘战船沿着嘉陵江北上救援合州，途中遭遇蒙军水师阻击，败退而还。王坚趁着蒙军士卒疲惫、士气低落的时机，多次派兵出城夜袭蒙军营地，蒙军不胜其扰。

一贯以勇猛自恃的汪德臣恼怒不已，他率兵趁夜突袭合州城，攀附云梯登城而上，占领了马军寨，而后与守军陷入激战，但因突降暴雨，蒙军的云梯也被折断，导致后军不能跟进，汪德臣只得退出城外。过了几天，他又单枪匹马来到城下劝降，突然被守军发射的飞石击中头部，最终伤重而死。

蒙哥闻讯大怒。为激励士气，七月下旬，他亲临前线指挥攻城作战，结果也被飞石所伤，六天后死于军中（也有沾染瘟疫而死的说法）。

同年八月，忽必烈率军渡过淮河，攻破大胜关（今河南罗山南）并一路南下。沿途宋军大多逃散，蒙军直抵长江。九月初，忽必烈得知蒙哥死讯，但他以为是谣传，于是继续率军向南进攻，在长江北岸击破宋军防线，渡过长江，没过多久就抵达鄂州城下。忽必烈对鄂州展开猛烈围攻，守城军民拼死抵抗，蒙军连续攻城两个月也没有攻克，而外围赶来增援的宋军越来越多。

闰十一月，忽必烈收到其妻察必派使者送来的密信，确认了蒙哥死亡的消息，同时还得知一些蒙古王公正打算拥立忽必烈同父同母的四弟阿里不哥为汗，便决定退兵北返，但他还是放出风声要加大进攻鄂州的力度。宋国鄂州守臣贾似道派遣使者请求议和，约定向蒙古割地赔款，忽必烈同意了贾似道的请求，随后回师北上争夺汗位。

旭烈兀的西征大军相继攻克了阿拔斯王朝（今伊拉克）、叙利亚和波斯等国家。蒙哥死后，他得知忽必烈和阿里不哥正在争夺汗位，便决定不再东归，而是留驻波斯，后被忽必烈册封为伊儿汗，建立伊儿汗国。

大元立国肇始　襄樊重镇陷落

公元 1260 年年初，忽必烈率军抵达燕京。他在燕京近郊驻扎下来，还解散了阿里不哥的支持者脱里赤征集的民兵，极大地安抚了百姓情绪。阿里不哥试图诱骗忽必烈北上，以此逼迫他就范，让自己名正言顺当上大汗。忽必烈没有上当，他决定利用自己在漠南汉地的便利与优势，同北面的阿里不哥对抗，双方互派使者交涉，矛盾日益激化。

三月下旬，忽必烈在开平（今内蒙古正蓝旗一带）召开忽里勒台，宗王塔察儿率先劝进，其他宗王、大臣移相哥、忽剌忽儿等附和拥戴，于是忽必烈宣布继承汗位。之后忽必烈加紧编组和训练精兵，多次征调各地兵马北上戍卫。他还将大量马匹、粮食运往漠南一带，完成扼守大漠南缘、伺机远征的准备。

五月，得知忽必烈称汗的消息，阿里不哥也连忙召集留守在漠北地区的诸王、宗亲举行大会，并在会上即大汗位，这时蒙古就出现漠南、漠北同时存在两个大汗的情况。

阿里不哥派兵进攻忽必烈，忽必烈将其击败，随后领兵北上，迫使阿里不哥撤出了和林（今蒙古国杭爱山南麓）。在短暂占领和林后，忽必烈留下宗王移相哥继续驻守，自己则退回漠南，并派兵援助宣抚陕西地区的廉希宪，击败并杀死了手握重兵的阿里不哥支持者浑都海、阿蓝答儿等，稳定了陕甘一带的局势。

公元 1261 年，忽必烈又在开平举行集会，商议军政、调整中枢。阿里不哥得知消息，又举兵东进，用计策诓骗移相哥，击溃了他的部众，重新占领和林。十月，忽必烈领着召集的各路汉军和蒙古诸王军队，再次北上征讨阿里不哥。双方在昔木土脑儿（今内蒙古锡林郭勒盟境内）之西爆发激烈战斗，未能决出胜负，各自向后退兵，在大碛（qì，亦称大漠，即今蒙古高原大沙漠）南缘对峙。冬末，忽必烈还师，遣散了临时征召的民夫壮丁，前线紧张局势有所缓和。

公元 1262 年，漠北发生饥荒，忽必烈下令断绝通往和林的粮道。阿里不哥因为缺粮，只好向西迁移，忽必烈重新收复和林。西迁的阿里不哥攻打察合台汗国的可汗阿鲁忽，洗劫了伊犁河流域。次年，阿里不哥的军队又与阿鲁忽在浑八升（今新疆阿克苏南）交战。阿里不哥失利，撤退到撒马尔干（今乌兹别克斯坦境内）。当时宗王玉龙答失投靠了忽必烈并驻扎在阿尔泰山，阿里不哥的许多部众都投靠了玉龙答失，依附阿里不哥的窝阔台之孙海都也在与阿鲁忽的交战中败北，阿里不哥的处境越发窘迫。

公元 1264 年，阿里不哥的驻地阿力麻里（今新疆霍城西北）又陷入严重饥荒，他只好派使者向忽必烈请降。忽必烈购买粮草接济了阿里不哥的部众，诛杀了阿里不哥部将孛鲁欢、忽察、秃满等十多人，而赦除了阿里不哥和追随他的蒙哥次子阿速带。至此，持续五年的蒙古汗位纷争告一段落。

之后，忽必烈的地位得到稳固，于是他立即着手整顿军队，督造战船、组训水军，筹备新一轮的对宋作战。为实现灭宋愿望，忽必烈采纳了宋国降将刘整提出的先取襄阳、樊城的建议。

公元 1264 年，宋理宗在临安去世。当时宋国在外面临着蒙军强大的军事压力，在内朝政大权则为权臣丁大全、贾似道等人把持，可谓内忧外患。宋理宗死后，其弟、荣王赵与芮之子赵禥（qí）继位，即宋度宗。赵禥自小体质孱弱，智力有缺损。他耽于酒色，重用权臣，少有精力治理朝政，使得宋国颓势更甚。

公元 1268 年，忽必烈命令都元帅阿术、刘整率军进攻襄阳、樊城，又派遣枢密副使史天泽、驸马忽刺出前往督师。阿术、刘整、史天泽等人针对襄阳、樊城城墙坚固、守备充分，且宋军擅长守城和水战的现实，采取四面修筑堡垒、长期围困守军、水路阻击援军、伺机攻破城池的战略，集合十万大军将襄阳和樊城围得水泄不通。

公元 1269 年三月，宋国京湖都统张世杰率领骑兵、步兵和水兵混编组成的大军援助襄阳，与蒙军在赤滩圃（今湖北襄阳东南汉江上）激战，宋军被击退。七月，宋国沿江制置副使夏贵率领五万水军、战船三千艘，趁着秋雨水涨，载着军粮援助襄阳。他以一部分兵力佯装从东岸林间进攻，自己则率领主力猛攻蒙军在襄阳城外新筑的要塞城堡。阿术察觉到夏贵的意图，设下伏兵突袭，水陆齐出击败夏贵，俘杀宋军两千人，缴获战船五十艘。十二月，为了阻止宋军从汉水支援，蒙军在襄阳城西修筑了万山城要塞。

公元 1270 年三月，蒙军在万山城西编组训练了七万人的水军，修造战船五千艘，并在汉水中修筑了实心台，上面配置弩炮，以截断宋军水路通道。守将吕文焕为了摆脱危机，率领步骑一万五千人、兵船上百艘，突袭万山城。蒙军将领张弘范先按兵不动，等到宋军深入蒙军阵地才开始鼓噪反击，宋军被杀得大败。九月，宋国殿前副都指挥使范文虎率兵船两千艘救援襄阳，阿术、刘整等率军在灌子滩（今湖北襄阳东）迎战，俘杀上千人，夺得战船三十艘，一路追击到云胜洲，宋军大败。

公元 1271 年四月，范文虎再次带着大批粮秣物资前来支援，与蒙军在湍滩（今湖北宜城东南）交战，又被击败。六月，范文虎率领十万水军部队，第三次救援襄阳。阿术率蒙军迎击，双方在汉水东西两侧列阵对峙。夜间，蒙军以小船发起突袭，大败宋军水师。七月，襄阳守将来兴国率军出城攻击蒙军百丈山要塞，再遭败绩，宋军死伤两千多人。蒙军继续在城外修筑堡垒，将外围所有要塞据点连成一线，完全断绝了城内外联系。

公元 1271 年年底，忽必烈取《易经》“大哉乾元”之意，将国号由“大蒙古国”改为“大元”，忽必烈成为大元第一任皇帝，即元世祖。

公元 1272 年三月，阿术、刘整等率军对樊城发动猛攻，攻破其外城，斩杀甚众，迫使宋军退入内城坚守。元军在外围增筑城墙，不断缩小包围圈。当时襄阳城内的物资补给已经极度紧张，宋京湖制置使李庭芝调遣范文虎无果，只好派人到清泥河（今湖北襄阳西北）上游的均州境内，造了上百艘战船，招募了三千勇士，由民兵部将张顺、张贵率领，打算趁五月汉水上涨，将盐、布帛等物资送进襄阳城内。

张顺、张贵先将船只秘密隐蔽集结在白河口，而后趁着夜色向襄阳城进发。元军发觉，双方展开激战，张顺战死，张贵率部突入襄阳城中，给困境中的守军以极大鼓舞。九月，张贵率军潜出襄阳，接应前来援助的宋军，但因军情泄密和范文虎的失约，张贵所部在龙尾洲遭到元军截击，陷入重重包围，最终全军覆没，张贵兵败身死。此后，襄阳、樊城的外援完全断绝，彼此之间也只能依靠汉水上的浮桥互相联系。

公元 1273 年正月，元军从东北、西南两个方向分五路对樊城发起总攻，刘整安排熟悉水性的士兵潜入水中，预先烧毁了两城之间的浮桥，而后水陆并进展开猛攻。此战中，元军还使用了威力大、射程远的一种抛石机——回回炮。元将忙兀台所部竖云梯登上柜了城。元参知政事阿里海牙率军焚毁城栅，用回回炮摧毁角楼，打开缺口，攻入城内。元管军总管史弼从东北方向发动强攻，昼夜鏖战，破城而入。樊城守将牛富率部与元军展开惨烈巷战，终因寡不敌众而失败，自己也身受重伤，投火殉国，樊城陷落。

元军在猛攻樊城的同时，也向襄阳屡次喊话招降，并用炮火轰击城楼。二月，在元军反复诱降和强大军事压迫下，吕文焕举城向元军投降。元军突破襄樊防线，宋国朝野大为震动，急忙调整部署，将兵力收缩至长江一线。

蒙军突破长江　太后宋帝出降

公元 1274 年正月，忽必烈在元大都（今北京）营造的新宫殿落成，他在正殿接受百官臣僚的朝贺。前来觐见的阿术向忽必烈进言，力主出兵攻灭宋国。忽必烈召集群臣商议，史天泽等人也坚决赞成出兵。最终忽必烈采纳攻宋建议，动员数十万大军，兵分三路南下征宋。

七月，赵禥因酒色过度，死于临安宫中的福宁殿，其子赵㬎（xiǎn）继位，即宋恭帝。

九月，元中书左丞相伯颜、平章政事阿术率领中路二十万大军进抵郢州，遭到宋国黄州武定诸军都统制张世杰的顽强阻击。为减少损失、争取时间，伯颜命令大军绕过郢州，经黄家湾（今湖北钟祥东）、藤湖（今湖北钟祥东南）迂回，继续向长江进发。元军进军到沙洋堡，招降宋军被拒，发动强攻消灭了守军，而后又进军新城（今湖北钟祥南），招降再度遭到拒绝。新城守军据城坚守四天四夜，打退元军多次进攻，终因寡不敌众而失败，包括守将边居谊在内的三千名守军全部阵亡。

十一月，元军进军到蔡甸（今湖北武汉汉阳西），准备渡江南下攻取鄂州。宋廷为阻止元军，命令淮西安抚制置使夏贵率领上万艘战船，扼守汉水入江口。十二月，伯颜采用声东击西的战术，命令部分元军进攻沙芜口（今湖北武汉黄陂南），吸引夏贵调兵汉阳，而后派遣主力从汉口进入长江。

元军在长江北岸厉兵秣马，随即进攻阳逻堡（今湖北武汉青山东），未能攻克，于是留下一部分人马继续佯攻，大军则趁着雪夜强渡长江，向夏贵率领的水师发动进攻。宋军猝不及防，被杀得大败。元军焚毁了宋军三千艘战船，鄂州、汉阳守将投降，阳逻堡也被元军攻克。为了保障后方安全，伯颜命令右丞相阿里海牙率领四万兵马继续镇守鄂州，自己则带着十万主力，以吕文焕为先锋，顺长江而下，战、抚并用，沿途的黄州、蕲州、江州、安庆（今属安徽）等地守将陆续不战而降。

公元 1275 二月，宋国丞相贾似道派使者向元军提出和谈，以增加岁贡为代价，请求元军归还所占领的州郡，元军没有应允。于是贾似道集结各路宋军十三万人，号称百万，与元军在丁家洲（今安徽铜陵北）遭遇并对峙。结果刚一交战，夏贵率领的水军便怯战而逃，继而引起了宋军的全线溃败。元军水陆齐进，追击一百五十多里。宋军溺死者无数，船只、军械、图册和符印等大都被元军缴获，太平州、滁州守军相继投降元军。

三月，元军进军至建康外围，宋国沿江制置使赵溍（jìn）弃城而逃，都统徐王荣等人献城投降。元军偏师攻取了饶州（今江西鄱阳）、宁国，宋国广德军、溧阳（今属江苏）、常州等地也陆续归降。忽必烈命令伯颜驻守建康，元将阿塔海驻防镇江，暂时停止进军；命令阿术率军攻打扬州，元将昂吉儿进军淮西，阻止两淮地区的宋军南下救援。

四月下旬，阿术率军渡过长江后，先派遣使者前往扬州招降，但被扬州守将李庭芝拒绝。而后阿术大军进抵真州，在老鹳嘴（今江苏仪征东）击败了前来阻击的宋军，斩杀两千多人，接着进占瓜洲，并在瓜洲修造战船、军械。月底，元军进攻扬州，与宋国都统姜才率领的两万人马展开激战。姜才部大败，损失惨重，退入扬州城坚守。

元军多次攻城均告失败，于是在扬州外围大量修筑军寨堡垒，隔绝了城内守军与泰州、宝应、高邮（均今属江苏）等地宋军的联系。扬州守军在扬子桥、湾头堡等地组织了多次突围，都被元军击退。

此时，由阿里海牙率领的另一路元军正在湖南地区作战。他先在荆江口（湖南岳阳北）击败了岳州守将高世杰，占领岳州，接着又攻克沙市城（今湖南浏阳西北），招降了江陵、澧州、常德（今属湖南）、峡州、复州（今湖北天门）、郢州等地，为元军扫平了后方。元将宋都带、李恒等则在江西地区转战。攻破隆兴府（今江西南昌）后，他们陆续招降了十一座城池，继而又在团湖坪（今江西万年西南）、龙马坪（今江西进贤北）打败宋军，瓦解了江西地区的抵抗。

六月，宋国保康军节度使昝（zǎn）万寿献出嘉定（今四川乐山）及周边要塞三龟城、九顶城，投降元军，元军乘势推进，接连占领泸州、叙州、长宁、富顺、开州、达州、巴州、渠州，而后对重庆展开围攻。合州当时也被元军重兵围困，川蜀地区形势危如累卵。

长江以南，元军依然虎视眈眈。宋廷为了挽救局势，一边调兵遣将，加强东坝（今江苏高淳东）、四安镇（今浙江长兴西南）、独松关（今浙江安吉南）、吴江（今属江苏）等要地的防卫，另一边又派遣张世杰从临安率领大军北上抵抗元军。在宋军的激烈反击下，广德、溧阳、常州等地先后被宋军夺回。

七月，张世杰与平江都统刘师勇、泰州知州孙虎臣等集结了上万艘战船。他们将每十艘船用铁索连接在一起，固定在焦山的江面上，准备与元军决战。阿术水陆并进，采用火攻方式大败宋军水师，至此宋国长江防线完全崩溃。

十月，伯颜指挥元军从镇江出发，兵分三路南下进攻：参知政事阿剌罕、元将奥鲁赤等率右路军从建康经溧阳、广德，攻向独松关；元将董文炳、张弘范、范文虎等率左路军经江阴军（今江苏江阴）、许浦（今江苏常熟东北），从海路前往澉（gǎn）浦（今浙江海盐南）；伯颜和右丞相阿塔海率中路军向常州、平江进发。

公元1276年正月，三路大军会师皋亭山（今浙江杭州北）。宋国摄政的太皇太后谢道清拒绝了张世杰、文天祥背城一战的建议，她一面命人带着益王赵昰（shì）、广王赵昺（bǐng）向南逃跑，一面派遣使者向元军请降。丞相陈宜中逃往温州，宋将张世杰、苏刘义等也率部撤离临安。

二月初，皇太后谢道清、宋恭帝赵㬎带着文武百官向元军投降。元军使者手持宋国太皇太后手谕，招抚各地尚未归附的州县。淮西制置使夏贵献出淮西三府六州三十六县，投降元军。使者来到扬州城下招降淮东制置使李庭芝，被其严词拒绝，姜才发射弩箭驱离了使者。闰三月，元军挟持被俘的宋帝及太皇太后北上，途经瓜洲。李庭芝集结四万大军发动夜袭，试图夺回宋帝和太皇太后，激战数小时，没有能够成功。其后扬州城中断粮严重，守军多次进攻湾头堡和丁村堡，试图接应援助的粮草，都被元军击败。

江西战场，元将宋都带等率军攻占了建昌军（今江西南城）、临江军（今江西樟树西南），宋国吉州（今江西吉安）、袁州（今江西宜春）、赣州（今属江西）守军投降，江西被元军平定。湖南战场，阿里海牙攻破潭州，而后陆续招降了湖南地区未归附的各州县，以及韶州、南雄（今属广东）等地。

蒙军南下追击　宋室崖山覆亡

公元1276年五月，陈宜中、张世杰、陆秀夫、文天祥等人在福州拥立益王赵昰为帝，即宋端宗，同时向江西和浙江南部派出兵马抵御元军。六月，忽必烈为了追击残余宋军，消灭宋国政权，在临安和鄂州分别设立尚书省，其下又设置各路宣慰司，指挥部队继续南下。

七月，宋廷派人宣召李庭芝和姜才南下护卫。李庭芝留部将朱焕继续守卫扬州，自己和姜才率领七千人马前往泰州，想从通州（今江苏南通）登船入海南下。不料朱焕献城投降，阿术率军赶到泰州将李庭芝等人包围。宋军裨将孙贵等人打开城门投降，李庭芝和姜才被元军押解回扬州后杀死。

宋国降将王世强引导元军攻打宋军，张世杰想要带着赵昰和赵昺南下泉州，但已接受元廷招降的泉州守将蒲寿庚不允许他们进入。因物资短缺，张世杰劫掠了蒲寿庚的船队，蒲寿庚便派出兵马与张世杰交战。张世杰只好护送赵昰等人逃到海上，自己则率军围攻泉州。蒲寿庚为了报复张世杰，将泉州城内的宋国宗室全部屠杀，据城坚守，宋军多次进攻都被打退。

十月，元军主帅唆都派来支援蒲寿庚的军队抵达泉州，张世杰只好撤围而去。元军招讨使刘深带兵攻打宋军驻地浅湾（今广东南澳东南），张世杰战败，带着赵昰、赵昺等逃往井澳（今广东中山南），刘深又紧追而来。张世杰带领宋军击退刘深，将驻地迁移到硇（náo）州（今广东湛江境内）。

同月，以同都督职出掌江南西路的文天祥派兵反攻江西。他命参谋赵时赏、咨议赵孟濚率领一路兵马进攻宁都（今属江西），命参赞吴浚率另一路兵马进攻雩（yú）都（今江西于都）。江西的一些吏民纷纷起兵响应宋军，元军赶紧调兵遣将到各处镇压。

十一月，阿里海牙进军广西，在静江（今广西桂林）击败守将马暨，随后派人招降了广西大部分州县。十二月，宋国合州守将张珏收复泸州、涪州，解除了元军对重庆的围困，同时入驻重庆，蜀地元军迅速组织反击。

公元1277年六月，元将张德润率军再次攻克涪州，守将程聪被俘。十月，元军攻克天生城要塞（今重庆万州境内），杀死守将上官夔。十一月，元军攻下弹尽粮绝的泸州城，守将王世昌自缢而死。各路元军在重庆城下会合，于外围南城、朱村坪和长江上布下重兵，再度合围重庆。元军派泸州降将李从招降张珏，但被张珏拒绝。十二月，达州降将鲜汝忠部攻克皇华城（今重庆忠县境内），俘虏守将马堃，宋军军使包申在巷战中力战而死。

公元1278年正月，宋军派遣大将工用攻打雷州（今属广东），但被元军击败。张珏部将李义率军经过广阳坝（今重庆南）时，遭到元军突袭，全军覆没。二月，蜀地元军攻下绍庆府（今重庆彭水），俘虏守将鲜龙，城中的湖北提刑赵立和制司幕官赵酉泰自杀。重庆外围的宋军据点被陆续拔除。张珏率兵冲出薰风门，和元将也速儿在扶桑坝（今重庆东）一带激战，其他元军部队从宋军后侧发动攻击，张珏大败。

这时重庆城中粮食已经断绝，张珏部将赵安劝说张珏投降，张珏没有同意，于是赵安等人在夜间打开镇西门投降元军。张珏率军奋力反击，但已无力回天。他多次试图自杀，均被部下阻止，于是带着家人向涪州撤退，最终被元军追兵俘获，后自缢。

元军占领重庆后，集结重兵，加大了对合州的攻城和劝降力度。因蒙哥死前留有破城后屠尽合州军民的遗命，眼见宋国大势已去，为保全合州将士和百姓的性命，守将王立派遣使者与元军接洽投降事宜，在得到元军不杀一人的保证后，王立宣布停止抵抗，开城投降元军。

四月，宋端宗在经历多次惊吓与颠簸后病死，陆秀夫、张世杰等人又拥立其弟赵昺为帝，即宋怀宗，亦称宋少帝、宋帝昺。五月，宋军派琼州安抚使张应科再次攻打雷州，接连三次进攻都没取得进展。张应科率领宋军第四次攻打雷州时，战死于城下。张世杰认为硇州已经不能久留，便带着宋怀宗转移到了崖山（今广东江门新会南），并征调琼州（今海南海口琼山）的粮食供给军队和吏民。

五月，文天祥率军出会昌（今属江西），进入兴国（今属江西），而后派参谋张汴、监军赵时赏等带领大军逼近赣州。在江西各路义军、百姓的支援下，宋军顺利收复了赣州、吉州的大部分县城。元江南西路宣慰使李恒派一路兵马支援赣州，自己则率军进攻文天祥在兴国的营地。文天祥没有防备，被元军打得大败，历经艰险才得以逃脱，但其留在江西的部属相继被元军消灭。

六月，忽必烈为彻底消灭宋国残余势力，任命张弘范为蒙古汉军都元帅，令其率水军由海路南下；命令副帅、西夏皇室后裔李恒率领步骑大军由陆路南下，联合进攻宋军。张弘范接连攻下漳州、潮州（今属广东）、惠州（今属广东）等地，而李恒则从大庾岭（今广东南雄北）进入广东，先取英德（今属广东），后占广州（今属广东）。

元军一路势如破竹，几乎没有受到抵抗。十二月，文天祥正带兵追击潮州盗匪陈懿党羽，在五坡岭（今广东海丰北）吃饭时，陈懿勾结张弘范所部元军突然出现并发动进攻，宋军不能抵挡，纷纷躲藏逃散，文天祥被元军俘获。张弘范试图劝说文天祥为元廷效力，但文天祥宁死不从，后被张弘范执送北方，囚禁三年后杀害。

公元 1279 年正月，张弘范、李恒大军在崖山会师，元军对宋军形成三面包围之势。为防止士兵逃亡，张世杰下令焚毁陆地上所有宫殿、房屋和据点，又下令将上千艘船只用铁索贯联在海湾内，将宋怀宗的龙船放在中间。元军用小船载着茅草、油脂向宋军发动火攻，但因宋军采取了船身涂泥、横杆阻截等防御措施，火攻没能奏效。元军派水师封锁海湾，断绝了宋军取水和砍柴的通道。

宋军将士连吃了十多天干粮、喝了十多天海水，个个上吐下泻、虚弱不堪。张世杰指挥部队主动发起进攻，试图打破元军封锁，但没有成功。二月上旬，张弘范策划对宋军发动总攻，他将大军分为四路，宋军东、南、北面各安排一路，自己则率主力佯装待机。北路元军趁涨潮率先向宋军展开进攻，被宋军击退。

到了中午，张弘范的水师从正面向宋军靠拢而来。他预先在船楼中设下大批伏兵，并用篷布遮蔽。元军船只冒着箭矢，等到接近宋船，便立即撤掉篷布、敲响铜锣，伏兵尽出，跳船接战，连克七艘宋船，而后一路猛进，一直打到宋军阵营中央。张世杰见大势已去，命令剩余宋军砍断铁索，带着十多艘船冲出了包围圈。

宋怀宗的船被围在最中间，丞相陆秀夫见无法突围，将自己的妻子、儿女赶下大海，而后怀揣玉玺、背着宋怀宗投海自尽，随行的十多万军民也纷纷跳海而死。张世杰希望尊奉杨太后诏命，再去寻找皇室后人立为君主，但杨太后得知宋怀宗的死讯后，也赴海自杀。不久张世杰亦在大风雨到来的时候落水而死。崖山海战后，宋室覆亡，南宋就此灭亡。

星火燎原

元政之失与大元国祚之终结（公元 1281 年—公元 1368 年）

元初对外用兵　平定宗王叛乱

消灭宋国势力、实现汉地的大一统后，元廷的战争机器并没有停止下来。

公元 1281 年六月，为报第一次征日失败之仇，忽必烈集结了十四万大军，兵分两路进攻日本。早在公元 1274 年，忽必烈就派遣蒙古和高丽联军三万多人攻打过日本的镰仓幕府，联军一度登陆对马岛、壹岐岛，但因日军抵抗顽强，加之遭遇台风，最终大多数士兵葬身大海。

这次忽必烈做了充足准备，东路四万人马由蒙将忻都率领，有战船九百艘，从高丽出发；南路十万人马由汉将范文虎率领，有战船三千五百艘，从庆元（今浙江宁波）出发，共同征讨日本。东路军率先抵达目的地，攻下志贺岛，而后试图从博多湾登陆日本本土。但日军自元军第一次入侵后，便开始修筑工事、加固堤防，导致元军始终无法登岸。

七月下旬，范文虎率领的南路军与忻都东路军会合，随后驻军鹰岛。八月初，元军再次遭遇台风，许多士卒溺死，船只、物资损失严重，士气受到很大打击。范文虎等将领见势不妙，弃军乘船逃走。当时元军大部分兵力都屯驻在平户岛、鹰岛等九州西北部岛屿休整，因补给不继、缺乏指挥，各部陆续被日军消灭或俘虏。第二次征日之战又以失败告终。

公元 1282 年，伯颜带领岭北（今蒙古高原大沙漠以北地区）各路元军平定了蒙哥之子昔里吉的叛乱。而在岭西（今蒙古高原大沙漠以西地区），元军为收回天山南路各城，与窝阔台汗国首领海都所部展开激战，夺回了对畏兀儿（9 世纪中叶西迁高昌地区而形成的西州回鹘，亦称高昌回鹘）的控制权。

公元 1283 年，元军从云南出发，发动对缅国（今缅甸）的战争。大军水陆并进，连续攻克江头城（今缅甸八莫）、太公城（今缅甸东抹古附近）等地，并派兵驻守，之后陆续收服了建都、金齿等十二个部落。

公元 1284 年，元军集结数十万大军，在丞相唆都率领下，南下进攻安南国（今越南）。元军先后攻下永州（今越南永州）境内多个关口要地，安南军退守万劫津（今越南东北部）。不久安南国的将领陈兴道、兴武王陈巘（yǎn）、明宪王陈蔚等所部陆续集结到万劫，以阻挡元军攻势。

公元 1285 年正月，元军将领乌马儿领兵进攻万劫，安南军大败。元军紧追不舍，陆续攻下嘉林（今越南嘉林）、武宁（今越南北宁）、东岸（今越南东岸）等地。元军抓获一大批安南军俘虏，发现他们在臂上刻有“杀鞑”二字，暗指杀灭元军，于是大肆屠杀安南军。月底，陈兴道派遣上相太师陈光启驻守乂（yì）安（今越南乂安）。二月，安南靖国大王之子陈键投降元军，但在北上元廷时，被安南豪强袭杀。元军遂加大攻势，安南国君主陈仁宗及太上皇陈圣宗乘坐小船逃到三峙源。

三月初，安南上位文昭侯陈弄向元军投降，不久昭国王陈益稷和安南国将领范巨地等也相继向元军投降。唆都率军进据占城（今越南中南部），在乌里州（今越南广治一带）与其他方向元军会师，并攻占了欢州（今越南荣市）、爱州（今越南清化）等地。但没过多久，元军军中暴发瘟疫，不得已撤兵北上，回师途中又遭到安南军追杀，损失惨重。

公元 1287 年二月，元廷又征发江淮、江西、湖广三个行省的蕃汉军队分道进军安南，安南军队接连在泠泾关、大滩口、多某湾等地重创元军。月底，元将阿台和乌马儿率领三十万大军南下攻克万劫，而后进攻云屯（今越南广宁境内）。安南仁惠王陈庆余初战失利，于是他等待元军大部队过后，带着残兵袭击了元军的补给船队，夺得了大量俘虏、军粮和武器。元军主力补给丧失，不得已退兵北返。三月，进攻长安府（今越南宁平）的元军也被安南军击退。

四月，安南军发动反攻，先在咸子关（今越南文江境内）打败元军，而后在地方民兵配合下，于升龙、章阳等地接连取得胜利，元军退至泸江。唆都和乌马儿率军渡海进攻天幕江，前军进至扶宁县（今越南扶宁），被守军击败。五月，元军总管张显向安南军投降，安南军又在西结击败元军，杀死了唆都。乌马儿带兵撤退，安南军追击而来，俘获元军五万人马。

征安南元军屡遭败绩，加之天气炎热，士气低落，于是打算撤军北还。陈兴道率军在万劫阻击撤退的元军部队，杀得脱欢、李恒部大败。李恒被安南军用毒箭射杀，脱欢在裨将李瓘保护下才得以逃脱。但没过多久，李瓘也被安南军追兵用毒箭射死，剩余元军退回元境。

四月，宗王乃颜联合合撒儿系宗王失都儿、合赤温系宗王哈丹秃鲁干等，在漠北地区举兵反元，响应窝阔台汗国的海都。当时元军主力正在西北同海都、察合台汗国的都哇的军队拉锯对峙，为防止东西叛军两面出击，形成呼应，忽必烈派北安王麾下土土哈所部疾驰向东，急行军七个昼夜赶到土拉河（今蒙古国土拉河），打败乃颜派出的先头部队，接着又沿怯绿连河南下，击败其后续万余骑兵。

五月，忽必烈决定亲征乃颜。他率领博罗欢所属五部人马和李庭所属各路汉军，由上都（今内蒙古正蓝旗东）出发，沿着大兴安岭西麓北上。另一路主力则由大将玉昔帖木儿带领，与自己分道而行。六月初，元军在撒儿都鲁（今内蒙古呼伦湖东南）与塔不台、金家奴等所部叛军相遇。当时元军数量居于劣势，忽必烈亲自来到前线招抚叛军，但被叛军集中强弓劲弩射击，他只好退回大营固守。夜间，李庭率部对叛军发动突袭，叛军受惊溃败，这才令忽必烈转危为安。

元军进军到乃颜领地，除留下部分兵力驻守，另外集中精兵向乃颜军大本营黄帐发动进攻。乃颜军得知消息提前退走，元军缴获了大量辎重。不久，玉昔帖木儿在击败叛王哈丹后，也赶来与忽必烈会合。元军在玉昔帖木儿指挥下继续向东追击，不久在有鹰山（今大兴安岭西侧）与乃颜军遭遇。

元军先锋玉哇失一马当先，带领部属发起猛攻，冲入敌阵左突右杀，后军也迅速跟上，叛军大败，乃颜本人也被元军俘获，后被忽必烈下令处死。乃颜兵败后，哈丹和其他东道诸王依然不断兴兵对抗元廷。

公元 1288 年正月，乌马儿率军再度进攻龙兴府（今江西南昌），被安南军击败，安南军缴获元军哨船三百艘，元军士兵大多溺水而死。二月底，乌马儿又进攻兴安寨，随后各路元军在白腾江会师。安南军提前在白腾江种下许多木桩，利用涨潮时机进攻元军，又假装败退吸引元军追击。落潮后，元军船只大多搁浅，安南军乘势发动攻击，大败元军，元军被杀死溺毙者甚众，大批将领被俘。元将张文虎部的运粮部队也遭到安南军伏击，死伤惨重。很快，元军在安南境内的势力便被基本肃清。

同年，海都再次对元廷发动进攻，兵锋直指岭北。次年，元岭北驻军在将领甘麻剌的带领下，同海都、都哇在杭海山（今蒙古国杭爱山）爆发激战。元军战败并向东撤退，海都军一路追击，占领和林。七月，忽必烈再次率领大军亲征，海都闻讯放弃和林，退兵而走。之后，忽必烈派伯颜、玉昔帖木儿等主持军事，展开对岭北地区的争夺，直到两年后元将土土哈将海都所部驱逐到阿勒台山（今阿尔泰山），岭北的局势才算稳定下来。

公元 1293 年，忽必烈派兵进攻爪哇信诃沙里王国，同样遭到失败，元军于次年损兵折将而归。元廷还策划继续征伐安南、爪哇等国，但终因忽必烈的死亡而作罢。

公元 1294 年正月，忽必烈在大都病逝，其孙铁穆耳在母亲阔阔真和大臣伯颜、玉昔帖木儿等人支持下继承皇位，即元成宗。

公元 1300 年十月，铁穆耳以缅国掸族土官阿散哥擅自废立元廷册立的国王为由，命云南行省平章政事薛超兀儿、左丞相忙兀都鲁迷失等率领一万两千人入缅作战。元军围攻木连城（在今缅甸曼德勒省），遭到守军顽强抵抗，久攻不下。同年十二月，铁穆耳以八百媳妇国（在今泰国北部地区）侵占车里（今云南景洪）为由，命刘深、合剌带、郑祐等率兵两万征讨。

公元 1301 年二月，阿散哥以重金贿赂元军将校，征缅元军将领以暑热为由撤兵回国。出征八百媳妇国的刘深所部，还未同敌军交战，便因瘴气和疟疾等疾病遭受重大损失。刘深率军途经顺元城（今贵州贵阳）时，因征集军需同地方吏民发生矛盾，土官宋隆济、蛇节起兵抗元，刘深余部被击溃，元军赶紧调集兵马前去镇压。

同年，海都、都哇再次率领大军进攻大元北境。秋天，元军统帅海山在铁坚古山（在今蒙古国西部）与海都主力交战，大败海都所部，海都、都哇均在战斗中负伤。不久，海都死于撤退途中。

至此，元廷基本平定北方威胁，停止向南征伐，国内外态势总体稳定下来。

内忧外患纷扰　大元国政动荡

因为过去长期实行忽里勒台制度，大元并没有父死子继的传统，每当前一任君主死去，政权交接总要经历不可避免的跌宕波折，各宗室、臣僚、后宫势力之间斗争博弈，甚至刀兵相向都不鲜见。

公元 1307 年，铁穆耳去世，皇后卜鲁罕在左丞相阿忽台等人支持下，召安西王阿难答回京，打算拥立阿难答继承皇位。右丞相哈剌哈孙并不同意，于是秘密派人通知了驻守漠北的海山和驻守怀州的海山之弟爱育黎拔力八达。当时卜鲁罕已经下令封锁了前往漠北的驿站、道路，爱育黎拔力八达率军进入上都，杀死了阿忽台。不久海山也率军抵达和林。

海山母亲答己和宗王阔阔出、牙忽都等都有意推举爱育黎拔力八达继位，于是派人劝说海山放弃皇位。海山不从，率领三万大军南下，众人只得同意拥戴海山。五月，海山在上都召开忽里勒台大会，处死了卜鲁罕和阿难答，而后在众人推举下继任皇位，即元武宗。海山的顺利登基，很大程度源于爱育黎拔力八达的支持和妥协，因此海山将其立为皇太子，指定为接班人，并约定以后互相传位给彼此后代。

海都死后，其子察八儿继承窝阔台汗国的汗位，企图继续向大元发动进攻，但他的重要盟友察合台汗国的都哇决定向元廷投降，之后窝阔台汗国的大部分领土都被察合台汗国吞并。

1308年，海山派遣使者出使钦察汗国，册封术赤系宗王脱脱为肃宁王。察八儿在金山（今阿尔泰山）一带流窜，最终在元将月赤察儿的强大军事压力下，于公元1310年入朝归降元廷。此后，大元除与察合台汗国关系偶尔紧张外，同各汗国基本再未爆发战争。

公元1311年正月，海山病逝于大都，爱育黎拔力八达继承皇位，即元仁宗。但爱育黎拔力八达并没有遵守和海山的约定，而是在1315年十一月，将海山之子和世㻋（là）封为周王，外放到了云南。次年三月，和世㻋途经延安，一些海都旧臣赶来劝说他夺回皇位，于是和世㻋等人策动陕西行省丞相阿思罕发动叛乱。叛军一度进攻到河中，以至京师戒严，爱育黎拔力八达准备御驾亲征。

但不久，叛军发生内讧，阿思罕等人被其同党所杀。在内忧外困之下，和世㻋一路向西逃窜，穿过大漠到达察合台汗国境内，受到察合台汗国大汗也先不花的欢迎和收留。同年十二月，爱育黎拔力八达册立其子硕德八剌为皇太子。

公元1320年正月，爱育黎拔力八达在大都病逝。次年三月，硕德八剌在太皇太后答己及其兄铁木迭儿等人支持下继承皇位，即元英宗。硕德八剌即位后，朝政大权被答己及铁木迭儿所把持。他们排除异己、任人唯亲，搞得朝廷乌烟瘴气。

公元1322年八月、九月，铁木迭儿和太皇太后接连去世，硕德八剌得以掌握实权。他一面有意推行新政，实现国富民强的心愿；另一面又大力清除铁木迭儿的势力，以巩固自己的权威。但硕德八剌的新政触犯了大量保守派的利益，铁木迭儿的党羽也在自危之中酝酿反击。

公元1323年八月，硕德八剌由上都返回大都，夜间住在上都南三十里的南坡店，铁木迭儿的义子铁失纠集了一群对硕德八剌心怀不满的旧贵族发动兵变，将丞相拜住和硕德八剌相继杀死。硕德八剌死后，铁失等人派遣使者北上，将玉玺进献给晋王也孙铁木儿。

九月，也孙铁木儿在漠北龙居河（今蒙古国克鲁伦河）宣布登基，即泰定帝。继位后，也孙铁木儿先是宣布大赦，同时给铁失等人加官晋爵，以稳住参与兵变的主要分子，但仅仅一个月后，他便将涉及硕德八剌之死的一干人等全部诛杀。

当时，各地天灾不断。是年冬天，大元遭遇极端严寒，许多牲畜被冻死。1324 年七月，龙庆州（今北京延庆）遭遇大冰雹袭击。公元 1325 年十二月，同州发生地震，江淮地区遭遇严重水旱灾害。公元 1327 年，四月和林地震，五月洛阳发生蝗灾，八月四川地震，九月、十二月宁夏接连地震。公元 1328 年七月，宁夏再次发生地震。

面对灾祸连连的情况，也孙铁木儿召集众臣商议对策。中书省平章政事张珪趁机请求革除弊政，提出了肃清铁失余党、限制和尚道士、裁汰冗官、停止珍珠采办等十多条建议，但也孙铁木儿并没有接受。天灾导致许多地区发生饥荒，一些走投无路的民众选择聚众反抗，这些零星的暴动虽然被迅速镇压，却也暴露出大元国内矛盾的激化和国势的日渐衰颓。

公元 1328 年七月上旬，也孙铁木儿病逝于上都。也孙铁木儿死后，大都发生政变，执掌宿卫部队的燕帖木儿打算拥护海山之子、怀王图帖睦尔即位，于是派遣使者去往江陵迎接图帖睦尔入朝。图帖睦尔路过河南的时候，伯颜也派遣兵马护送其北上。一行人八月到达大都，而后图帖睦尔下诏宣布即位。

权臣倒剌沙则在上都拥立皇太子阿速吉八即位，即元天顺帝，而后派兵进攻大都。双方激战两个月，最终倒剌沙兵败，图帖睦尔的大都兵马围困上都，阿速吉八和倒剌沙都被杀死。图帖睦尔在即位诏书中明确表示，若是和世瑓回来，自己便让位给他，同时派遣使者去往金山邀请和世瑓。

公元 1329 年，和世瑓收到消息后欣然回朝，在和林北宣布继承帝位，即元明宗。和世瑓一行继续南下，到达上都附近的旺兀察都（今河北张北境内），图帖睦尔和燕帖木儿前往迎接，随后下毒毒死了和世瑓。八月，图帖睦尔在上都宣布复位登基，即元文宗。图帖睦尔复位之后，有拥戴之功的燕帖木儿大权独揽，致使吏治继续败坏，财政日趋枯竭，贵族集团之间的矛盾也越发尖锐，国内多地陆续爆发规模性暴动，大动乱正在发酵酝酿。

公元 1332 年八月，图帖睦尔病死。临死之前，他坦白了谋害兄长和世瑓的真相。为了赎罪，他下诏要求将帝位传给和世瑓的儿子。但图帖睦尔死后，燕帖木儿为了继续执掌大权，向皇后卜答失里建议立图帖睦尔之子燕帖古思（原名古剌答纳）为帝，但被卜答失里拒绝。十月初，卜答失里尊奉遗诏拥立和世瑓之子懿璘质班为帝，即元宁宗。

但仅仅五十多天后，懿璘质班便病死了，卜答失里又派人迎回懿璘质班的兄长妥懽（huān）帖睦尔。燕帖木儿担心妥懽帖睦尔不好操控，便迟迟不肯安排他继承皇位，以至元廷皇位空缺了半年。在这期间，卜答失里临朝称制，燕帖木儿的专权也更加登峰造极。

公元 1333 年五月，燕帖木儿因荒淫过度而死，卜答失里在约定自己的儿子燕帖古思为妥懽（chuān）帖睦尔继承人后，便安排妥懽帖睦尔登基。六月，妥懽帖睦尔在上都称帝，即元惠宗。妥懽帖睦尔即位后，右丞相伯颜取代燕帖木儿擅权专政，但燕帖木儿家族的势力也依然强大，其弟撒敦担任左丞相，其子唐其势担任御史大夫，其女答纳失里则拥有皇后之尊。

公元 1335 年，撒敦死去，唐其势继任左丞相。他打算杀掉伯颜，废掉妥懽帖睦尔，改立燕帖木儿之子塔剌海为皇帝，但其阴谋被郯（tán）王彻彻秃揭发。六月底，唐其势发动叛乱。他在东郊埋下伏兵，自己亲率勇士攻入皇宫之中，但被预有准备的伯颜等人反击杀死，与其阴谋串联的一干人等也被伯颜处死。

至此，伯颜独掌大权。他大力排除异己，极尽搜刮之能，尤其对汉族百姓更是采取了极端的民族压迫政策，导致原本就尖锐的社会矛盾和民族矛盾更为激化。广西、山东、四川、江西、福建、河北、河南等地的农民起义和少数民族起义此起彼伏。公元 1338 年，白莲教教首彭莹玉在袁州路（今江西宜春）发动武装起义，起义很快被袁州路及周边官军镇压，但逃散的白莲教众很快在江淮、江西、两湖地区扩大发展开来。

公元 1340 年二月，妥懽帖睦尔串联伯颜之侄脱脱，利用伯颜出猎之机宣布罢黜伯颜，而后将其流放，妥懽帖睦尔得以亲政。他采取了一系列新政举措，试图挽救危局，但这时的朝政已经病入膏肓了。

红巾举义抗元　各地豪强蜂起

公元 1344 年以后，中国进入又一轮灾害多发期，尤其以腹里（今北京、山东、山西、河北等地区）和河南行省（今河南中南部、湖北大部、江苏和安徽中北部地区）最为严重。当年黄河连续决堤三次，饥荒频仍、瘟疫横行、死者枕藉、民不聊生，就连大都都向外涌出许多乞讨的灾民。妥懽帖睦尔一面下令赈济百姓，一面下诏罪己。

而天灾所引发的后遗症也在侵蚀着大元肌体：水患导致漕运堵塞、盐税锐减，元廷财政入不敷出，国库越发空虚；饥荒造成的流民问题，更是严重影响了社会秩序，三四年间，各地聚集作乱的情况超过上百起。这些动乱大都由饥饿引发，参与者往往只是为了填饱肚子，并没有政治主张或其他诉求，所以往往规模不大、范围有限，很容易被朝廷招抚或镇压。

公元 1348 年，台州黄岩人方国珍发动起义并占据浙东，宣告了起义军割据地方的开始。方国珍家族世代以贩盐为业，其仇家向官府举报方国珍通寇，方国珍杀死仇家，与其兄方国璋和其弟方国瑛、方国珉等人逃到海上，很快聚集起上千人，抢劫过往船只，堵塞海上通道。

行省参知政事朵儿只班率军征讨方国珍却被打败，其本人也被俘虏。方国珍将他放还并请求朝廷招安，元廷授予方国珍定海尉之职。不久方国珍再次起兵反叛，朝廷派行省左丞孛罗帖木儿带兵征讨，又被方国珍击败，只得再派人招降安抚。不久，汝州、颍州等地爆发起义，元廷招募水师防守长江，方国珍疑心官军是在针对自己，于是再度发动叛乱，诱杀元将，逃往海上。

方国珍派人潜入京城，重金贿赂朝中权贵以请求招抚，元廷授予他徽州路治中。方国珍没有接受，还派人攻陷了台州。元廷又任命他为海道漕运万户，他才同意投诚。这时方国珍已经实际割据了温州、台州和庆元等地。

公元 1350 年，元廷命令工部尚书贾鲁征发汴梁、大名等十三路农民共十五万人整修黄河、治理水患，同时又派兵沿着黄河镇压各地零星的农民起义。征发的民夫辛苦劳累、待遇很差，而本应发放的钱粮又多被官吏克扣，长期积蓄的不满情绪在他们之中蔓延。

公元 1351 年四月，活跃于河南、江淮一带的白莲教教主韩山童决定趁此机会发动起义。他一边派人四下散布民谣，宣扬“石人一只眼，挑动黄河天下反”，一边命人私下凿一独眼石人，埋在即将挖掘的黄陵冈（一作黄陵岗，在今河南兰考东北）附近河道上。不久，石人被挖出，一时间黄河两岸人心浮动。

公元 1351 年五月，韩山童与其信徒刘福通、杜遵道、罗文素等在颍州聚集了三千名信徒。韩山童自称是宋徽宗赵佶八世孙，杀黑牛、白马以誓告天地，准备起义。正当他们组织盟誓的时候，地方官吏突然派兵赶来镇压，韩山童被捕杀害，其子韩林儿与母亲杨氏趁乱逃到武安山（今江苏徐州境内）躲藏。

刘福通等人冲出重围，重新聚集起义军，以红巾为标志，迅速攻下了颍州城。元廷命令枢密同知赫厮、将领秃赤和阿速率领六千蒙古兵，联合附近的汉军部队前来镇压。然而受命镇压的多路元军因将校长期沉湎酒色，部属又忙于沿途劫掠，还未和红巾军交战，便落荒而逃。阿速所部由于水土不服，士卒大量病死，元军其他部队也陆续被刘福通打败。

刘福通举义，各地不满元廷统治的民众纷纷响应。彭莹玉、徐寿辉等人在蕲州、黄州发动起义，接连攻克德安（今属江西）、沔阳（今湖北仙桃）、安陆、武昌（今属湖北）、江陵等州县。徐寿辉在圻水（一作蕲水，今湖北浠水）建都，宣布建立“天完”国，完的下部为“元”，寓意此国压倒大元。布王三、孟海马等人在湖南、湖北发动起义，迅速占据均州、房州（今湖北十堰）、襄阳、荆门、归州、峡州等州县。芝麻李在丰县、沛县（均今属江苏）一带发动起义，攻下了徐州城。

七月，刘福通、杜遵道在占据颍州后，又继续攻占了朱皋镇（今安徽阜阳南），缴获大量粮饷物资，随后进军河南，先后攻克罗山、确山、舞阳、叶县（均今属河南）及真阳（今河南正阳）等地。九月，刘福通继续进军，攻陷汝宁府（今河南汝南）、息州（今河南息县）、光州，刘福通部红巾军扩充到十万人。

元丞相脱脱派遣其弟也先帖木儿、卫王宽彻哥率十余万大军前去镇压河南起义军，两个月后又派知枢密院事老章率军支援也先帖木儿。官军相继攻克被起义军占据的邓州、南阳（今属河南）、唐州、随州、安陆等地，屯兵在汝宁府境内的沙河岸边。

公元1352年正月，定远富民郭子兴响应刘福通，以烧香拜佛为掩护，聚众起义。起义军迅速攻克定远县，次月攻下了濠州城。元将彻里不花率领三千骑兵前来镇压，扎营于濠州城南三十里。他不敢攻城，便四下掳掠百姓冒功，百姓纷纷躲进濠州投奔郭子兴。濠州人朱元璋因寄身的皇觉寺被元军焚毁，只好也去投奔郭子兴，被郭子兴所赏识，收为亲兵。之后郭子兴还将养女马氏嫁给了朱元璋。

闰三月，刘福通率领红巾军夜袭并大败也先帖木儿的三十万官军主力，斩杀官军大将巩卜班，官军堆积如山的物资、军械、粮草等都被红巾军缴获，也先帖木儿只在开封城外收拢到万余人的溃兵。次年二月，刘福通打败元将八秃所部，杀死八秃，而后占领了安丰，围困了庐州。

九月下旬，元丞相脱脱亲率大军南下。官军攻破徐州，屠徐州城，芝麻李失踪，其部将彭大、赵均用逃往濠州投奔郭子兴。因彭大、赵均用带来的兵马多，两人很快在濠州反客为主。濠州义军领袖孙德崖与赵均用结为一派，郭子兴则与彭大结成另一派，双方彼此不和。赵均用捉住郭子兴，将其软禁在孙德崖家中，朱元璋和彭大冲进孙德崖家中，救出了郭子兴。

元将贾鲁率领大军包围濠州城，孙德崖、郭子兴、彭大、赵均用等人暂时放下嫌隙，共同据城坚守，抵抗官军。五个月后，贾鲁病死，官军撤围而去。当年冬天，彭大和赵均用各自称王。二人并不注重约束部下，导致麾下士卒都很骄横。朱元璋回乡招募七百乡勇并返回濠州，郭子兴很高兴，任命朱元璋为镇抚。但朱元璋怕引起彭大和赵均用的猜忌，便将招募的人马分给了其他将领，自己只留下部将徐达等二十四人。

士诚高邮扬名　元璋锋芒崭露

公元 1353 年正月，泰州盐贩张士诚与元泰州判官李华甫里应外合攻下了泰州城。元廷派兵镇压不力，于是派高邮知府李齐，以万户的职位招降张士诚。李齐刚到泰州就被拘禁，张士诚因招安问题与李华甫产生争执，于是张士诚杀死李华甫，吞并其部众，而后释放李齐，接受了元廷的招安和封赏。

淮南行省为了进一步控制张士诚，便派参知政事赵琏前往泰州镇守。赵琏到泰州之后，当即催促张士诚出兵镇压濠州、泗州等地的起义军。张士诚心有疑虑，不愿动身。后来他趁赵琏没有防备，杀死赵琏，再度反叛，夺取了朝廷府库和富豪财产。五月，张士诚派少量骑兵冲入高邮城内，将元将契哲笃和亲王完者秃给吓跑了。

李齐赶忙带兵回援，却被起义军关闭城门而拒之门外。张士诚又派兵相继攻克兴化（今属江苏）和宝应。六月，亲王完者秃在攻打泰州时阵亡，官军调兵遣将前来进攻泰州、兴化、宝应等地。

同年，元廷调集多省兵马，对荆湖地区的红巾军展开围剿。天完政权重要领导者彭莹玉战死，国都圻水也被官军攻克，徐寿辉率余部退到黄梅（今属湖北）和沔阳一带继续展开抗元斗争。

公元 1354 年正月，张士诚在高邮自称诚王，建国号大周。不久元将石普率军奇袭并攻陷了宝应，元军将领出于妒忌，争相攻打张士诚所部的营寨，进军至高邮城下。石普率军向北门发起攻击，起义军不能抵挡，退入城中，石普纵火焚烧城门。这时其他元将为了争夺功劳，派出数千骑兵抢先攻城，结果遭遇起义军拼死抵抗。骑兵心生胆怯，慌忙撤退，连带着石普军的阵线也被冲乱。起义军趁机发动反攻，大败官军，石普本人也被起义军杀死。

五月，朱元璋设计招降了定远驴牌寨三千人马，被郭子兴升为管军总管。六月，朱元璋用这刚收服的三千人马，趁夜偷袭了元将老张知院的大营。老张知院弃军逃走，朱元璋收服其两万部众，经过短暂训练后，又于七月中旬攻下了滁州城。

彭大、赵均用等刚刚攻克盱眙和泗州，便命令朱元璋率部移防到此二地一带，朱元璋没有听从。不久彭大、赵均用爆发冲突，两部人马自相残杀，彭大本人也死于火并。朱元璋派人向赵均用请求迎郭子兴来滁州，赵均用考虑到朱元璋手下人马不少，便放郭子兴离开。于是郭子兴带领一万多人前往滁州投奔朱元璋，朱元璋将手下三万人交给郭子兴，郭子兴十分高兴。

六月，张士诚派兵攻克扬州，淮海行省平章政事达识帖睦迩率兵救援，被起义军击败。元廷又派江浙行省援兵赶来助战，迫使起义军退回高邮。九月，起义军再次攻占扬州，湖广行省右丞阿鲁灰（一作阿鲁辉）带领苗军赶来，起义军再次撤退。

十一月上旬，元丞相脱脱率领大军兵临高邮城下，张士诚派兵出城迎击，大败而归，官军随即对高邮城发动猛攻。当时打头阵的是征东行省两万三千人的高丽部队。眼看城池攻破在即，知枢密院事老章因担心功劳都被高丽人抢走，便命令高丽军收兵休整、隔日再战。张士诚趁机加固城防，官军次日未能攻克。下旬，脱脱派遣朵儿只分兵攻取六合。朱元璋力排众议，从滁州率兵救援，但被官军击退。

十二月上旬，妥懽帖睦尔听信近臣哈麻的弹劾建议，解除了脱脱的丞相职务，改派知枢密院事雪雪接替前线指挥职务。当时高邮外城已被官军攻破，内城起义军极为震恐，他们有意投降，却又担心官军报复。这时传来官军临阵换将的消息，起义军士气复振，张士诚趁机派兵攻击官军。官军各部正因脱脱被解职而心有不满，于是只做象征抵抗后便撤围而去了。此战令张士诚名声大噪。

公元 1355 年正月，滁州起义军出现粮食短缺问题，为获取粮食及扩张地盘，郭子兴派部将张天佑、耿再成等人前去攻打和州。张天佑部因途中吃饭耽误了时间，耿再成以为张天佑已经先期占领和州，于是大摇大摆准备入城。守城官军发现并组织反击，追杀三十里，耿再成大败退走。张天佑部随后到达，恰好与追击回城的官军遭遇，起义军顺势发动进攻，夺取了和州城。

郭子兴尚不知张天佑已攻下和州，于是命令朱元璋率领两千人马收拢残兵，继续寻找机会攻占和州。朱元璋进抵和州城外方才打探到实情，于是入城与张天佑会合。不久，官军赶来攻打和州，朱元璋率起义军顽强抵抗三个月，打退官军多次进攻，最终官军撤围南下。

二月，刘福通等人迎回韩林儿，拥立其为皇帝，号称小明王，建都于亳州，国号为宋。之后刘福通多次击败前来镇压的答失八都鲁所部。十一月，元将刘哈剌不花带领援军到来，与答失八都鲁两面夹击，大败红巾军。答失八都鲁率军追击，在太康再次打败刘福通。官军包围亳州，刘福通等人将都城迁往安丰。次年三月，答失八都鲁与刘福通激战，官军作战失利，被迫退守陈留（今属河南）。

三月，濠州孙德崖所部因为遭遇饥荒，去往和州境内求食，并请求驻军城内，朱元璋将其接纳。郭子兴听说后极为生气，连夜从滁州赶来，准备找孙德崖寻仇。孙德崖得知消息想带兵撤走，但还没来得及离开就被郭子兴捉住。孙德崖部人马也捉住了朱元璋。在经过一番谈判后，双方释放了扣押的人员。

郭子兴回去不久就病死了，小明王韩林儿任命郭子兴之子郭天叙为都元帅，郭子兴妻弟张天佑为右副元帅，朱元璋为左副元帅。因滁州与和州起义军大都是朱元璋招募的，所以起义军的实际控制权仍掌握在朱元璋手中。孙德崖得知郭子兴的死讯，带领人马想要争夺滁州，被朱元璋部将吴祯和胡大海击败杀死。

朱元璋在和州驻守数月，粮食供应再次成了问题。为解决粮食危机，朱元璋有意向长江以南的太平、芜湖发展，但苦于没有渡江能力。这时恰好两支隶属于红巾军的巢湖水师前来归附。七月，巢湖水师上千艘战船突破官军封锁并到达和州。朱元璋率部登船渡江，到达对岸的采石镇。猛将常遇春率军冲杀，攻陷采石镇，缴获大量粮秣物资。这时不少将士萌生携粮退回和州的想法，朱元璋见状果断下令砍断绳缆，断绝退路，于是起义军一鼓作气攻克了太平。

公元1356年正月，张士诚派其弟张士德南下攻取了常熟（今属江苏）。二月，张士德攻克了平江路（今江苏苏州），并将其改名为隆平府，不久昆山（今属江苏）及嘉定、崇明（均今属上海）等地相继前来归附。三月中旬，张士诚迁都隆平府，之后其部又陆续攻下常州路、湖州路、松江（今属上海）等地。

同月，朱元璋趁官军兵力被张士诚牵制的有利时机，率军攻打集庆路（今江苏南京）。起义军首先击败了城外的陈兆先部，收降了三万六千人。但降兵怀有疑惧，军心并不稳定，于是朱元璋从降军中挑选了五百人作为亲兵，负责自己的夜间防卫，只留了统领冯国用一个人在身边。此举有效收服了人心，于是降军都愿意追随朱元璋作战。十天后，朱元璋攻下集庆，杀死守将福寿，元将蛮子海牙逃奔张士诚，被其收留。

韩宋北伐受挫　江淮义军交锋

公元1356年六月，朱元璋部将汤和进军镇江路，攻打奔牛（今江苏常州境内）、吕城（今江苏丹阳境内）。下旬，朱元璋派杨宪携带书信向张士诚传达友好，张士诚并不理会，还扣留了杨宪。

七月初，张士诚派部将吕珍统率水军攻打镇江，在龙潭（今江苏南京境内）被朱元璋部将徐达击败。徐达、汤和趁机反攻常州，张士诚派兵救援，被徐达、汤和杀得大败。八月，张士诚麾下元帅江通海叛投朱元璋。张士诚派其弟张士信率数万水军攻打嘉兴路（今浙江嘉兴），被元将杨完者击败，战死一万七千多人，被俘数千人。

九月，刘福通派遣部将李武、崔德等组成西路军，连续攻克潼关、陕州、虢州。答失八都鲁命察罕帖木儿、李思齐前往围剿，官军攻下崤陵（今河南渑池西）、虢州，李武、崔德等渡黄河逃往山西，攻取平陆（今属山西）、安邑（今山西夏县西北），而后回师与追击的察罕帖木儿所部对峙数月，最终败退而走。

十月，张士诚遣使向朱元璋求和，朱元璋要求张士诚每年供应粮食五十万石，张士诚没有同意。次月，朱元璋增派两万援兵，帮助徐达在常州大败张士诚军。

公元1357年二月，李武、崔德攻克商州、武关（今陕西丹凤东）和蓝田，进逼奉元路（今陕西西安），同时分兵进攻同州、华州。察罕帖木儿率兵镇压，红巾军大败，余部溃散。刘福通派遣部将毛贵由海州入海乘船北上，接连攻下胶州、莱州（均今属山东）和益都，山东许多地区相继投附红巾军。

三月，常州被朱元璋所部攻下。同月，方国珍奉江浙行省命令，率水师奇袭吕珍所部，攻占了太仓（今属江苏），张士诚派部将史椿反攻夺回，击退了方国珍。五月，朱元璋部将耿炳文在长兴（今属浙江）击败张士诚军。下旬，朱元璋派遣部将张鉴、何文政攻打泰兴（今属江苏），张士诚派兵救援，被朱元璋军击败，泰兴被攻陷。

六月，刘福通发兵进攻汴梁，同时还组织了三路兵马北上：一路由关先生、破头潘等率领进军山西、河北，向元上都进攻；一路由白不信、大刀敖等率领进军关中；一路由毛贵、田丰从山东向元大都进攻。前期各路进展顺利，沿途许多州县都被红巾军攻克或招降。

同月，张士诚占据的江阴州被朱元璋派兵夺取。次月，常熟也丢失，张士德被俘。朱元璋打算用张士德招降张士诚，但张士德却暗中劝说张士诚投降元廷。八月，方国珍率军进逼苏州，张士诚派遣蛮子海牙作为使者同官军接洽投降事宜。下旬，方国珍率领五万水军进攻张士诚，张士诚派史椿、吕珍领兵七万抵挡，结果被方国珍杀得大败，落水淹死的士兵数以万计。次日，方国珍继续进军，七战七捷，兵临苏州城下，张士诚只得答应元廷的招降要求，方国珍退兵。

九月，山东地区北上的红巾军被元将太不花击败。闰九月，进攻冀宁路（今山西太原）的红巾军也被官军击退。十月，进攻关中的红巾军在占领兴元后围攻凤翔，被察罕帖木儿设下计策内外夹击而溃败，被杀死上万人，余部逃入太行山中。红巾军以反间计，促使元廷对答失八都鲁产生怀疑，导致其忧愤而死。

同月，徐寿辉部将倪文俊企图杀死徐寿辉篡夺帝位。阴谋败露后，倪文俊从汉阳逃往黄州，被自己的部下陈友谅捕杀。陈友谅因功升任平章政事，同时吞并了倪文俊的部众。

公元 1358 年正月，山东红巾军在毛贵、田丰带领下，接连攻克东平路（今山东泰安）、济南路、沧州、般阳路（今山东淄博）等地。不久毛贵率军攻克蓟州，逼近大都。元同知刘哈剌不花率领官军击败毛贵，解除了大都的危机。

不久，在山西境内转战的关先生、破头潘等部计划南归，察罕帖木儿在太行山南山一带设伏袭击，红巾军大败，损失惨重。察罕帖木儿又在泽州、碗子城（今山西晋城南）、吾儿谷（今山西黎城东）、井陉口（今山西平定东）等各处关口要隘布下重兵防守，堵塞太行山通道，中路红巾军多次进攻都没能突破。

五月，刘福通攻克汴梁。他将韩林儿从安丰接来，以汴梁作为首都。此时，刘福通所率红巾军已经占据了东至山东，西到甘肃，南到江淮、荆楚、巴蜀，北到辽阳的广大地域，其势力达到极盛。六月，关先生、破头潘攻打辽州，被官军击退，转而攻入冀宁路。七月，元湖广行省参知政事周全献怀庆路（今河南沁阳）归降刘福通。刘福通派遣周全进攻洛阳，察罕帖木儿调集重兵防卫，周全见状，退兵而走。

陈友谅在掌握天完权柄后，便率军一路征伐，陆续攻下安庆、龙兴路（今江西南昌）、瑞州（今江西高安）、抚州（今属江西）、建昌路（今江西南城）、赣州、汀州（今福建长汀）等地。

接受元廷招抚后，张士诚多次派兵攻打常州、建德府（今浙江建德）、常熟、江阴等地，均被朱元璋军击败。是年八月，张士诚与达识帖睦迩因不满杨完者的嚣张跋扈，于是私下串联，以进攻朱元璋为借口，从杭州调出杨完者麾下主力。假意出兵的张士诚突然回军攻打杭州，杨完者兵败自杀。杨完者的部属得知消息，一部分回师攻打张士诚，夺回了杭州，另一部分则投降了朱元璋。朱元璋派徐达趁机攻克了宜兴。

九月，关先生攻打保定（今属河北），未能攻下，转而攻克完县（今河北顺平），次月又攻下大同路。接着关先生与破头潘等部会师，合兵北上，于十二月攻克了元上都，焚毁宫殿，停留七天，又转道去往辽阳。

公元 1359 年正月，朱元璋部将胡大海攻下诸暨（今属浙江），而后进围绍兴（今属浙江），但其多次攻城均受挫败。同属朱元璋的邵荣所部在杭州外围击败张士诚的部队，然而在进攻杭州城时遭到守军顽强抵抗，未能攻克，于是转而去攻打湖州。

三月，元将孛罗帖木儿率军前往丰州（今内蒙古赤峰北）、云内，与关先生所部交战，红巾军大败溃散。四月，毛贵被投奔而来、企图占据山东的赵均用杀死，不久赵均用也被毛贵部下杀死，于是双方部众陷入自相残杀之中，山东红巾军实力大损。

同月，张士诚派兵攻打建德、常州，均遭败绩。次月，他又派遣兵马攻打建德、宜兴、常州、婺源（今属江西）等地，同样被朱元璋部下击退。

五月，察罕帖木儿调兵遣将进攻汴梁。他率领兵马进军到虎牢关（今河南荥阳境内），向南派兵攻打归州、亳州、陈州、蔡州等地，向北攻打曹州以南地区，同时抽调陕西的官军出函谷关（今河南灵宝）和虎牢关东进，抽调山西的官军越过太行山和黄河，各路大军最终会师于汴梁城下。

察罕帖木儿驻扎在杏花营（今河南开封西），指挥各路元军绕着汴梁城修筑营垒，把汴梁围得水泄不通。红巾军组织多次突围作战，均被击败，于是据城坚守。官军又派出老弱病残在城外活动，引诱红巾军出战，红巾军几度进攻都遭遇官军埋伏，于是更加不敢出城。

八月，汴梁城中粮草告竭，察罕帖木儿与阎思孝、李克彝、李虎赤、关保等所部分头对汴京发起总攻。到了晚上，元军攻破城门，杀进城内。刘福通带着几百名骑兵护送韩林儿从东门突围而出，留在城中的数万起义军和家属，以及五千多名官吏都被官军俘虏。刘福通在官军追击下，带着韩林儿退到了安丰。

十二月，张士诚部在江阴、分水与朱元璋部交战，都被击败。朱元璋部将邵荣、常遇春率军围攻杭州。次年正月，张士诚麾下将领李济占领濠州，朱元璋部将徐达攻克高邮，后又被张士诚派兵夺回。三月，邵荣等因攻打杭州不利，撤围而去。

攻灭陈汉东吴　江南复归一统

公元1360年五月，陈友谅杀死徐寿辉，自立为帝，国号大汉。陈友谅率兵东进，攻陷太平，俘杀了朱元璋部将花云，同时派出使者联络张士诚，邀请其共同发兵应天府（今江苏南京），会攻朱元璋。但张士诚并未积极响应，只是派出部分兵马，与朱元璋部在诸全州（今浙江诸暨）、长兴、杭州、绍兴等地反复争夺拉锯，双方互有胜负。

陈友谅率兵南下进攻建康，朱元璋知道自己收服的元降将康茂才同陈友谅有旧交，便让他写信给陈友谅，诈为内应，诱骗陈友谅军进入圈套。康茂才派使者去见陈友谅，声称自己镇守江东木桥，用船只即可将其撞毁，并可乘船直抵应天府。在使者返回后，朱元璋下令将木桥改为石桥。不久，陈友谅率水军东进，到达江东桥才发现上当，连忙率军撤退至龙湾，朱元璋军伏兵尽出，大败陈友谅。

十二月，在元廷多次征召下，觉得国事已不可为的元阳翟王阿鲁辉帖木儿发动叛乱。他带领大军直逼上都，要求妥懽帖睦尔退位，元廷赶紧调集兵马将其镇压。这时元奇皇后和皇太子也暗生异心，他们排挤正臣、打压不睦，逐渐控制了朝政。与此同时，元廷倚重镇压红巾军的察罕帖木儿和孛罗帖木儿也为了争夺地盘而互相攻击。

公元1361年，陈友谅派部将张定边攻陷安庆，朱元璋亲自领军征讨，收复安庆，而后进军至江州，陈友谅战败逃往武昌。饶州守将吴宏、建昌守将王溥、龙兴守将胡廷瑞相继献城投降朱元璋。

公元 1363 年二月，张士诚派大将吕珍突袭安丰。安丰被围，弹尽粮绝，刘福通向朱元璋求救，朱元璋率领大军前往救援，大败吕珍所部，赈济士兵、饥民。朱元璋邀请韩林儿、刘福通等人前往滁州，下令营造宫殿，安置他们居住。

是年八月，为报仇雪恨及争夺长江流域统治权，陈友谅率领六十万大军、数百艘楼船，浩浩荡荡杀向南昌。朱元璋侄子朱文正和部将邓愈据守南昌，拼死力战三个月，打退了陈友谅大军的连番进攻。朱元璋率主力赶来救援，陈友谅撤除了对南昌的包围，转而东出鄱阳湖，以实现同朱元璋决战的目的。陈友谅将高大的楼船用铁索连接起来，朱元璋军所乘的兵船矮小，无法仰攻，激战数日，朱元璋部损兵折将。

第三天突然刮起东北风，朱元璋下令利用小船的灵活性和机动性，纵火焚烧陈友谅军的楼船，包括陈友谅之弟陈友仁在内的众多将士都被大火烧死。因朱元璋乘坐的指挥船的桅杆是白色，陈友谅便命令部下于次日猛攻带白色桅杆的船只。朱元璋得知消息，连夜将所有船只桅杆都刷成白色。第二天接战，陈友谅再度大败。他想把军队撤往鞋山（今江西九江境内，亦称大孤山），但朱元璋已经派兵守住鄱阳湖边上的湖口县（今属江西），断绝了陈友谅军出逃的退路。

不久，陈友谅军中包括左右金吾将军在内的许多将领都选择投降，且粮草告急，于是陈友谅决定率军向湖口突围。朱元璋派出重兵拦截，双方在泾江口（今安徽宿松南）爆发激战，陈友谅军且战且进，到天黑还没能摆脱朱元璋军追击。陈友谅在船上指挥作战，被朱元璋所部用弓箭射死，大军立即陷入溃乱。陈友谅手下太尉张定边趁夜带着陈友谅尸体及其子陈理逃回武昌，并拥立陈理继位。

九月，张士诚派遣使者前往大都，请求元廷册封他为吴王，但遭到拒绝。自降元之后，张士诚每年要向大都筹集和运送大批粮食。张士诚求封被拒后，当妥懽帖睦尔再派人征讨粮草时，张士诚也表示拒绝。

公元1364年正月，韩林儿的韩宋政权册封朱元璋为吴王。次月，朱元璋率军征讨武昌，陈汉皇帝陈理投降。八月，徐达会合参政杨璟等人向荆襄一带进攻，先后攻克江陵、夷陵（今湖北宜昌）、湘潭州（今湖南湘潭）、辰州（今湖南沅陵）、衡阳（今属湖南）、宝庆（今湖南邵阳）、靖州（今属湖南）等地，彻底清除了陈友谅的残余势力。同月，张士诚在平江自封为吴王，他依然使用元廷年号，并声称自己占据的江北地区都是为元廷收复的。

公元1365年二月，张士诚集结了二十万大军，由大将李伯升率领，以朱元璋手下叛将谢再兴为向导，进攻诸全州新城。守将胡德济据城坚守，同时向友军李文忠所部求救。三月，李文忠率领部众一路疾驰，在途中与李伯升大军遭遇，当即发起猛攻，李伯升被打得大败。

十月，朱元璋派徐达、常遇春、胡廷瑞、冯国胜等大将，水陆并进，攻打张士诚在淮东地区占据的州县城邑。徐达兵围泰州，接连打败了张士诚派来的多路援军，派人招降不成，遂发动强攻，于闰十月下旬攻陷了泰州，而后继续进军攻打兴化、高邮等地。

公元1366年三月，徐达率军攻克高邮，四月，攻下淮安和兴化，濠州守将李济也被朱元璋招降。徐州守将陆聚听闻淮安失陷，于是献出徐州、宿州向朱元璋投降。张士诚在长江以北的地盘丧失殆尽。

八月，朱元璋任命徐达为大将军、常遇春为副将军，率领二十万大军讨伐张士诚，很快将湖州围困。常遇春在湖州外围连续击败张士诚所属部队，俘获甚众。张士诚派李伯升领兵支援，被徐达军打得大败而逃。张士诚又派部将朱暹、王晟、吕珍等统兵六万，号称三十万前来抵御徐达。大军驻扎在旧馆（今浙江湖州东），却被徐达军筑垒截断了援城通道。徐达采用夜袭、恫吓等手段，使张士诚派出的多路援兵望风而逃。

张士诚知道形势危急，亲自率军赶来支援，在皂林（今浙江桐乡境内）与徐达军遭遇，被打得大败。之后，救援湖州的各路兵马陆续被徐达击败，粮尽援绝之下，不少守军出城投降。徐达命归降的湖州将士在城下列阵展示，守军大为震骇。

十月中旬，在攻下桐庐、富阳等外围据点后，李文忠率兵包围杭州。月底，常遇春等趁张士诚水师守备松懈之机，发起火攻，大败这支水师，朱暹、吕珍等率领屯驻旧馆的部队投降徐达。十一月，湖州守将张天骐、陈昧、李伯升等献城投降。徐达继续进军，相继招降了吴江、绍兴、嘉兴、海宁（今属浙江）等州县，杭州守军也献城投降。

十二月，朱元璋派部将廖永忠迎接刘福通和韩林儿。途中，廖永忠将两人沉入水中溺死。

公元 1367 年正月，朱元璋军攻克松江府，四月，攻占崇德。

到六月初，张士诚已经被朱元璋大军围困在苏州很长时间。他急于突围，于是派遣徐义、潘元绍悄悄从西门杀出，奔袭常遇春所部营垒。常遇春发现张士诚军来攻，先分兵迂回截断了他们的退路，而后率部与徐义等激战。张士诚亲自带兵前去支援，但因塘路狭窄，援军受到阻扼，未能及时展开。常遇春派部将王弼率领骑兵冲击对方，张士诚军大败，落水陷潭而溺死者很多，其麾下精锐勇胜军全部淹死在万里桥下，张士诚自己也险些落水而死，幸被亲兵所救。

朱元璋派人劝降，再被张士诚拒绝。两天后，张士诚率兵从胥门冲出，又被常遇春杀得大败退回。此后张士诚便据城坚守，不再出战。六月下旬，其弟张士信在阊门被围城军用石炮打死。

九月上旬，朱元璋军发起总攻，徐达率军攻破葑（fēng）门，常遇春率军攻破阊门新寨，各路人马进抵到苏州城下。张士诚驻守城内，他命令枢密使唐杰防守城墙，参知政事谢节、周仁以栅栏设置防线作为城墙补充。唐杰自觉不能抵挡，于是向徐达投降。随后，周仁、徐义等人也相继投降，城池陷落。

张士诚命令枢密副使刘毅收拢了两三万残兵，由自己亲自率领，在万寿寺东街与徐达军交战，又遭败绩，张士诚逃回王府，刘毅投降。此时王府众人已经尽数逃散，张士诚闭门自缢，被前来传话的李伯升救下。徐达让其旧将、亲属反复劝降，张士诚都闭着眼睛不作回应。苏州被攻下后，张士诚部将还在坚守的通州、无锡州（今江苏无锡）等陆续投降。九月中旬，张士诚被押送到应天府，最终自缢而死。

明军攻陷大都　大元国祚终结

公元 1367 年，朱元璋封汤和为征南将军、吴祯为副将军，率军讨伐割据浙东多年的方国珍；又封胡廷瑞为另一路征南将军，何文辉为副将军，率军平定福建。

朱元璋部下、元降将朱亮祖击败方国珍之弟方国瑛并占领台州，接着又攻下温州，汤和则一直进军到庆元。方国珍率部乘船逃到海上，又被追兵在盘屿（今浙江宁海境内）击败，其部众陆续投降。汤和多次派人劝降，方国珍最终同意。

胡廷瑞率军越过杉关（今福建光泽西南），攻下光泽，邵武（今福建邵武）守将李宗茂献城投降，而后胡廷瑞又招降了建阳守将曹复畴。建宁守将同佥达里麻和陈子琦试图据城坚守，胡廷瑞多次挑战不出，只得下令猛攻城池，这才迫降了建宁。这时汤和也攻下了福州、延平（今属福建）、兴化（今福建莆田）等地，福建全境获得平定。

同年十月下旬，刚刚打败张士诚、统一江南地区的朱元璋，便立即着手收复中原、统一全国的战略规划。朱元璋任命中书右丞相徐达为征虏大将军、平章政事常遇春为副将军，率领二十五万大军，北进中原。北伐军发布《谕中原檄》，提出“驱逐胡虏、恢复中华、立纲陈纪、救济斯民”的纲领。

而当时，元河南王扩廓帖木儿与元将李思齐、张良弼等诸多军阀势力，仍驻在河南、山东和陕西等地，为了争夺地盘而打得不可开交。内乱一方面严重损害了元的国力，消耗了元军有生力量；另一方面也极大地打击了元军的军心士气，给朱元璋的北伐提供了便利条件。

徐达大军沿着淮河北进，攻下淮安后，便派遣使者前往沂州（今山东临沂）招降守将王宣、王信父子，王宣等立刻派使者纳款奉书表示投诚。

十一月初，徐达大军进抵下邳（今江苏睢宁西北）。他命部将张兴祖率领一部分人马，先行北上进攻济宁（今属山东）和东平。这时，王宣父子背弃先前的投附承诺，跑到莒县（今属山东）一带招募兵马，企图阻止张兴祖北上。徐达立刻进军沂州，击败并杀死王宣，王信则逃往山西。

听说徐达大军到来，附近峄州（今山东枣庄峄城）、曹州、海州、沭阳、日照（今属山东）、赣榆（今属江苏）、沂水（今属山东）等地元军相继投降。徐达命部将韩政扼守黄河，自己则率领大军继续北上，进攻益都。益都守将普颜不花据城拼死抵抗，但还是没能挡住徐达军的凌厉攻势。十一月底，益都陷落。

徐达乘胜追击，相继攻克了寿光、临淄、昌乐（均今属山东）及高苑（今山东高青东南）等地，招降了乐安（今山东惠民）、长山（今山东淄博西）、新城（今山东桓台）等州县。十二月初，张兴祖率军抵达东平，追杀元将冯德至东阿（今属山东）、安山（今山东东平西），元将陈璧、杜天佑、蒋兴等各自带领所部投降。

十二月上旬，徐达军兵临济南，元将达多尔济投降，之后密州、蒲台（今山东博兴一带）、邹平（今属山东）的守军也相继归降。徐达命傅友德攻打莱阳（今属山东），自己则率军进攻登州（今山东牟平、文登一带）、莱州。妥懽帖睦尔见山东形势危急，连忙下令征调各路元军进军山东，但将领们都不遵奉调令。

公元1368年，在北伐军的接连胜利中，朱元璋在应天登基称帝，建立大明。

三月，徐达在基本占领山东后，便从济宁沿着黄河西进，进攻中原，直指汴梁。他派一部分兵马经永城（今属河南）、归德进攻许昌（今属河南），同时命令驻守荆襄的邓愈率襄阳、安陆和江陵等地兵马北上进攻南阳，以策应主力作战。月底，徐达大军到达陈桥（今河南开封东北），元汴梁守将李克彝弃城而逃，元将左君弼率部投降。徐达进入汴梁，不久又继续出兵进攻洛阳。

四月上旬，徐达军从虎牢关进军至洛阳塔儿湾（今作塔湾），元将脱因帖木儿率领五万大军在洛河北岸严阵以待。常遇春发动强攻打败元军，剩余元军退至陕州。驻守洛阳的梁王阿哩衮见大势已去，遂率领军民出城投降。徐达乘势继续进军，相继攻下嵩州（今河南嵩县）、陈州、汝州等地，同时命令冯国胜率部进攻潼关。

四月下旬，朱元璋亲自从应天来到汴梁，与徐达商议下一步的北伐方略，最终决定从临清（今属山东）北上直捣元大都。刚从汴梁逃出的元将李思齐和张思道听闻明军逼近潼关，又慌忙带着军队向陕西境内逃跑。五月，冯国胜几乎未遇抵抗便占领了潼关。他留下部分兵马扼守关口，自己率部回师汴梁。

七月，徐达按照预定策略，命令张兴祖、韩政、孙兴祖、高显等各路兵马向临清集结，自己则率领主力从中湾（今河南开封北）渡过黄河，先后攻取卫辉（今属河南）、彰德（今河南安阳）、广平（今河北永年东南）、赵州等地，迫降元邯郸（今属河北）守将都文玉，于闰七月中旬抵达临清。

随着各路兵马陆续会集，徐达留下韩政留守临清，自己率领主力大军一路北上，接连攻克德州、长芦（今河北沧州西）。七月下旬，徐达大军抵达河西务（今天津武清北），大败前来阻截的元将俺普达朵儿只进巴所部，而后进军通州（今属北京），歼灭了元将卜颜帖木儿所部。

妥懽帖睦尔听说通州被明军攻占，命令帖木儿不花监国，和中书左丞相庆童共同守卫大都，自己则带着后妃、太子等出健德门，从居庸关逃往上都。八月初，徐达大军兵临大都城下，驻扎在齐化门外。不久，徐达军开始攻城，将士们填平壕沟登上城墙，帖木儿不花和庆童先后战死，大都被明军攻陷。

至此，大元作为一个全国性统治政权宣告灭亡。